ESQUISITOLOGIA

Richard Wiseman

ESQUISITOLOGIA

A estranha psicologia da vida cotidiana

Tradução
Doralice Lima

BestSeller

CIP-BRASIL. CATALOGAÇÃO-NA-FONTE
SINDICATO NACIONAL DOS EDITORES DE LIVROS, RJ.

W765e Wiseman, Richard (Richard John), 1966-
Esquisitologia: a estranha psicologia da vida cotidiana / Richard Wiseman; tradução Doralice Lima. – Rio de Janeiro: Best*Seller*, 2008.

Tradução de: Quirkology
ISBN 978-85-7684-222-4

1. Psicologia – Obras populares. 2. Psicologia aplicada. I. Título.

CDD: 150.72
08-2987 CDU: 159.9

Título original norte-americano
QUIRKOLOGY

Capa: Studio Creamcrackers
Diagramação: ô de casa

Impresso no Brasil
ISBN 978-85-7684-222-4

PEDIDOS PELO REEMBOLSO POSTAL
Caixa Postal 23.052
Rio de Janeiro, RJ – 20922-970

Para Mamãe e Papai

Qual é o propósito de um estudo como este? A crítica implícita nessa pergunta nunca me incomodou, porque penso que qualquer atividade tem valor se satisfizer à curiosidade, estimular idéias e contribuir com um novo ângulo para nossa compreensão do mundo social.

Stanley Milgram, *The Individual in a Social World*

Sumário

O misterioso teste do Q

Antes de começarmos, por favor, dedique alguns instantes para fazer o exercício a seguir.

Com o indicador de sua mão dominante, desenhe na testa uma letra "Q" maiúscula.

Há duas maneiras de fazer esse exercício.

Vá à próxima página para saber mais.

Você pode desenhar um "Q" com a perna voltada para seu olho direito, como na figura a seguir:

Nesse caso, *você* será capaz de ler a letra, mas quem estiver *de frente para você* não será.
Ou você pode desenhar a perna do Q voltada para o olho esquerdo:

Nesse caso, quem estiver *de frente para você* poderá lê-la, mas você não.
Conforme descobriremos mais tarde, a maneira de realizar essa tarefa revela muito sobre um importante aspecto de sua vida.

Introdução

O que é Esquisitologia; qual a sua importância; os estudos secretos sobre a ciência de preparar chá, o poder da prece, a personalidade das frutas e a iniciação às ondas humanas.

Há muito sou fascinado pelo lado peculiar do comportamento humano.

Quando era estudante de psicologia, passei horas na estação ferroviária King's Cross, em Londres, em busca de pessoas que tivessem acabado de se encontrar com seus parceiros na chegada de um trem. No momento em que eles se abraçavam apaixonadamente, eu me aproximava, ligava um cronômetro escondido em meu bolso e perguntava: "Com licença, vocês aceitariam participar de um experimento psicológico? Quantos segundos se passaram desde que eu disse as palavras com licença...?" Meus resultados revelaram que os indivíduos, quando apaixonados, subestimam significativamente a passagem do tempo, ou como disse Einstein: "Quando se está ao lado de uma mulher bonita, uma hora parece um minuto; quando se está sentado sobre um fogão aceso, um minuto parece uma hora – isso é a relatividade."

Ao longo de minha carreira, mantive o interesse pelos aspectos mais insólitos da psicologia. Não sou o primeiro professor universitário a ficar fascinado com essa forma de estudo do comportamento. Cada geração de cientistas produziu um pequeno número de pesquisadores que investigaram o estranho e o incomum.

Sir Francis Galton, um cientista vitoriano pouco convencional, pode ser considerado o pai dessa abordagem, tendo dedicado grande parte da vida ao estudo de assuntos originais.[1] Ele determinou objetivamente se as palestras dos colegas eram cansativas, medindo sub-repticiamente o nível de inquietação da platéia. Também criou o "Mapa da Beleza" da Grã-Bretanha. Para isso, caminhava pelas principais ruas das cidades mais importantes com um contador no bolso, registrando secretamente se as pessoas por quem passava tinham aparência boa, mediana ou má (Londres obteve a pontuação mais alta e Aberdeen, a mais baixa).

O trabalho de Galton sobre a eficácia da prece foi mais polêmico.[2] Ele propôs a hipótese de que, se a prece de fato funcionasse, os membros do clero (que certamente rezam mais e com mais fervor que a maioria) deveriam ter uma expectativa de vida maior que a dos outros. A análise detalhada de centenas de registros em dicionários biográficos revelou que, na verdade, os religiosos tendem a morrer mais cedo que os advogados e médicos, o que levou Galton, embora profundamente religioso, a questionar o poder da prece.

Até o preparo do chá foi objeto de sua atenção: ele passou meses determinando cientificamente qual a melhor maneira de preparar uma xícara de chá perfeita. Tendo construído um termômetro especial que lhe permitia monitorar constantemente a temperatura da água dentro do bule, depois de testes rigorosos, Galton concluiu que:

> ... o chá fica perfeitamente encorpado, com o máximo de sabor e nem um pouco amargo ou insípido... quando a água do bule é mantida entre 82° e 88°C e permanece sobre as folhas durante oito minutos.[3]

Satisfeito com a meticulosidade da investigação, Galton declarou, orgulhoso: "Não há mais nenhum mistério no bule de chá."

Vistas de modo superficial, as investigações de Galton sobre o tédio, a beleza, a prece e o preparo do chá podem parecer distintas. No entanto, todas são exemplos excelentes e precoces de uma maneira de investigar o comportamento humano a que dei o nome de "Esquisitologia".

Para simplificar, a Esquisitologia adota métodos científicos para estudar os aspectos mais curiosos da vida diária. Essa abordagem da psicologia teve como pioneiros alguns pesquisadores nos últimos 100 anos, mas nunca foi formalmente reconhecida pelas ciências sociais. Esses pesquisadores seguiram os passos de Galton e tiveram a coragem de explorar terrenos nos quais os cientistas convencionais não ousam pisar. Os acadêmicos:

- analisaram quantas pessoas são necessárias para começar uma "ola" em um estádio de futebol[4]
- determinaram os limites superiores da memória visual, fazendo com que indivíduos tentassem memorizar com precisão 10 mil fotografias[5]
- identificaram as características da personalidade aparente das frutas (os limões são considerados antipáticos, as cebolas, estúpidas, e os cogumelos, arrivistas sociais)[6]
- contaram secretamente o número de pessoas que usam bonés de beisebol com a aba para frente ou para trás[7]
- pararam na porta de supermercados com caixas para doação, medindo discretamente como as diferentes maneiras de pedir afetavam a quantidade de dinheiro doada (dizer apenas "até um centavo ajuda" praticamente dobrava as doações)[8]
- descobriram que os desenhos de Papai Noel feitos por crianças ficam maiores perto do Natal e diminuem de tamanho durante o mês de janeiro.[9]

Durante os últimos 20 anos, realizei investigações igualmente estranhas sobre o comportamento humano. Examinei os sinais reveladores que denunciam um mentiroso, pesquisei como nossa personalidade é moldada pelo mês de nascimento, descobri a ciência secreta por trás dos encontros-relâmpago (*speed-dating*) e dos anúncios pessoais, e investiguei o que o senso de humor revela sobre os mecanismos mais profundos da mente. O trabalho envolveu a observação secreta de indivíduos ocupados com suas atividades diárias, a condução de experimentos curiosos em exposições de arte e concertos e até mesmo a produção de falsas sessões espíritas em locais tidos como assombrados. Participaram desses estudos milhares de pessoas em todo o mundo.

Este livro descreve em detalhes minhas aventuras e meus experimentos, além de homenagear pesquisas não-convencionais realizadas pelo pequeno grupo de dedicados professores universitários que mantiveram a bandeira da esquisitice tremulando durante o século passado.

Cada capítulo revela a psicologia secreta que fundamenta os diferentes aspectos de nossa vida, da decepção à tomada de decisão, do egoísmo à superstição. Nesse percurso, vamos encontrar algumas das pesquisas mais estranhas, porém fascinantes, que mais aprecio. Experimentos que, por exemplo, envolveram: deixar o carro parado no sinal de trânsito e medir a quantidade de buzinadas subseqüentes; examinar por que existe um número desproporcional de biólogos marinhos cujo nome é Dr. Fish*; analisar secretamente que tipo de pessoa passa pela fila expressa do supermercado com mais de dez artigos; pedir às pessoas para decapitarem ratos vivos com uma faca de cozinha; descobrir se os índices de suicídio estão relacionados com a quantidade de música country tocada pelas rádios nacionais; e provar, sem sombra de dúvida, que a sexta-feira 13 faz mal à saúde.

A maior parte das pesquisas com que você vai se deparar esteve até agora escondida em revistas acadêmicas obscuras. Este trabalho é ciência de fato e grande parte dele tem implicações importantes no modo como vivemos e estruturamos a sociedade. Contudo, esses estudos hoje diferem da vasta maioria das pesquisas psicológicas porque envolvem algo esquisito. Alguns adotam métodos convencionais para investigar tópicos incomuns. Outros, métodos incomuns para investigar assuntos convencionais. Todos eles são fruto do mau comportamento de cientistas comportamentais.

Que venha a Esquisitologia!

---

*Peixe, em inglês. (*N. da T.*)

1

O QUE SUA DATA DE NASCIMENTO *REALMENTE* REVELA SOBRE VOCÊ? A NOVA CIÊNCIA DA CRONOPSICOLOGIA

Como a vida de assassinos em série foi usada para testar a astrologia; você nasceu mesmo com sorte?; Por que os ricos e famosos mentem sobre sua data de nascimento; e como alguns indivíduos estão literalmente morrendo para economizar nos impostos.

Considerando-se que aproximadamente 100 milhões de norte-americanos lêem diariamente o horóscopo e que mais ou menos seis milhões já pagaram a um astrólogo profissional por um mapa astral[1], é fácil defender a idéia de que a astrologia já foi provada pelo tempo. Nem mesmo os líderes mundiais estão imunes à atração dos adivinhos que lêem as estrelas. Ronald e Nancy Reagan gostavam de consultar o cosmos, permitindo que astrólogos influenciassem muitos aspectos de sua vida política, tais como as datas das reuniões das grandes potências e das proclamações presidenciais, bem como dos vôos do avião presidencial.[2]

Ao longo dos anos, um pequeno número de cientistas muito dedicados investigou a relação entre a vida dos indivíduos e sua data de nascimento. Esse trabalho envolveu estudar assassinos em série, vasculhar milhões de declarações de imposto de renda dos Estados Unidos, examinar a data de nascimento dos jogadores de futebol dos grandes clubes, levar 20 mil pessoas a avaliarem a própria sorte pela internet e pedir a uma menina de quatro anos para prever o movimento do mercado internacional de ações. Lentamente, mas de forma segura, o trabalho separou fato de ficção para revelar as muitas maneiras pelas quais nossa data de nascimento *realmente* influencia nosso pensamento e comportamento.

Os profetas e o lucro

A British Association for the Advancement of Science [Associação Britânica pelo Progresso da Ciência](BAAS) foi criada em

1831 pelo eminente cientista escocês Sir David Brewster. A BAAS é famosa por várias razões. O termo "dinossauro" foi utilizado pela primeira vez em uma de suas assembléias, em 1841. Na assembléia anual de 1860, o físico Sir Oliver Lodge realizou uma das primeiras demonstrações públicas de transmissão sem fio. Também em 1860, a associação abrigou um debate público de triste lembrança, sobre a evolução, entre o biólogo T.H. Huxley e o bispo de Oxford, Samuel Wilberforce (apelidado "Sam Sabonete", por ser escorregadio nos debates eclesiásticos). Conta-se que, durante a discussão, Wilberforce voltou-se para Huxley e perguntou: "É por parte do avô ou da avó que você alega descender dos macacos?" Imperturbável, Huxley murmurou tranqüilamente para os colegas: "O Senhor o entregou em minhas mãos", antes de declarar publicamente que preferia descender de um macaco que de um bispo.

Todo ano a BAAS coordena uma maravilhosa celebração nacional da ciência, com uma semana de duração. Em 2001 fui convidado a conduzir uma experiência como parte do evento. Depois de receber o convite, descobri um artigo de jornal que descrevia a última novidade em previsão por meio das estrelas: a astrologia financeira. De acordo com o artigo, alguns adivinhos afirmavam que o futuro desempenho financeiro de uma empresa podia ser afetado por sua data de criação. Se isso fosse verdadeiro, as implicações para os investidores em todo o mundo seriam significativas, portanto decidi descobrir se a atividade celestial realmente podia prever o lucro ou o prejuízo das empresas.

O experimento contou com três participantes – uma astróloga financeira, um experiente analista financeiro e uma criança. No início do teste, demos a cada um deles o valor nominal de cinco mil libras e pedimos que investissem o dinheiro no mercado de ações, como achassem melhor. Então, durante uma semana, acompanhamos suas escolhas. Quem faria o investimento mais sensato?

É difícil encontrar astrólogos que participem desse tipo de estudo. A maioria não quer ver suas alegações postas à prova, e os que se interessam raramente concordam com as condições inerentes a um experimento científico. Contudo, depois de algumas dezenas de telefonemas, encontramos uma astróloga financeira profissional que considerou o projeto divertido e mostrou-se bastante gentil para aceitar o desafio.

As duas cobaias restantes foram mais fáceis de recrutar. Uma rápida pesquisa na internet e alguns telefonemas nos puseram em contato com um analista financeiro experiente que também ficou feliz em participar da disputa. Finalmente, uma amiga de um amigo disse que perguntaria à filha se ela gostaria de ser nossa terceira e última participante. O acordo foi fechado em troca de uma barra de chocolate e Tia, uma menina de 4 anos do sudeste de Londres, sem experiência em investimentos, completou a equipe. Quando a Barclays Stockbrokers, uma das mais importantes companhias de investimentos da Grã-Bretanha, aceitou o papel de juiz da competição, estávamos prontos para prosseguir.

Deixamos que os três voluntários investissem em qualquer uma das cem maiores empresas do Reino Unido. Nossa astróloga financeira examinou cuidadosamente a data de criação das empresas e prontamente investiu numa variedade de setores, incluindo ações das áreas de comunicação e tecnologia (Vodafone, Emap, Baltimore Tech e Pearson). O investidor fez valerem os sete anos de experiência e decidiu investir principalmente na indústria de comunicações (Vodafone, Marconi, Cable & Wireless e Prudential).

Queríamos que as escolhas de Tia fossem completamente aleatórias e ela aprovou alegremente um engenhoso processo de seleção que envolvia uma escada e um bloco de papel. Às 11h55 da manhã do dia 15 de março de 2001, vi-me precariamente equilibrado no alto de uma escada de seis degraus no hall de mármore da Barclays Stockbrokers. Tia e uma pequena platéia formada por alguns dos maiores investidores da Grã-Bretanha esperavam pacientemente embaixo. Uma de minhas mãos agarrava a escada com força, enquanto a outra segurava cem pequenos pedaços de papel, contendo cada um deles o nome de uma empresa. Quando o relógio bateu meio-dia, joguei os papéis para o alto e Tia agarrou ao acaso quatro deles, enquanto estavam caindo. Cuidadosamente, ela entregou os quatro pedaços de papel à mãe e esta anunciou que a filha investiria em um banco comercial (Bank of Scotland), um conhecido consórcio de bebidas (Diageo), um grupo de serviços financeiros (Old Mutual) e uma cadeia líder de supermercados (Sainsbury). Os observadores aplaudiram e Tia fez uma reverência para sua pequena mas entusiástica platéia.

Para ser justos, deixamos que os participantes mudassem seus investimentos alguns dias depois do início de nossa experiência de uma semana. A astróloga financeira mais uma vez consultou os astros e substituiu três de suas opções, de modo que seu portfólio final passou a conter as empresas BOC, BAE Systems, Unilever e Pearson. Entrevistada por jornalistas, ela justificou a decisão pelo fato de as três companhias estarem sendo apoiadas por uma boa influência planetária.[3] Nosso especialista em investimentos preferiu manter a seleção original. Uma segunda rodada de lançamento de papéis deixou Tia com as empresas Amvescap, Bass, Bank of Scotland e the Halifax.

No final da semana, reunimo-nos na Barclays Stockbrokers e examinamos os resultados. A semana fora excepcionalmente turbulenta para o mercado de ações, com bilhões de libras drenadas do valor das principais empresas do mundo. Por estranho que pareça, nenhum de nossos especialistas previu o desastre financeiro. Por conta dessa expressiva tendência de baixa, os três participantes perderam dinheiro. A lanterninha foi a astróloga financeira, cujas decisões celestiais resultaram numa perda de 10,1 por cento. O especialista em investimentos emplacou um segundo lugar não muito distante, com uma perda de 7,1 por cento. A primeira da turma foi Tia, com uma perda de apenas 4,6 por cento.

Nosso investidor não mostrou muito do otimismo comumente associado ao mercado de títulos. Ele declarou aos jornalistas ter seguramente esperado ficar em último lugar e ter sempre achado que Tia ganharia.[4] A astróloga pediu a ajuda dos céus para explicar o fracasso, observando que, se soubesse antecipadamente que Tia era canceriana, não teria competido com ela.[5] Tia foi notavelmente modesta pela vitória, dizendo que não era capaz de explicar sua condição de vitoriosa e que nem sequer estudava ciências no jardim-de-infância.[6]

O jornal *The Sun* ficou fascinado com o sucesso de Tia e publicou na seção financeira uma matéria de página inteira sobre ela, incluindo suas três dicas mais importantes para os interessados em jogar na bolsa: "Dinheiro não é tudo; os doces é que são", "Durma cedo" e "Fique atento ao crescimento do mercado de brinquedos".[7] O programa *The Tonight Show with Jay Leno* manifestou interesse em entrevistar Tia, e tenho a suspeita de que ela foi a única convidada a declinar do convite por causa do dever de casa.

Uma semana não é um tempo longo no mundo das finanças, portanto decidimos continuar o experimento por um ano inteiro. Esses 12 meses foram difíceis, com o mercado mundial apresentando uma queda global de 16 por cento. Contudo, passado quase um ano de nosso experimento original, pedimos à Barclays Stockbrokers para reavaliar as três carteiras de títulos. Dessa vez, a diferença foi ainda mais expressiva. O analista financeiro teve uma perda de 46,2 por cento do investimento original. A astróloga financeira se saiu um pouco melhor, mas ainda perdeu 6,2 por cento. Mais uma vez, Tia liderou o grupo. Dentro de um mercado em queda, ela conseguiu um lucro de 5,8 por cento.[8]

Não fiquei inteiramente surpreso com o fato de as previsões dos especialistas serem decepcionantes. Essa não foi a primeira vez que o conhecimento dos analistas foi investigado e se provou insuficiente. Em estudo semelhante, na Suécia, um jornal local deu 1.250 dólares a cada um de cinco investidores experientes e a um chimpanzé chamado Ola. O macaco fez sua opção lançando dardos nos nomes de empresas negociadas na bolsa de Estocolmo. Depois de um mês, o jornal comparou as perdas e ganhos de cada competidor. Ola superou os especialistas financeiros. Da mesma forma, o *Wall Street Journal* regularmente pede a quatro investidores que escolham uma ação, cada um, mas também seleciona aleatoriamente quatro outras ações adotando a técnica de lançamento de dardos de Ola. Seis meses depois, o jornal compara o rendimento das ações selecionadas pelos especialistas com a "carteira dos dardos". Com freqüência, os dardos obtêm o melhor resultado, e quase sempre superam pelo menos um dos especialistas.

Meu teste da astrologia financeira não foi a primeira avaliação científica do suposto relacionamento entre a atividade celeste e os acontecimentos terrenos. Há muitas décadas são realizados trabalhos semelhantes que envolvem uma série de experimentos insólitos, inclusive aquele realizado por um dos psicólogos mais produtivos da Grã-Bretanha.

Previsões celestiais

O professor universitário Hans Eysenck foi considerado um dos mais influentes pensadores do século XX. Quando faleceu, em 1997, era o psicólogo vivo mais citado em periódicos e revistas científicas. Famoso por gostar da frase "Se algo não puder ser medido, então não existe", Eysenck dedicou grande parte de sua carreira à tentativa de quantificar aspectos da psique humana (tais como a poesia, o comportamento sexual, o humor e a genialidade) que muitos acreditam escapar ao âmbito da ciência. No entanto, talvez ele seja mais conhecido por seu trabalho na análise da personalidade humana, tendo desenvolvido alguns dos questionários de personalidade mais utilizados na psicologia moderna.

Para entender plenamente a pesquisa astrológica de Eysenck, é preciso conhecer um pouco o trabalho dele sobre a personalidade. Eysenck fez com que milhares de pessoas respondessem a questionários sobre si mesmas e posteriormente analisou os resultados utilizando poderosas técnicas estatísticas projetadas para descobrir as principais dimensões que distinguem os indivíduos. Os resultados revelaram que as personalidades não são tão complexas quanto parecem. De fato, de acordo com Eysenck, os indivíduos diferem apenas em um pequeno número de dimensões fundamentais; às duas mais importantes, ele deu os nomes de "extroversão" e "neuroticismo". O Inventário de Personalidade de Eysenck foi projetado para medir essas características e contém em torno de cinqüenta afirmativas. O pesquisado deve indicar se cada afirmativa o descreve, marcando "sim" ou "não".

A primeira dessas dimensões de personalidade, a extroversão, diz respeito ao nível de energia com que as pessoas abordam a vida. No alto da escala estão os "extrovertidos". Eles tendem a ser impulsivos, otimistas e felizes; têm prazer na companhia alheia, buscam gratificação instantânea, contam com um amplo círculo de amigos e conhecidos e são mais propensos a trair os parceiros. No outro extremo da escala estão os "introvertidos", que são mais ponderados, controlados e reservados. A vida social dos introvertidos gira em torno de um número relativamente pequeno de amigos muito íntimos; eles preferem ler um bom livro a sair para uma noitada. A maioria dos indivíduos se situa entre esses dois extremos. O Inventário de Personalidade de Eysenck mede o nível de extroversão e introversão por meio de afirmativas como: "Sou a alma da festa" e "Me sinto muito bem na companhia das pessoas".

A segunda dimensão, o neuroticismo, relaciona-se com o grau de estabilidade emocional do indivíduo. Os que alcançam uma alta pontuação têm tendência à preocupação, apresentam auto-estima reduzida, perseguem metas ou alvos pouco realistas e com freqüência sentem hostilidade e inveja. Por outro lado, os indivíduos com baixa pontuação são muito mais calmos, relaxados e flexíveis diante do fracasso. São hábeis em usar o humor para reduzir a ansiedade e às vezes até progridem com o estresse. O Inventário de Personalidade de Eysenck mede o nível de neuroticismo por meio de afirmativas como "Eu me preocupo com as coisas" e "Fico estressado com facilidade".

De acordo com o conhecimento astrológico milenar, seis dos 12 signos do zodíaco são tradicionalmente associados com a extroversão (Áries, Gêmeos, Leão, Libra, Sagitário e Aquário) e seis com a introversão (Touro, Câncer, Virgem, Escorpião, Capricórnio e Peixes). Da mesma forma, os nascidos sob os três signos de "terra" (Touro, Virgem e Capricórnio) são considerados emocionalmente estáveis e práticos, enquanto aqueles relacionados com os três signos de água (Câncer, Escorpião e Peixes) devem ser bem mais neuróticos.

Para checar a veracidade dessa teoria, Eysenck associou-se a um respeitado astrólogo britânico, Jeff Mayo. Alguns anos antes, Mayo havia fundado a Mayo School of Astrology, conquistando rapidamente um grande séquito de estudantes em todo o mundo. Eles pediram a mais de 2 mil clientes e alunos de Mayo que informassem sua data de nascimento e respondessem ao Inventário de Personalidade de Eysenck. Os céticos com respeito à astrologia esperavam que as descobertas revelassem não haver qualquer relação entre a personalidade dos participantes e o conhecimento astrológico milenar. Por outro lado, os defensores da astrologia estavam seguros de que a posição dos astros na hora do nascimento teria um impacto previsível na maneira de pensar e no comportamento dos indivíduos.

Para grande surpresa dos céticos, os resultados se mostraram em perfeita sintonia com o conhecimento astrológico. Os nascidos sob os signos tradicionalmente associados com extroversão alcançaram, nessa dimensão, pontuações ligeiramente mais altas que as dos outros, e os nascidos sob os três signos de água obtiveram pontos de neuroticismo significativamente mais altos que os nascidos sob os signos de terra.[9] A revista de astrologia *Phenomena* anunciou que essas descobertas eram "provavelmente o acontecimento mais importante para a astrologia neste século".[10]

Porém, quando percebeu que os participantes do estudo já acreditavam firmemente em astrologia, Eysenck teve dúvidas. A maioria dos que têm essa crença sabe muito bem que tipo de pessoa a astrologia preconiza que eles *devem* ser; portanto, o cientista considerou a possibilidade de tal conhecimento ter prejudicado o estudo. Será que os resultados não seriam fruto do fato de os participantes pensarem ter o tipo de personalidade que sabiam estar associado a seu signo solar? Será que a psicologia, e não a posição dos planetas na hora do nascimento, respondia por esses notáveis resultados?

Eysenck realizou mais dois estudos para explorar essa idéia. O primeiro envolveu indivíduos com muito menos possibilidade de terem ouvido falar sobre as características de personalidade associadas com os diferentes signos – um grupo de mil crianças. Dessa vez, os resultados foram expressivamente diferentes e não corresponderam aos padrões previstos pelo conhecimento astrológico: os níveis de extroversão e neuroticismo das crianças foram completamente dissociados de seus signos solares. Para ter certeza absoluta, Eysenck realizou um segundo estudo com adultos, comparando data de nascimento e personalidade, em que também verificou o quanto os pesquisados sabiam sobre astrologia. Aqueles com muito conhecimento sobre os efeitos que os planetas deveriam ter sobre sua personalidade confirmaram o padrão previsto pela astrologia. Por outro lado, os que admitiram não ter conhecimento não se adequaram ao padrão. A conclusão era clara: a posição dos planetas no instante do nascimento de alguém não tem um efeito mágico sobre sua personalidade. Em vez disso, muitos indivíduos conscientes dos traços de personalidade associados com seus signos tornaram-se a pessoa prevista pelos astrólogos.[11] Quando Eysenck apresentou essas novas descobertas em um congresso sobre ciência e astrologia, seu biógrafo observou que "...alguns dos astrólogos mostraram um forte sentimento de que Eysenck começou por iludi-los com seu encorajamento para depois traí-los revelando alguns fatos desfavoráveis"[12].

Essa não foi a primeira vez que os pesquisadores identificaram indícios de que podemos nos transformar naquilo que *devemos* ser. Nos anos 1950, o psicólogo Gustav Jahoda estudou a vida dos axântis, habitantes da região central de Gana. De acordo com a tradição, toda criança axânti recebe um nome espiritual relacionado com o dia do nascimento e cada dia está associado a um conjunto de características de personalidade. Os que nascem numa segunda-feira são chamados de Kwadwo e são tradicionalmente considerados calmos, reservados e pacíficos. As crianças nascidas na quarta-feira são chamadas de Kwaku e espera-se que elas tenham um mau comportamento. Jahoda interessou-se por descobrir se esse rótulo precocemente atribuído poderia ter impacto a longo prazo sobre a auto-imagem e a vida das crianças axântis. Para isso, ele examinou a freqüência com que os indivíduos nascidos nos diferentes dias da semana apareciam nos registros dos tribunais juvenis. Os resultados mostraram que o rótulo atribuído à criança no nascimento afetava seu comportamento, com um número significativamente menor de Kwadwos e maior de Kwakus presentes nos registros.[13]

Os resultados de Eysenck fizeram milhões de pessoas mudarem suas crenças sobre a influência dos astros? Aparentemente não. Em vez disso, muitos defensores da astrologia argumentaram que os signos fornecem apenas uma indicação muito superficial da personalidade do indivíduo e que uma precisão real só pode ser obtida pelo estudo cuidadoso do momento exato em que a pessoa veio ao mundo. Essa alegação recebeu muita atenção de pesquisadores em todo o mundo.

Gêmeos temporais e o palhaço Pogo

O pesquisador britânico Geoffrey Dean é um homem de fala mansa e maneiras tranqüilas, que dedica a vida a colecionar e compilar qualquer informação que lhe permitisse avaliar o impacto potencial dos astros sobre o comportamento humano. Ele está numa posição excepcional para realizar esse trabalho, sendo um dos raros pesquisadores científicos no mundo a ganhar a vida como astrólogo profissional.

Em 2000, fui convidado a fazer uma palestra num congresso internacional de ciência na Austrália e fiquei encantado ao descobrir que Geoffrey estaria no mesmo programa. Em sua palestra, ele descreveu seu mais recente e maior projeto: uma investigação que chamou de "teste definitivo" da astrologia. Tal como ocorre com tantas boas idéias, essa era muito simples. De acordo com as alegações dos astrólogos, a posição dos planetas no momento do nascimento determina a personalidade e os acontecimentos mais importantes da vida de alguém. Se for assim, pessoas nascidas no mesmo instante e no mesmo local devem ser praticamente idênticas. Na verdade, segundo Geoffrey observou, elas deveriam ser "gêmeas temporais".

Existem histórias que dão sustentação a essa idéia. Na década de 1970, pesquisadores de astrologia analisaram uma base de dados de nascimentos e observaram que pessoas nascidas com poucos dias de distância levavam vidas surpreendentemente similares. Por exemplo, os campeões de ciclismo franceses Paul Chacque e Leon Lével nasceram respectivamente nos dias 14 de junho e 12 de julho de 1910. Os dois foram muito bem-sucedidos em 1936, tendo Chacque vencido a etapa Bordeaux-Paris da prova de ciclismo Tour de France e Lével vencido as duas etapas de montanha da mesma corrida. Em março de 1949, Lével morreu ao fraturar o crânio em um acidente na pista do Parc des Princes. Chacque morreu em conseqüência de um ferimento semelhante, no mesmo circuito, em setembro do mesmo ano.[14]

Por mais curiosos que sejam esses dois casos, eles poderiam ser pura coincidência, portanto Geoffrey decidiu realizar um trabalho mais sistemático sobre o pretenso fenômeno. Ele conseguiu ter acesso a uma base de dados com detalhes sobre mais de 2 mil pessoas nascidas em Londres entre 3 e 9 de março de 1958. Os dados foram reunidos por um grupo de pesquisadores que estudavam indivíduos à medida que avançavam pela vida. Compunham-se de resultados de testes de inteligência e questionários sobre personalidade aplicados aos 11, 16 e 23 anos. A hora exata do nascimento de cada pesquisado foi cuidadosamente registrada; 70 por cento deles havia nascido dentro de um intervalo de cinco minutos. Geoffrey classificou o grupo por ordem de nascimento e percorreu a lista calculando o grau de similaridade entre cada par de pesquisados. Mais uma vez, os céticos e os defensores da astrologia fizeram previsões bem diferentes sobre o que seria encontrado. Os céticos julgavam que não haveria relação entre os resultados de testes de cada par de indivíduos na lista. Por outro lado, os astrólogos esperavam ver as mesmas semelhanças surpreendentes que se observam nas personalidades de gêmeos idênticos.

Dessa vez, os céticos estavam corretos. Geoffrey encontrou poucos indícios de semelhança entre seus gêmeos temporais. Os indivíduos nascidos às 11h05 do dia 4 de março de 1958 eram tão parecidos com seus gêmeos temporais, nascidos alguns instantes depois, quanto com outra pessoa nascida vários dias mais tarde.[15]

Geoffrey realizou muitos testes desse tipo e os resultados têm um ponto comum: nenhum deles ampara as alegações da astrologia.[16] Em conseqüência, às vezes ele se descreve como "a pessoa mais odiada na astrologia". Ele é visto pelos astrólogos modernos como um vira-casaca – alguém que passou para o lado obscuro – por declarar publicamente o ceticismo quanto ao impacto dos astros em nossa vida.

A pesquisa de Geoffrey tende a adotar uma metodologia similar à do trabalho de Hans Eysenck, uma vez que envolve a análise de grandes quantidades de dados em busca dos padrões prognosticados pela astrologia. No entanto, essa não é a única maneira de testar a precisão das previsões astrológicas. Outros pesquisadores examinaram as alegações de astrólogos individuais. Um dos exemplos mais estranhos e surpreendentes dessa abordagem foi relatado por um grupo de pesquisadores americanos no final da década de 1980, em um artigo com o título provocante de *Astrology on the Death Row* [A astrologia no corredor da morte].[17]

Os pesquisadores começaram por descobrir a data, a hora e o local de nascimento do famigerado assassino em série John Gacy, um matador sádico que recebeu 12 sentenças de morte e 21 sentenças de prisão perpétua por torturar e matar 33 homens e meninos. Por se vestir como o palhaço Pogo e se apresentar em festas infantis em seu tempo livre, ele pode ter dado origem à idéia do palhaço "cruel". Um dos pesquisadores visitou cinco astrólogos profissionais e apresentou como seus os dados de Gacy. O pesquisador explicou a cada astrólogo que estava interessado em trabalhar com jovens e pediu uma leitura geral de personalidade e algum aconselhamento sobre a carreira. Os astrólogos erraram da pior forma. Um deles estimulou o pesquisador a trabalhar com jovens porque poderia "ressaltar-lhes as melhores qualidades".

Outro analisou a informação fornecida e previu com segurança que a vida do pesquisador seria "extremamente positiva". Um terceiro afirmou que ele era "bom, terno e cheio de consideração pelas necessidades alheias".

Os trabalhos de Hans Eysenck, Geoffrey Dean e outros mostram que as previsões baseadas nos astros geralmente erram o alvo. Assim, eles nos deixam com um mistério ainda maior: por que tanta gente acredita em astrologia?

O professor Bertram Forer e o grafólogo de boate

No final da década de 1940, o professor Bertram Forer estava dedicado a formular novas maneiras de medir a personalidade. Uma noite, Forer foi a uma boate onde um grafólogo se ofereceu para analisar sua personalidade com base na caligrafia. Forer não aceitar a oferta, mas o encontro casual despertou nele o desejo de descobrir por que tantas pessoas ficam impressionadas com astrólogos e grafólogos. Forer poderia ter prosseguido com sua pesquisa acadêmica normal, mas a curiosidade levou a melhor e ele decidiu realizar um experimento diferente, que ainda o tornaria famoso muito depois de seu trabalho convencional sobre personalidade ter caído na obscuridade.

Forer pediu aos alunos de seu curso de introdução à psicologia que fizessem um teste de personalidade.[18] Uma semana depois, cada aluno recebeu uma folha de papel e foi informado de que a folha continha uma descrição sucinta de sua personalidade baseada nos resultados do teste. Forer pediu aos estudantes que examinassem cuidadosamente a descrição, avaliassem seu grau de exatidão circulando na folha de papel um número de zero (ruim) a cinco (perfeito) e levantassem a mão se julgassem que o teste havia medido bem a personalidade deles.

Vamos voltar um pouco no tempo e rever o experimento. Eis uma das descrições que teriam sido dadas aos alunos no estudo de Forer. Leia-a e veja se você a considera uma descrição precisa de sua personalidade:

> Você precisa do apreço e da admiração dos outros e tende a ser crítico consigo. Embora tenha algumas falhas de personalidade, geralmente consegue compensá-las. Você tem uma habilidade considerável que ainda não empregou em seu próprio proveito. Disciplinado e controlado por fora, tende a ser preocupado e inseguro por dentro. Às vezes, tem grandes dúvidas quanto a ter tomado a decisão correta ou feito o que devia. Você prefere um pouco de mudança e variedade e fica insatisfeito quando é enclausurado por restrições e limitações. Você tem orgulho de pensar de modo independente e não aceita as afirmativas alheias sem provas satisfatórias. Mas você já descobriu que não é prudente ser excessivamente franco, revelando-se aos outros. Em alguns momentos você é extrovertido, afável e sociável, enquanto em outros é introvertido, cauteloso e reservado. Algumas de suas aspirações tendem a ser muito pouco realistas.

Os alunos de Forer leram essa descrição, atribuíram-lhe uma nota e, um a um, levantaram as mãos. Depois de alguns momentos, o pesquisador ficou surpreso ao ver praticamente todos os alunos com as mãos para cima. Por que Forer ficou tão admirado?

Tal como às vezes acontece em experimentos psicológicos, Forer não havia sido inteiramente honesto com suas cobaias. A descrição de personalidade distribuída por ele não se baseava em resultados de testes. Em vez disso, ela vinha de um livro de banca de jornal sobre astrologia que ele escolhera alguns dias antes. Ainda mais importante é que *todos os estudantes receberam exatamente a mesma descrição de personalidade* – esta que você acaba de ler.

Forer simplesmente selecionou no livro de astrologia umas dez sentenças de diferentes leituras astrológicas e as reuniu para formar uma única descrição. Apesar de todos terem recebido a mesma descrição de personalidade, 87 por cento dos alunos circularam as notas quatro ou cinco na escala de avaliação, indicando terem ficado extremamente impressionados com a exatidão do que haviam lido. A leitura criada por Forer tornou-se mundialmente famosa e foi usada em milhares de experimentos psicológicos e programas de televisão.

Os resultados de Forer solucionaram o mistério que o incomodava desde o encontro acidental com o grafólogo. Não é necessário que a astrologia e a grafologia *sejam* precisas para serem *vistas* como precisas. Pelo contrário, basta fornecer às pessoas uma descrição muito genérica de sua personalidade e o cérebro delas as levará a acreditar que aquilo é revelador.

Imediatamente após ter realizado esse estudo, Forer revelou aos alunos que todos haviam recebido a mesma descrição de personalidade, explicou que o exercício fora "uma lição objetiva para demonstrar a tendência a se deixar impressionar demais por declarações vagas" e ressaltou "as semelhanças entre a demonstração e as atividades de charlatães". Aparentemente, muitos dos alunos de Forer não se deixaram perturbar por terem sido revelados como um tanto crédulos. Muitos deles concederam ao experimento psicológico a maior honra que um aluno pode dar: pediram a Forer uma cópia da descrição de personalidade para poderem aplicar o mesmo truque nos amigos.

A maioria dos psicólogos teria parado por aí, mas Forer idealizou mais um truque na tentativa final de infligir mais humilhação à sua turma, já bastante sofredora.

Ele queria saber se os alunos gostavam de se ver como indivíduos astutos, espertos e conhecedores da vida. Caso afirmativo, será que o fato de terem aceitado descrições vagas de personalidade teria colocado em xeque esse aspecto da percepção sobre a própria identidade? Além disso, muitos deles adotariam a saída fácil de simplesmente negar-se a aceitar que haviam sido enganados pela demonstração, em vez de passar pelo doloroso processo de se verem como realmente eram?

Três semanas mais tarde, Forer declarou aos alunos ter inadvertidamente apagado os nomes das folhas de avaliação. Ele pediu-lhes que fornecessem com honestidade as notas que haviam atribuído à descrição original. Na realidade, ele não havia perdido os nomes e assim pôde comparar as notas originalmente atribuídas à descrição com a pontuação que cada estudante posteriormente afirmou ter atribuído. Metade dos estudantes que *originalmente* haviam considerado a descrição "perfeita" (atribuindo-lhe a nota máxima 5) subseqüentemente afirmou não tê-lo feito, declarando ter atribuído uma nota mais baixa. Aparentemente, as pessoas mais crédulas acham melhor enganar a si mesmas do que admitir a própria credulidade.

Com vocês, Phineas Taylor Barnum

Na década de 1950, o psicólogo Paul Meehl chamou a descoberta original de Forer de "Efeito Barnum", em homenagem ao artista norte-americano Phineas Taylor Barnum, famoso por ter afirmado que qualquer espetáculo de qualidade deve ter algo a oferecer a cada um.[19] Anos de pesquisa mostraram que quase todo mundo está sujeito ao Efeito Barnum – homens e mulheres, jovens e velhos, partidários da astrologia e céticos, estudantes e até gerentes de pessoal.[20]

Um dos estudos subseqüentes mais interessantes foi realizado pelo pesquisador francês Michel Gauquelin.[21] Ele enviou os dados de nascimento do Dr. Marcel Petiot, um famoso assassino em série francês, a uma empresa que usava alta tecnologia computacional para gerar horóscopos pretensamente rigorosos. Durante a Segunda Guerra Mundial, Marcel dizia às suas vítimas que poderia ajudá-las a escapar da França ocupada pelos nazistas, porém, em vez disso, administrava-lhes uma injeção letal e observava-os morrer lentamente. Mais tarde, Petiot admitiu ter cometido 19 assassinatos e foi guilhotinado em 1946. O horóscopo computadorizado conseguiu deixar de lado todos os aspectos macabros da vida de Petiot e gerou o mesmo tipo de declarações inócuas características do Efeito Barnum que haviam sido tão bem utilizadas por Forer, inclusive:

> O caráter adaptável e flexível dele se expressa por meio de habilidade e eficiência; seu dinamismo encontra amparo numa tendência para a ordem, o controle e o equilíbrio. Ele é uma pessoa organizada e organizadora nos aspectos social, material e intelectual. Pode aparentar ser submisso às normas sociais, amante da decência e dotado de um senso moral encorajador – atributos de um cidadão de classe média, digno e bem-pensante.

Embora Petiot tenha sido executado em 1946, o horóscopo previu que entre 1970 e 1972 ele vivenciaria "uma tendência a assumir compromissos relacionados com a vida romântica".

Inspirado, Gauquelin colocou um anúncio num jornal de grande circulação oferecendo horóscopos gratuitos, gerados por computador. Mais de 150 pessoas de toda a França responderam. Gauquelin enviou-lhes a leitura baseada nos dados de nascimento de Petiot. Ele também pediu-lhes que atribuíssem uma nota ao grau de exatidão do horóscopo na descrição de sua personalidade.

Uma pessoa enviou a Gauquelin o seguinte comentário: "O trabalho realizado por essa máquina é maravilhoso... eu diria mesmo extraordinário." Outra escreveu: "É absolutamente desconcertante uma máquina eletrônica ser capaz de sondar o caráter e o futuro das pessoas." Alguns ficaram tão impressionados que se ofereceram para pagar a Gauquelin por uma análise mais detalhada.

Mas por que tantas pessoas são enganadas por esse tipo de interpretação?

As pessoas aprovam muitas dessas declarações porque elas se aplicam à vasta maioria da população. Afinal, quem não teve sérias dúvidas com relação a uma decisão importante, quem negaria querer ser admirado e quem não busca um sentimento de segurança? Até mesmo afirmativas que parecem específicas podem ser verdadeiras para um percentual surpreendentemente grande da população. Há alguns anos uma colega minha, a psicóloga Susan Blackmore, pesquisou mais de 6 mil pessoas, fazendo-lhes perguntas semelhantes às afirmativas aparentemente específicas freqüentes nas leituras feitas por médiuns, como: "Existe alguém em sua família chamado Jack."[22] Ela descobriu que um terço das pessoas tem uma cicatriz no joelho esquerdo, um terço possui uma fita ou CD com a *Música da água*, de Handel, um quinto dos norte-americanos tem um "Jack" na família e nada menos que um em cada dez havia passado a noite anterior sonhando com alguém que não via há anos. Aparentemente, muitas afirmativas do tipo Barnum parecem precisas porque a maioria dos indivíduos tende a pensar e agir de modo muito previsível.

E ainda existe o "efeito lisonja". Muitos querem acreditar em qualquer coisa que os apresente numa condição positiva, portanto, endossam afirmativas que os mostrem como possuidores de grande capacidade latente ou como pensadores independentes. Esse efeito explica por que metade da população aceita em especial a astrologia. Os 12 signos do zodíaco estão tradicionalmente divididos em seis signos "positivos" (Áries, Gêmeos, Leão, Libra, Sagitário e Aquário) e seis signos "negativos" (Touro, Câncer, Virgem, Escorpião, Capricórnio e Peixes). As características associadas aos signos positivos tendem a ser mais favoráveis que as associadas aos signos negativos. Os nascidos em Libra são tradicionalmente vistos como indivíduos que procuram a paz e a beleza, ao passo que os taurinos são vistos como mais materialistas e fáceis de irritar. A psicóloga Margareth Hamilton, da University of Wisconsin, pediu a várias pessoas que informassem a data do nascimento e que pontuassem, numa escala de sete pontos, o grau de sua crença na astrologia. Conforme previsto pelo "efeito lisonja", os nascidos sob os signos "positivos" apresentaram uma tendência muito maior a acreditar na astrologia que os nascidos sob os signos "negativos".[23]

O trabalho de Forer e o daqueles que seguiram seus passos demonstram como os horóscopos enganaram milhões de pessoas durante milhares de anos. Os astrólogos podem produzir qualquer bobagem. Desde que ela seja suficientemente vaga e elogiosa, a maioria das pessoas vai considerá-la "muito precisa". Portanto, como as provas científicas em favor da astrologia não são consideráveis, sentimo-nos tentados a concluir que não há associação entre a verdadeira ciência e a data de nascimento do indivíduo.

Pode ser tentador, mas está errado.

O estudo científico do tempo e da mente

A cronopsicologia é uma disciplina científica nova e ainda relativamente obscura, dedicada ao estudo do tempo e da mente. Grande parte do trabalho nessa área estuda os ritmos circadianos, os turnos de trabalho e a fadiga das viagens aéreas.

Em 1962, o espeleólogo e geólogo Michel Siffre decidiu passar dois meses inteiros embaixo da terra, estudando o movimento de uma geleira dentro de uma caverna glacial subterrânea.[24] Em vez de apenas fazer medições e matar o tempo, Siffre aproveitou ao máximo o isolamento subterrâneo, realizando um experimento único relacionado com a psicologia do tempo. Ele decidiu não levar nenhum tipo de relógio para a caverna, forçando-se a confiar inteiramente no próprio relógio fisiológico para decidir quando dormir e quando ficar acordado. A única conexão de Siffre com o mundo exterior era uma linha telefônica que o ligava diretamente a uma equipe de pesquisadores na superfície. Ele sempre telefonava para a equipe quando ia dormir, quando acordava e, de tempos em tempos, durante as horas de vigília. Nessas ligações, os pesquisadores da superfície não lhe davam qualquer indicação sobre o tempo real. Privado da luz natural por sessenta dias, em sua pequena tenda de náilon a 115 metros de profundidade, as ligações telefônicas de Siffre mostraram que sua capacidade para julgar o tempo sofrera uma distorção radical. Nos dias finais do experimento, ele telefonava para a superfície convencido de que apenas uma hora havia transcorrido desde o telefonema anterior, mas na realidade várias horas haviam se passado. Quando foi trazido para fora da caverna depois de dois meses, Siffre estava convicto de que o experimento fora encerrado antecipadamente e de que aquele era o trigésimo quarto dia. Essa experiência ilustrou claramente como a luz do dia ajuda nosso relógio interno a manter com exatidão a noção do tempo.

Outro trabalho de cronopsicologia analisou modos de minimizar os efeitos da forma mais comum e desagradável de perturbação do relógio corporal em nossos dias: o *jet lag*. Um dos estudos mais extraordinários e controversos nessa área foi realizado no final dos anos 1990 por Scott Campbell e Patricia Murphy, da Cornell University, envolvendo a aplicação de luz atrás dos joelhos de indivíduos.[25] Um estudo anterior havia demonstrado que acender luzes nos olhos das pessoas faz o cérebro acelerar ou reduzir a velocidade do relógio biológico, podendo, assim, compensar os efeitos do *jet lag*. Campbell e Murphy se perguntaram se seria possível detectar sinais semelhantes com outras partes do corpo. Como a parte de trás do joelho contém grande quantidade de vasos sanguíneos muito próximos da superfície da pele, eles resolveram testar a hipótese aplicando luz nessa região, empregando lâmpadas halógenas especialmente projetadas. Num estudo em pequena escala eles encontraram comprovação de que a luz aplicada à parte posterior do joelho reproduziria a capacidade de alteração do relógio biológico demonstrada pela luz projetada diretamente sobre os olhos.

Portanto, qual é a ligação entre as idéias subjacentes à astrologia e essa área científica tão fascinante? Nem toda a cronopsicologia tem a ver com passar meses em cavernas ou acender luzes atrás dos joelhos dos indivíduos. Outro ramo dessa obscura disciplina envolveu o estudo realizado por alguns cientistas a respeito da influência sutil que o dia de nascimento exerce sobre a maneira como pensamos e nos comportamos.

O conceito que ampara esse ramo incomum da ciência comportamentalista é bem ilustrado pelo trabalho do psicólogo holandês Ad Dudink.[26] Depois de analisar a data de nascimento de quase 3 mil jogadores ingleses de futebol profissional, Dudink descobriu que o número de nascidos entre setembro e novembro era o dobro do número de nascidos entre junho e agosto. Aparentemente, a data de nascimento de alguém prenunciava seu sucesso nos esportes. Alguns podem ter visto no resultado uma prova incontestável em favor da astrologia, argumentando que as posições planetárias associadas com Virgem, Libra, Escorpião e Sagitário desempenham um papel relevante na criação de atletas de sucesso. No entanto, existe uma explicação mais interessante e prosaica para a descoberta curiosa de Dudink.

Quando essa análise foi feita, no início dos anos 1990, os jovens jogadores de futebol só tinham permissão para jogar profissionalmente se tivessem pelo menos 17 anos no início da temporada, em agosto. Dessa forma, os jogadores em potencial nascidos entre setembro e novembro teriam em torno de dez meses a mais que os nascidos entre junho e agosto, sendo, portanto, fisicamente mais maduros. Esses poucos meses a mais se revelavam uma vantagem real no que diz respeito à força, à resistência e à velocidade necessárias para jogar futebol, com o resultado de que os nascidos entre setembro e novembro tinham mais probabilidade de ser escolhidos para jogar no nível profissional.

Anos de pesquisa revelaram uma quantidade espantosa de indícios desse efeito em diferentes áreas do esporte. Seja qual for o início da estação de um esporte, há muito mais atletas cujo mês de nascimento corresponde aos primeiros meses da estação. Da principal liga de beisebol dos Estados Unidos ao campeonato britânico de críquete, do hóquei no gelo do Canadá ao futebol brasileiro, o mês de nascimento dos atletas está relacionado ao seu sucesso no esporte.[27]

Esses efeitos da cronopsicologia não estão limitados à vida dos atletas profissionais. Eles também influenciam um fator que desempenha um papel chave na vida de todos: a sorte.

Você nasceu com sorte?

Você tem sorte ou não? Por que algumas pessoas sempre parecem estar no lugar certo na hora certa, ao passo que outras atraem infortúnio? Podemos mudar a sorte? Há dez anos, decidi responder a essas instigantes perguntas realizando uma pesquisa sobre a psicologia da sorte. Como resultado, trabalhei com mais ou menos mil indivíduos excepcionalmente sortudos e azarados, originários dos mais diversos meios.[28]

As diferenças entre a vida dos que têm sorte e dos que não têm são tão consistentes quanto notáveis. As pessoas de sorte sempre parecem estar no lugar certo na hora certa, cair de pé e aparentar extraordinária habilidade para levar uma vida abençoada. As pessoas sem sorte são exatamente o inverso. Suas vidas tendem a ser um catálogo de fracasso e desespero e elas estão convencidas de que não são responsáveis por essa infelicidade. Uma das pessoas mais azaradas no estudo é Susan, uma assistente social de 34 anos, de Blackpool. Susan tem um azar extraordinário no amor. Uma vez ela marcou um encontro, mas o potencial namorado sofreu um acidente de motocicleta a caminho do encontro e quebrou as duas pernas. O próximo homem com quem ia se encontrar esbarrou numa porta de vidro e quebrou o nariz. Alguns anos depois, quando Susan encontrou alguém com quem se casar, a igreja escolhida para a cerimônia de casamento foi destruída por um incêndio criminoso na véspera do grande dia. Susan também sofreu uma coleção espantosa de acidentes. Ela relatou ter sofrido, numa maré de azar, oito acidentes de trânsito numa única viagem de 80 quilômetros.

Eu queria saber se a sorte, boa ou má, era mesmo obra do acaso ou se a psicologia podia explicar essas vidas drasticamente diferentes. Portanto, elaborei uma série de estudos para investigar a questão. Em uma experiência especialmente memorável, dei a alguns voluntários um jornal e pedi que me dissessem quantas fotografias havia nele. O que não lhes disse foi que no meio do jornal eu havia colocado uma oportunidade inesperada. Essa "oportunidade" cobria metade de uma página e anunciava em letras garrafais: "Ganhe 100 libras se disser ao pesquisador que viu isso." Os sem sorte tenderam a ficar tão envolvidos na contagem das fotografias que não enxergaram a oportunidade. Por outro lado, as pessoas de sorte, mais relaxadas, viam o conjunto, e localizaram a oportunidade de ganhar 100 libras. Era uma demonstração simples de como as pessoas de sorte criam a própria boa fortuna por estarem mais preparadas para tirar o máximo proveito de uma oportunidade inesperada.

Resultados como esse revelaram que os voluntários estavam criando muito de sua boa ou má sorte por conta da maneira como pensavam e se comportavam. As pessoas de sorte eram otimistas, cheias de energia e predispostas a novas oportunidades e experiências. Por outro lado, os azarados eram mais retraídos, desajeitados, ansiosos em relação à vida e pouco inclinados a aproveitar ao máximo as oportunidades do caminho.

Parte de meu trabalho mais recente nessa área assumiu um caráter cronopsicológico, avaliando se existe verdade no velho ditado de que algumas pessoas nascem com sorte.[29] A raiz do projeto foi um e-mail bastante curioso que recebi em 2004, do professor Jayanti Chotai, um pesquisador do hospital universitário de Umea, na Suécia.

Grande parte do trabalho de Jayanti analisa a relação entre a data do nascimento dos indivíduos e diversos aspectos de seu bem-estar psicológico e físico. Em um de seus estudos, Jayanti pediu a aproximadamente 2 mil pessoas que preenchessem um questionário para medir em que grau elas se descreviam como ávidas por sensações. O pesquisador então procurou ver se havia alguma relação entre a pontuação no questionário e o mês de nascimento dos pesquisados.[30] A busca por novidades e sensações é um aspecto fundamental de nossa personalidade. As pessoas ávidas por sensações não suportam ver um filme duas vezes, gostam de conviver com pessoas imprevisíveis e se sentem atraídas por esportes de risco como montanhismo ou *bungee jumping*. Por outro lado, as pouco inclinadas a sensações gostam de ver os mesmos filmes muitas vezes, apreciam a familiaridade confortável dos velhos amigos e não gostam de visitar lugares nos quais não tenham estado antes.

Os resultados de Jayanti mostram que os que buscam sensações em geral nasceram no verão, enquanto os que se sentem bem com situações conhecidas provavelmente nasceram no inverno.

O e-mail de Jayanti explicava que ele havia lido a respeito de meu trabalho sobre a conexão entre personalidade e sorte e se perguntava se algumas pessoas não teriam realmente nascido com sorte. Era uma idéia fascinante e nós dois decidimos juntar esforços e descobrir se havia um fundo de verdade nisso.

O trabalho anterior de Jayanti indicava que a relação entre o mês de nascimento e a personalidade dos indivíduos era real, mas reduzida. Para detectar efeitos muito pequenos, precisávamos fazer experimentos que envolvessem milhares de pessoas. Sabíamos que isso não seria fácil. Conseguir que até algumas centenas de estudantes participem de uma pesquisa costuma ser problemático e precisávamos de milhares de pessoas de todas as classe sociais, se quiséssemos ter alguma chance de encontrar o que estávamos procurando. Felizmente, a ajuda estava a caminho.

O Edinburgh International Science Festival, na Escócia, é um dos festivais de ciências mais antigos do mundo e o maior da Europa. Se o experimento fizesse parte do festival, teria grande chance de atrair o número de pessoas de que precisávamos. Os organizadores do evento nos deram sinal verde e criamos um site na internet no qual se podia informar a data de nascimento e responder a um questionário padronizado que projetei para avaliar o nível de sorte do pesquisado.

Realizar um experimento público em larga escala é sempre uma tarefa imprevisível. Ao contrário do que ocorre numa pesquisa em laboratório, tem-se uma única oportunidade de fazer a coisa certa e nunca se sabe se as pessoas irão investir tempo e participar. Contudo, nosso estudo captou a imaginação do público e rapidamente se espalhou pelo mundo. Algumas horas depois de entrar no ar, tínhamos centenas de pessoas utilizando o site. No final do festival havíamos coletado dados de mais de 40 mil pessoas.

Os resultados foram notáveis. Jayanti havia descoberto que os nascidos no verão do hemisfério norte (de março a agosto) gostavam de assumir riscos. Mas os resultados revelaram também que eles acreditavam ter mais sorte que os nascidos no inverno (de setembro a fevereiro). Os níveis de sorte distribuídos ao longo dos 12 meses mostravam uma curva que atingiu o máximo em maio e o mínimo em outubro (ver o gráfico a seguir). Somente o mês de junho não se encaixou no padrão – o que consideramos uma anomalia estatística.

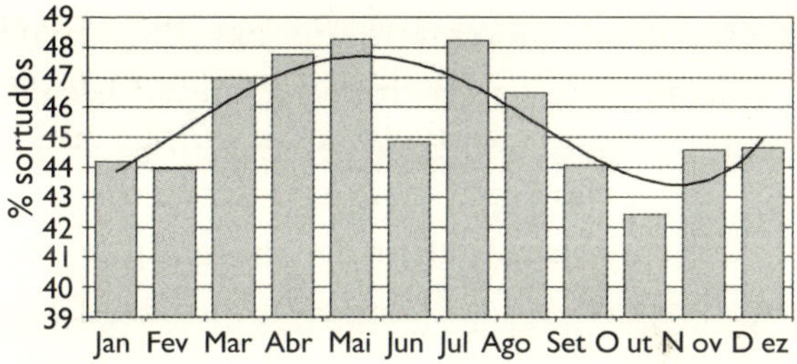

Resultados da sorte inata: percentual de indivíduos com sorte nascidos em cada mês do ano

Existem muitas explicações possíveis para um efeito desse tipo. Muitas delas giram em torno da idéia de que a temperatura ambiente é mais baixa no inverno que no verão. Talvez pelo fato de começarem a vida num meio mais inóspito que o dos nascidos no verão, os bebês nascidos no inverno permanecem mais próximos daqueles que os criam, portanto são menos aventureiros e têm menos sorte na vida. Ou talvez as mulheres que deram à luz em pleno inverno tenham tido acesso a alimentos diferentes daquelas que deram à luz no verão, e isso afete a personalidade de seus filhos. Seja qual for a explicação, o efeito é teoricamente fascinante e permite concluir que a temperatura na hora do nascimento tem um efeito duradouro sobre o desenvolvimento da personalidade.

Contudo, antes de aceitar qualquer uma das explicações relacionadas com a temperatura, é importante descartar outros mecanismos possíveis. Talvez os efeitos não se relacionem com a temperatura, mas digam respeito a algum outro fator que varie ao longo do ano. Os defensores da astrologia podem argumentar que a atividade celeste afetou a personalidade dos indivíduos e que o alinhamento dos planetas e das estrelas nos meses do verão de alguma forma leva a uma vida de mais sorte.

A única maneira de avaliar as explicações conflitantes seria repetir o estudo em um local em que relação entre a temperatura e os meses do ano fosse diferente. Se as explicações relacionadas com a temperatura estivessem corretas, os meses de calor ainda estariam associados a nascimentos de pessoas afortunadas. Se as explicações astrológicas estivessem corretas, então os meses de maio, junho e julho deveriam emergir como meses de sorte.

Os habitantes dos hemisférios norte e sul experimentam relações praticamente opostas entre temperaturas e meses do ano. No hemisfério norte, faz calor em junho e frio em dezembro. No hemisfério sul, esse padrão se inverte, portanto junho é um mês de inverno, enquanto dezembro é gloriosamente quente. Por essa razão, decidi comparar as interpretações do efeito "sorte inata" – a astrológica e a relacionada com a temperatura –, repetindo o experimento do outro lado da Terra.

A cidade de Dunedin, situada na costa sudeste da South Island, na Nova Zelândia, hospeda uma bienal de ciência. Em 2006, recebi um e-mail dos organizadores do festival. Eles souberam da necessidade de repetir no hemisfério sul o experimento da "sorte inata" e queriam saber se eu gostaria de realizar o estudo em seu festival. Logo parti para a Nova Zelândia.

Os meios de comunicação da Nova Zelândia e da Austrália noticiaram o experimento Sorte Inata 2, ajudando a atrair interessados para outro site na internet especialmente construído. Em poucos dias, mais de 2 mil pessoas informaram sua data de nascimento e atribuíram uma nota ao grau de sorte de sua vida. Os resultados foram consistentes com uma explicação para o efeito relacionado com a temperatura. Os nascidos nos meses de verão do hemisfério sul (de setembro a fevereiro) consideraram ter significativamente mais sorte do que os nascidos no inverno (de março a agosto). Mais uma vez emergiu um padrão ondulatório ao longo dos 12 meses, porém agora o ponto mais alto caiu em dezembro e o mais baixo, em abril.

Experimentos como os estudos da Sorte Inata levam à conclusão de que o mês de nascimento exerce uma influência pequena, porém concreta, sobre nosso comportamento. Mas outra pesquisa investigou o efeito exatamente inverso, ou seja, como o comportamento das pessoas influencia a suposta data de nascimento delas mesmas e de outros.

A cronopsicologia da evasão fiscal e o clero mentiroso

O sistema de impostos dos Estados Unidos funciona de tal maneira que uma família com um filho nascido no dia 31 de dezembro faz jus a benefícios fiscais para os 12 meses anteriores, o que não acontece se a criança nascer em 1° de janeiro. Por essa razão, há um considerável incentivo financeiro para que os pais de uma criança esperada para o final do ano façam o nascimento ocorrer antes da meia-noite do dia 31 de dezembro. Embora não possam prever com exatidão a data do nascimento por parto normal, os pais conseguem manipular o nascimento dos filhos pedindo um parto induzido ou uma cesariana.

Será que os pais realmente manipulam a data de nascimento dos filhos simplesmente para obter benefícios fiscais? Para esclarecer essa questão, Stacy Dickert-Conlin, da Syracuse University, e Amitabh Chandra, da University of Kentucky, analisaram os registros de nascimentos norte-americanos entre 1979 e 1993.[31] Concentrando a atenção nos sete últimos dias de dezembro e nos sete primeiros dias de janeiro, elas descobriram um pico súbito e significativo no número de nascimentos no final de dezembro em todos os anos menos um.

As docentes então analisaram mais a fundo os dados para verificar se esse padrão fora realmente causado pela tentativa dos pais de aumentar os benefícios. Elas analisaram cuidadosamente a situação individual das famílias em quase 200 nascimentos ocorridos nas duas semanas adjacentes a 1º de janeiro. Para cada nascimento, elas calcularam dois valores: os benefícios fiscais associados a nascimento em dezembro e os benefícios fiscais associados a nascimento em janeiro. Os resultados revelaram que as famílias de bebês nascidos na última semana de dezembro tinham um ganho financeiro significativamente maior que o das famílias dos bebês nascidos na primeira semana de janeiro. Esse foi o argumento definitivo: provas estatísticas incontestáveis de que os pais estavam manipulando a data de nascimento dos filhos para ter um ganho financeiro.

É claro que existe uma maneira muito mais fácil de manipular a data de nascimento sem que seja necessário o parto induzido ou a cesariana: mentir.

É famosa a declaração da atriz norte-americana Lucille Ball de que o segredo para permanecer jovem é "viver com honestidade, comer devagar e mentir sobre a idade". Ela devia saber: sua verdadeira data de nascimento era 6 de agosto de 1911, porém durante a maior parte da carreira ela afirmou ter nascido em 1914. De forma alguma Ball é a única figura lendária de Hollywood a mentir sobre a idade. Nancy Reagan se declarava dois anos mais jovem do que realmente era, tendo inclusive publicado em sua autobiografia uma data de nascimento incorreta. A comediante de Hollywood

Gracie Allen fazia tanto segredo da idade que até o marido, o também comediante George Burns, não sabia a verdadeira data de nascimento da esposa. Fontes diversas afirmam que Allen nasceu em 26 de julho de 1894, 1895, 1897, 1902 ou 1906. Durante toda a vida, ela alegou que sua certidão de nascimento fora destruída no terremoto de São Francisco, em 1906, embora o terremoto tenha ocorrido alguns meses *antes* de sua pretensa data de nascimento. Diz-se que, confrontada com a discrepância, Allen comentou: "Bem, foi um tremendo terremoto."

Não é difícil entender a psicologia por trás dessas pequenas manipulações. Em uma sociedade que atribui grande valor à beleza da juventude, talvez não seja surpresa que tantas pessoas queiram parecer mais jovens do que realmente são. Mas os membros eminentes e tidos como dignos pela sociedade podem ser igualmente desonestos até mesmo quanto ao *dia* em que nasceram?

Para verificar essa questão, o professor universitário Albert Harrison, da University of California, Davis e seus colegas analisaram cuidadosamente mais de 9 mil registros biográficos em diversos volumes do *Who's Who* e do *Who Was Who*, contando o número de nascidos no dia ou nos três dias anteriores e posteriores às datas mais conhecidas do calendário dos Estados Unidos: o Dia da Independência (4 de julho), o Natal (25 de dezembro), e o Ano-Novo (1º de janeiro).[32] Por obra do acaso, deveria haver aproximadamente o mesmo percentual de pessoas famosas nascidas nas datas importantes quanto de nascidas em qualquer um dos seis dias em torno dessas datas. Contudo, algo de estranho acontecia. Estatisticamente, nasceram mais pessoas nos dias da Independência, no Natal e no Ano-Novo que nos três dias antes ou depois dessas datas. A probabilidade de tal distribuição ser casual é de centenas para um, levando à conclusão de que alguns indivíduos famosos estavam informando a seus biógrafos dias de nascimento incorretos para se associarem a uma data nacional importante.

Harrison acredita que esse efeito resulta de um fenômeno psicológico insólito chamado "basking in reflected glory" ["desfrutar do reflexo da glória"], a que muitos pesquisadores se referem como efeito "BIRG".

O BIRG ocorre com freqüência. É comum ouvirmos pessoas anunciarem com orgulho que foram colegas de escola de uma celebridade ou um dos primeiros a ver um filme que acabou de ganhar o Oscar. Esse fenômeno chega a afetar nossa linguagem diária. Psicólogos que estudaram secretamente as conversas dentro de universidades perceberam grandes diferenças nos comentários dos estudantes quando o time de futebol da instituição ganhava ou perdia um jogo. Os estudantes faziam questão de estar associados com a vitória do time ("*Nós* vencemos"), mas tinham o mesmo cuidado em distanciar-se da derrota ("*Eles* perderam"). Harrison acredita que os ricos e famosos estavam prontos a declarar datas de nascimento falsas para desfrutarem do reflexo da glória dos dias importantes do ano. Essa interpretação dos dados é amparada por histórias reais. Louis Armstrong, o músico de jazz mundialmente famoso, declarava ter nascido no dia 4 de julho. No entanto, o historiador de música Tad Jones examinou o registro do nascimento de Armstrong e descobriu que ele, na verdade, nasceu no dia 4 de agosto. Os resultados obtidos pelo professor Harrison demonstram que esse não é um caso isolado de uma celebridade tentando se glorificar.

Para pesquisar mais sobre o efeito BIRG no *Who's Who* e no *Who Was Who*, Harrison e sua equipe concentraram a atenção na profissão que estava mais claramente associada a uma das datas: o clero e o Natal. Analisando os dados, eles dividiram os membros do clero em dois grupos: os "religiosos eminentes", cuja ocupação informada era de bispo ou superior, e os "religiosos não-eminentes", todos os outros membros do clero. Considerando apenas o acaso, seria de se esperar que o percentual de nascidos no dia de

Natal nos dois grupos fosse quase igual. Na verdade, um número significativamente maior de religiosos eminentes declarou compartilhar com Cristo a data de nascimento, talvez uma comprovação da idéia de que, quanto mais alto se está na carreira eclesiástica, mais se precisa estar perto de Jesus.

Talvez estejamos sendo um pouco rigorosos demais com as pessoas proeminentes envolvidas na análise de Harrison. Assim como alguns pais mudam a data de nascimento dos filhos para economizar uns trocados, outros podem ter desejado tanto ver os filhos se destacarem na vida que deliberadamente alteraram suas datas de nascimento para fazer o evento parecer mais promissor. Nos dias de hoje, o nascimento em maternidades torna a alteração mais problemática. Porém, no passado, os pais declaravam a data de nascimento dos filhos em cartórios de registro civil locais, o que facilitava essa fraude. A mãe de Georges Simenon, famoso escritor de livros de mistério, confessou ter feito esse tipo de manipulação ao registrar a data de nascimento do filho um dia antes da sexta-feira 13 de fevereiro de 1903, porque considerava o dia 13 "um destino muito cruel para seu filhinho". Se essa interpretação dos resultados for válida, então seria errado concluir que os religiosos de altas posições mentem mais que os de posições mais baixas. Em vez disso, os indícios estariam mostrando que os *pais* dos religiosos de altas posições são especialmente trapaceiros. Talvez essa seja uma das poucas instâncias de provas empíricas que comprovam o conceito bíblico de que os pecados dos pais recaem sobre os filhos.

Alguns pesquisadores agora acreditam que a mentira dos pais pode ajudar a explicar o mistério que intrigou os cientistas durante décadas e que se tornou conhecido como "Efeito Marte".

O Efeito Marte

Além de ter enviado horóscopos baseados na data de nascimento de um assassino em série para membros inocentes da população, o pesquisador francês Michel Gauquelin testou muitos outros aspectos da astrologia. De acordo com o saber astrológico, é de bom augúrio ter nascido quando determinados planetas estão no alto do céu. Os indivíduos em questão terão sucesso na carreira que escolherem. Nos anos 1950, Gauquelin testou essa idéia calculando o mapa estelar de 16 mil pessoas relacionadas em um dos principais dicionários biográficos franceses do século XIX. Para sua surpresa, ele descobriu que era mais comum que certos planetas estivessem acima do horizonte na hora do nascimento dessas pessoas. Durante mais de 50 anos, essa comprovação, que se tornou conhecida como "Efeito Marte", deixou intrigados até mesmo os mais céticos. Um pesquisador observou que "provavelmente não é exagero afirmar que tudo está pendente dessa questão", e Hans Eysenck comentou que, "se algum dia se demonstrar que esse resultado é espúrio, então, em termos relativos, as provas restantes em favor da astrologia são fracas".[33] Então, em 2002, Geoffrey Dean, o pesquisador que fez a experiência dos "gêmeos temporais", realizou um notável trabalho científico de detetive.[34]

Durante o século XIX, numerosos membros da alta classe francesa acreditavam muito na astrologia e tinham acesso a almanaques populares que mostravam a posição exata dos planetas durante cada dia. Além disso, os pais declaravam aos cartórios locais a data e hora do nascimento dos filhos, em vez de esses dados serem oficialmente registrados com exatidão por médicos e parteiras. Os indícios descobertos por Dean levam à conclusão de que alguns pais desejavam tanto ver os filhos em posição de destaque que deliberadamente mentiam sobre a data do nascimento para fazer o evento parecer astrologicamente "propício". Esses pais podiam subseqüentemente dar instrução aos filhos e outros recursos necessários para transformar as pretensas "previsões dos astros" em profecias capazes de se realizar. Para resumir, o trabalho de Dean mostra que o "Efeito Marte" pode ter pouca relação com a astrologia e muita com uma esquisitice da história social.

Até o momento, vimos como e por que se manipula a data do nascimento. No entanto, um aspecto ainda mais estranho da cronopsicologia analisou um tópico bem mais mórbido: a relação entre a data de nascimento e a hora da morte.

A cronopsicologia e a morte

O sociólogo David Phillips, da Universidade da Califórnia, em San Diego, é fascinado pela morte. Ao contrário de muitos pesquisadores médicos, que estão preocupados com o porquê da morte, Phillips está mais preocupado com o quando. Especificamente, ele está interessado em saber se as pessoas são capazes de adiar a morte para depois de um momento de importante significado emocional. Ele dedicou toda a carreira a esse tópico, começando em 1970, quando publicou uma tese de doutorado com o curioso título *Dying as a Form of Social Behaviour* [A morte como forma de comportamento social].

Phillips é fascinado pela idéia de que as pessoas podem controlar o próprio corpo a ponto de adiar seu fim por um período de tempo pequeno, mais vital. Só o suficiente, ao que parece, para permitir-lhes desfrutar de algum evento nacional ou pessoal importante.

Com certeza existem histórias que confirmam esse conceito. Charles Schulz, o cartunista multimilionário criador do Snoopy, morreu na véspera da publicação de sua última história em quadrinhos. O último cartum continha uma carta de despedida assinada por Schulz. Além disso, nada menos que três presidentes norte-americanos – John Adams, Thomas Jefferson e James Monroe – morreram no dia 4 de julho, o que sugere a instigante possibilidade de que tenham resistido pelo tempo suficiente para garantir uma data de falecimento de bom augúrio.

Em uma pesquisa, Phillips investigou uma possível tendência a pessoas morrerem imediatamente depois de um feriado nacional. Não fazia muito sentido analisar os índices de mortalidade imediatamente antes e depois do Natal, já que qualquer aumento significativo nos óbitos poderia ser causado pelas baixas temperaturas do mês de dezembro. Em vez de tentar convencer países inteiros a celebrarem o Natal em meses aleatórios, Phillips procurou outra festividade nacional que acontecesse numa data diferente a cada ano. Foi quando descobriu o Festival da Lua dos chineses. Nessa celebração altamente tradicional, a mulher mais idosa da casa dirige as filhas na preparação de uma refeição elaborada. A festa cai num dia diferente do calendário a cada ano. Um exame dos registros de óbitos chineses na época do evento mostraram que o índice de mortalidade foi 35 por cento menor na semana anterior ao festival e 35 por cento maior na semana seguinte.[35]

Um dos maiores estudos de Phillips procurava verificar se a data de nascimento influencia a data de morte.[36] Tendo analisado quase 3 milhões de atestados de óbito da Califórnia entre 1969 e 1990, ele relatou que as mulheres têm mais probabilidade de morrer na semana seguinte ao aniversário que em qualquer outra semana do ano. Por outro lado, para os homens, a maior probabilidade de morte corresponde à semana *anterior* ao aniversário. Phillips argumentou que esse fenômeno pode ser causado pelo fato de as mulheres verem o aniversário como uma época de celebração, ao passo que os homens provavelmente fazem um balanço de sua vida nessa ocasião, percebem como as realizações foram escassas, ficam estressados e assim aumentam a chance de morrer. De acordo com

Phillips, essas descobertas não são resultado de flutuações sazonais, informações erradas sobre as certidões de óbito, adiamento de cirurgias de alto risco ou suicídio. Pelo contrário, ele afirma que os dados comprovam a idéia de que algumas pessoas são capazes de "querer" mais vida, ou de causar a interrupção da vida.

Essa idéia é altamente polêmica e causou muita discussão.[37] Alguns pesquisadores conseguiram replicar os padrões encontrados por Phillips e sua equipe, enquanto outros não puderam encontrar os mesmos resultados ou atacaram os métodos adotados na pesquisa. Apesar disso, a idéia de que fatores psicológicos influenciam o bem-estar físico é amparada por trabalhos que mostram a relação entre o otimismo e a saúde dos indivíduos. Por exemplo, em 1996, uma equipe de pesquisadores investigou a ligação entre pensamentos saudáveis e longevidade numa amostra de 2 mil finlandeses do sexo masculino. A equipe dividiu os participantes em três grupos: um grupo "pessimista", que esperava um futuro difícil, um grupo "otimista", com expectativas de um futuro muito melhor, e um grupo "neutro", cujas expectativas não eram excepcionalmente positivas ou negativas. Eles então monitoraram os grupos por um período de seis anos e descobriram para os homens no grupo "pessimista" uma probabilidade de morrer de câncer, doenças cardiovasculares e acidentes muito maior que para os do grupo "neutro". Por outro lado, os homens do grupo "otimista" apresentavam um índice de mortalidade muito mais baixo que os dos outros dois grupos.[38]

Phillips não é o único pesquisador a ter investigado os estranhos fatores que podem influenciar o momento exato do encontro com a morte. Um artigo publicado em 2003 na *Review of Economics and Statistics* investigava se a situação fiscal dos indivíduos influenciava sua data de falecimento,[39] combinando a abordagem inovadora de Phillips sobre a morte com a possibilidade (discutida anteriormente neste capítulo) de os pais terem manipulado a data de nascimento dos filhos para obter incentivos fiscais. Nesse artigo, Wojciech Kopczuk, da University of British Columbia, e Joel Slemrod, da University of Michigan, especulavam sobre a possibilidade de as pessoas morrerem num momento financeiramente mais benéfico para seus herdeiros.

Para descobrir se isso acontecia, eles analisaram o padrão dos óbitos na época de mudanças significativas no sistema fiscal norte-americano. Houve 13 grandes alterações nas leis fiscais entre o advento do sistema fiscal, em 1916, e a atualidade. Oito dessas mudanças resultaram em aumentos nos impostos, enquanto seis resultaram em reduções. Entre o anúncio das mudanças pelos meios de comunicação e sua aplicação efetiva, transcorria um período de aproximadamente uma semana. Analisando o número de óbitos informados nas duas semanas adjacentes à mudança, os pesquisadores encontraram comprovação de que o número de óbitos *aumentou* imediatamente *antes* de uma alta nos impostos e *diminuiu* imediatamente *depois* de uma redução dos impostos. Isso demonstra, conforme o título do artigo, que algumas pessoas podem de fato estar *morrendo para economizar nos impostos*.

No entanto, essa não é a única interpretação dos dados. Com freqüência, os óbitos são informados pelos parentes que são prováveis herdeiros dos bens dos falecidos, portanto interessados em reduzir as obrigações fiscais incidentes sobre a herança. Conseqüentemente, esse efeito pode indicar que os parentes estão manipulando a data do óbito de seu querido ente endinheirado. Ou, na pior das hipóteses, que se trate de assassinato.

2

Confie em todo mundo, mas dê as cartas você mesmo: a psicologia da mentira e do engano

Explorando a linguagem da mentira com o astro de Hollywood Leslie Nielsen; a ligação entre cabeças recém-decepadas e o sorriso humano; Ronald Reagan e a história que jamais aconteceu; o resultado do misterioso teste do Q; e o lado obscuro da sugestionabilidade humana.

Quando eu tinha 8 anos, vi algo que mudou minha vida.

Meu avô me entregou um marcador, pedindo que eu escrevesse minhas iniciais em uma moeda. Colocou-a cuidadosamente na palma da mão e a fechou. Depois de soprar delicadamente sobre os dedos dobrados, ele abriu a mão e a moeda havia desaparecido misteriosamente. Em seguida, pondo a mão no bolso, ele retirou dali uma caixinha de metal que estava lacrada com vários elásticos. Meu avô me entregou esse pacote muito esquisito e me pediu que retirasse os elásticos e abrisse a caixa. Em seu interior havia uma bolsinha de veludo vermelho. Removendo-a com cuidado, dei uma olhada em seu interior e não pude acreditar em meus olhos. A bolsinha continha a moeda com minhas iniciais.

O truque de magia de meu avô despertou uma fascinação pelo ilusionismo que tem durado toda minha vida. Logo me tornei um dos membros mais jovens de um clube de ilusionistas mundialmente famoso, o Magic Circle. Na faixa dos 20 anos, trabalhei como mágico profissional, apresentando truques com cartas de baralho em alguns dos restaurantes mais badalados do West End, em Londres. Vez ou outra, até fiz uma moeda com iniciais desaparecer e reaparecer num saquinho de pano hermeticamente fechado em uma caixinha de metal. Enganar o público duas vezes por noite despertou em mim um forte sentido de curiosidade quanto à razão pela qual as pessoas se deixam enganar. Esse interesse agiu como catalisador para uma graduação em psicologia, 20 anos depois, e até hoje ainda não me livrei da fascinação pela psicologia do engodo.

Ao longo dos anos, venho desvendando a verdade sobre a fraude, investigando os sinais reveladores que denunciam um mentiroso, a maneira como os sorrisos falsos diferem dos sorrisos genuínos e o modo como indivíduos podem ser induzidos a acreditar que vivenciaram acontecimentos que de fato não ocorreram.

Começamos nossa viagem ao mundo obscuro da artimanha pelo exame de um conjunto de obras insólito, que se ocupa das origens evolutivas da trapaça. É uma história estranha que envolve um grupo de elefantes de trombas oscilantes, macacos falantes e crianças que lançam olhares proibidos a seus brinquedos favoritos.

Elefantes trapaceiros, macacos falantes e crianças mentirosas

Há anos, enquanto observava um grupo de elefantes asiáticos no zoológico de Washington, a pesquisadora de animais Maxine Morris detectou certo comportamento bastante curioso.[1]

Na hora da alimentação, cada elefante recebia um enorme feixe de feno. Morris notou que dois elefantes costumavam comer rapidamente seu próprio feno, e depois, colocando-se ao lado de seus companheiros mais lentos, começavam a balançar a tromba de um lado para o outro, de uma forma aparentemente ociosa. Para os desinformados, parecia que eles estavam apenas passando tempo. Entretanto, as repetidas observações de Morris indicaram que o comportamento de aspecto inocente mascarava uma intenção enganosa. Depois de se aproximar bastante de outro elefante, o animal que balançava a tromba subitamente se apoderava de uma parte do feno que o outro não comera, e engolia depressa a porção. Por serem os elefantes notoriamente míopes, os vagarosos quase sempre ficavam totalmente inconscientes do furto.

É tentador ver esses episódios de tromba oscilante e roubo de feno como indício de uma fraude cuidadosamente planejada e executada. Uma espécie de versão elefantina do filme *Onze homens e um segredo*. Porém, isso talvez seja apenas um desejo vão. Assim como conversamos com nossos computadores e carros como se conversássemos com gente, também temos uma tendência a humanizar o comportamento de nossos amigos quadrúpedes. Os elefantes que parecem trapacear podem simplesmente ter alguma vez executado por acaso a combinação de movimentos e, satisfeitos com o resultante excesso de feno, passado a repetir o padrão sem realmente pensar no assunto. A única maneira segura de saber seria descobrir o que realmente se passava dentro da cabeça do elefante. O problema é que eles não estão em posição de descrever seus pensamentos e sentimentos mais íntimos. O dado positivo é a convicção de alguns pesquisadores de que isso foi conseguido não com os elefantes, porém com um de nossos ancestrais mais próximos na escala da evolução.

Na década de 1970 os gorilas falantes fizeram muito sucesso. Como parte de um programa de pesquisa em larga escala sobre a exploração da comunicação entre espécies, a psicóloga desenvolvimentista Dra. Francine Patterson, da Universidade de Stanford, tentou ensinar aos gorilas de terras baixas, Michael e Koko, uma versão simplificada da linguagem americana de sinais.[2] Segundo Patterson, os grandes símios eram capazes de manter diálogos significativos e podiam até refletir sobre tópicos profundos, como amor e morte. Muitos aspectos da vida interior dos símios parecem extremamente semelhantes aos nossos próprios. Michael, por exemplo, gostava de assistir ao programa infantil *Vila Sésamo*, enquanto Koko preferia *Mister Roger's Neighborhood*. Em 1998, Koko fez uma aparição como convidada em seu espetáculo favorito, ajudando a ensinar ao público infantil que "uma pessoa é mais do que sua aparência externa". Michael gosta de pintar e produziu um grande número de obras de arte, inclusive auto-retratos e diversas representações de natureza-morta. Sua obra tornou-se fortemente popular junto aos seres humanos, e tem sido exibida em várias exposições. Koko tampouco é estranha à atenção pública. Ela figurou em diversos filmes, e foi a inspiração por trás de Amy, a macaca falante de *Congo*, o best seller de Michael Crichton. Além disso, aparece num vídeo promocional e em sua página na internet (usando seus talentos comunicativos para pedir doações), e em 1998 tomou parte na primeira sala de bate-papo entre espécies na internet. As frases de abertura da conversa que envolveu o entrevistador, a macaca e a Dra. Patterson ilustram algumas das dificuldades associadas à tentativa de entender a conversa informal dos gorilas:[3]

Entrevistador: Agora vou começar a receber perguntas do público. Nossa primeira pergunta é: "Koko, você vai ter um bebê no futuro?"

Koko: Cor-de-rosa.

Patterson: Hoje, mais cedo, nós tivemos uma discussão sobre cores.

Koko: Escute, Koko adora comer.

Entrevistador: Eu também!

Patterson: E quanto ao bebê? Ela está pensando...

Koko: Falta de atenção.

Patterson: Ela cobriu o rosto com as mãos... o que significa que, basicamente, não está acontecendo, ou ainda não aconteceu.

Apesar das dificuldades, os treinadores de Michael e Koko crêem ter descoberto instâncias em que os dois peludos foram ligeiramente parcimoniosos com a verdade.[4] Em um dos exemplos, Koko quebrou um gato de brinquedo e depois indicou por meio de sinais que o dano fora causado por um dos treinadores. Em outro episódio, Michael rasgou uma jaqueta que pertencia a um treinador e, quando lhe perguntaram quem era responsável pelo incidente, sinalizou "Koko". Quando o treinador expressou ceticismo em relação à resposta, Michael pareceu mudar de idéia e indicou que a Dra. Patterson era, na verdade, a culpada. Ante a insistência do treinador, Michael finalmente mostrou-se constrangido (o que para um gorila não é fácil), e acabou confessando tudo. Enquanto as instâncias de alegada fraude entre elefantes se apoiaram na pura observação, a aparente habilidade lingüística dos macacos parece oferecer comprovação muito mais irresistível de trapaça intencional.

A possível existência de macacos falantes e mentirosos gerou um acalorado debate entre os pesquisadores. Os proponentes alegam que Michael e Koko são indubitavelmente capazes de expressar seus pensamentos e sentimentos mais íntimos e que o comportamento retratado durante os episódios de "Quem rasgou a jaqueta?", "Foi ela" são indícios inequívocos de fraude. Em resposta a isso, os críticos argumentam que os treinadores estão desejosos demais de atribuir significado às ações aleatórias dos gorilas, e que, no tocante à mentira, os grandes símios talvez estejam simplesmente repetindo comportamentos que os tenham tirado de apuros em ocasiões anteriores. Tal como no caso dos elefantes ladrões de feno, é quase impossível saber com certeza.

Em vista da dificuldade de tentar decidir se os elefantes e gorilas são realmente capazes de mentir, outros pesquisadores exploraram o desenvolvimento da impostura em seus melhores objetos de estudo: as crianças.

Alguns dos experimentos mais interessantes para examinar crianças que trapaceavam envolveram pedir a elas que não olhassem para seus brinquedos favoritos.[5] Durante esses testes, leva-se uma criança a um laboratório, pedindo-lhe que fique de frente para uma das paredes. O experimentador então lhe explica que vai armar atrás dela, a dezenas de centímetros, um brinquedo complicado. Armado o brinquedo, o pesquisador explica que precisa sair do laboratório, e pede à criança que não se vire para olhar o brinquedo. A criança é filmada em segredo, durante alguns minutos, por câmeras ocultas, e então o pesquisador volta e pergunta a ela se olhou. Quase todas as crianças de 3 anos de idade olham; metade delas mente para o pesquisador. Por volta dos 5 anos, todas olham e todas mentem. O resultado oferece uma prova irresistível de que a mentira começa a emergir no momento em que aprendemos a falar. Talvez de forma surpreendente, os pais, quando assistem aos filmes de seus filhos negando que tivessem olhado o brinquedo, são incapazes de detectar se o querido rebento está mentindo ou dizendo a verdade.

Obedecendo ao antigo adágio do teatro de nunca trabalhar com crianças ou animais, minha própria pesquisa sobre a mentira se concentrou na fraude cometida por adultos.

A linguagem da mentira

As mentiras têm mudado o curso da história mundial. São famosas as mentiras contadas por Adolf Hitler ao primeiro-ministro britânico Neville Chamberlain num encontro, pouco antes de deflagrada a guerra, em setembro de 1938. Hitler estava se preparando em segredo para invadir a Tchecoeslováquia, e por isso ansiava por evitar que os tchecos reunissem uma força de retaliação. O *Führer* garantiu a Chamberlain que não tinha a menor intenção de atacar a Tchecoeslováquia, e o líder britânico acreditou nele. Dias depois da reunião, Chamberlain escreveu à irmã, expressando a própria convicção de que Hitler fosse "...um homem no qual se podia confiar, depois de ter dado sua palavra". Chamberlain estava tão convencido da honestidade de Hitler que insistiu com os tchecos para que não mobilizassem suas tropas, temendo que semelhante movimento fosse visto pelos alemães como um ato de agressão. O subseqüente ataque alemão dominou as mal preparadas forças da Tchecoeslováquia e levou ao começo da Segunda Guerra Mundial. O mundo poderia ser agora um lugar muito diferente, caso Chamberlain tivesse conseguido detectar as mentiras de Hitler durante o encontro fatídico.[6]

Os líderes mundiais não são os únicos a mentir, e a ser vítimas de mentiras. A trapaça atinge a todos e a cada um de nós. Há alguns anos realizei uma pesquisa nacional sobre a mentira, em colaboração com o jornal *Daily Telegraph*.[7] Apenas oito por cento dos participantes alegavam jamais ter mentido, e desconfio de que a maioria dessas pessoas não tenha conseguido se convencer a dizer a verdade nem sequer numa pesquisa anônima. Outra tarefa envolveu pedir aos participantes que fizessem um diário detalhado de todas as conversas que mantivessem, e de todas as mentiras que contassem, durante o período de duas semanas. Os resultados indicaram que a maioria das pessoas conta por dia cerca de duas mentiras, de que um terço das conversas envolve alguma forma de trapaça, que quatro ou cinco mentiras passam sem ser detectadas, que mais de 80 por cento das pessoas mentiram para garantir o emprego (a maioria disse acreditar que a expectativa dos empregadores é de que os candidatos sejam desonestos em relação a seus antecedentes e experiência) e que mais de 60 por cento da população enganou o parceiro pelo menos uma vez.[8]

Você é hábil em mentir? A maioria acha que sim, mas, na verdade, há grandes variações na capacidade de enganar os demais. Existe, porém, um teste muito simples que você pode fazer para determinar sua capacidade de mentir. De fato, você já o fez.[9]

No começo deste livro pedi que você desenhasse na própria testa a letra "Q" (de *quirkology*, esquisitologia em inglês). Se ainda não o fez, por favor, faça-o agora. Usando o dedo indicador de sua mão dominante, desenhe na testa um "Q" maiúsculo. Alguns desenham a letra de uma tal forma que eles próprios podem lê-la. Ou seja, colocam o traço do Q voltado para o lado direito da própria testa. Outros a desenham de modo a poder ser lida por alguém postado diante deles, ou seja, com a perna do Q voltada para o lado esquerdo da própria testa. Esse teste rápido oferece uma medida aproximada de um conceito conhecido como "automonitoramento". Os indivíduos com alto índice de automonitoramento costumam se preocupar com a visão que os outros têm sobre eles. Felizes em ser o centro das atenções, podem facilmente adaptar sua conduta para se ajustar à situação em que se encontram, e são hábeis em manipular a forma como outros os vêem. Em conseqüência disso, sua tendência é mentir bem. Em contrapartida, os que têm baixo índice de automonitoramento são percebidos como sendo a "mesma pessoa" em situações distintas. Seu comportamento se orienta mais por sentimentos íntimos e valores, e eles são menos conscientes do impacto exercido sobre os circunstantes. Também costumam mentir menos no dia-a-dia, e dessa forma são menos exímios em trapacear.

Passei muitos anos apresentando a grupos de indivíduos esse curioso teste. Com o passar do tempo, fui notando que alguns deles, ao tomarem conhecimento do conteúdo do teste, rapidamente se convencem de que desenharam a letra na direção oposta ao que realmente ocorreu. São pessoas capazes de ignorar a evidência diante de seus olhos, e, em vez dela, torcer os fatos para ajustá-los à pessoa que desejam ser. Como resultado, o teste oferece um indicador rudimentar do quanto alguém é perito em enganar a si mesmo e aos demais.

As obras de psicologia que estudam a trapaça, em sua maioria, não se concentram em tipos de pessoas que têm maior ou menor aptidão para mentir. Em vez disso, concentram-se na arte da detecção da mentira. Será que as pessoas conseguem detectar a fraude? Quais são os sinais evidentes que denunciam uma mentira? É possível as pessoas se aperfeiçoarem em detectar a mentira?

Pouco depois de ter assumido meu posto na Hertfordshire University em 1994, recebi um e-mail bastante curioso que foi enviado a acadêmicos de toda a Grã-Bretanha. A mensagem explicava que, como parte de uma semana nacional de comemoração da ciência, seriam fornecidos recursos para uma experiência de larga escala da qual o público pudesse participar. A experiência atingiria uma audiência de milhões, por se realizar ao vivo em um dos programas de ciências da BBC, *Tomorrow's World*. A mensagem terminava pedindo aos acadêmicos que apresentassem idéias para a experiência. Achei que seria interessante testar a capacidade de detecção da mentira no país inteiro, e sugeri, portanto, que se pedisse a diversos políticos que mentissem ou dissessem a verdade no programa, e ao público que tentasse identificar as mentiras. Daquela forma, argumentei, seria possível determinar cientificamente qual partido político tinha os melhores mentirosos. Semanas depois descobri, deliciado, que minha proposta fora escolhida, e comecei a refinar o estudo.

Depois de um grande número de telefonemas, ficou evidente que os políticos não estavam propensos a participar – alegaram que eram péssimos mentirosos (nenhum de nós acreditou neles). Buscando uma alternativa prestigiosa, convidamos o lendário entrevistador político da televisão, Sir Robin Day, para nos servir de cobaia. Sir Robin era para a BBC o que Walter Cronkite fora para a CBS. Seu estilo penetrante e abrasivo de entrevistar políticos o transformou numa das figuras mais dignas de confiança da televisão britânica, granjeando-lhe o título de "Grande Inquisidor". Ficamos encantados quando Sir Robin aceitou nosso desafio.

O contorno da experiência era simples. Eu entrevistaria Sir Robin duas vezes, e em cada entrevista lhe pediria que descrevesse seu filme favorito. Numa das entrevistas ele não diria senão a verdade, e na outra produziria um monte de mentiras. Nós então mostraríamos as duas entrevistas na televisão, para ver se o público era capaz de detectar a que continha as mentiras.

A BBC designou para o projeto um jovem e talentoso diretor chamado Simon Singh. Posteriormente, Simon escreveu diversos best sellers de cunho científico, inclusive *O último teorema de Fermat* e *O livro dos códigos*. Ao longo dos anos temos trabalhado juntos em diversos projetos, mas nos encontramos pela primeira vez para filmar as entrevistas da "verdade" e da "mentira", de Sir Robin, no saguão de um grande hotel londrino. Nem bem havíamos instalado a câmera, abriu-se a porta e por ali entrou nosso entrevistado. Seus característicos óculos de armação pesada e a colorida gravata-borboleta tornaram-no instantaneamente reconhecível.

Quando nos sentamos diante da câmera, ele parecia ligeiramente nervoso por estar a ponto de responder a perguntas, em vez de fazê-las. Comecei a primeira das duas entrevistas pedindo-lhe que descrevesse seu filme predileto. Ele explicou que tinha grande apreço por aquele clássico de Clark Gable, *E o vento levou*:

Richard Wiseman: E então, Sir Robin, qual é seu filme predileto?
Sir Robin: *E o vento levou.*
Richard Wiseman: E por que gosta dele?
Sir Robin: Ah, é... é um clássico. Grandes personagens; um grande ator de cinema – Clark Gable; uma grande atriz – Vivien Leigh. Muito comovente.
Richard Wiseman: E qual é seu personagem favorito no filme?
Sir Robin: Ah, Gable.
Richard Wiseman: Quantas vezes o senhor assistiu ao filme?
Sir Robin: Ãhn... (pausa) acho que uma meia dúzia.
Richard Wiseman: E quando foi a primeira vez que o viu?
Sir Robin: Logo que foi lançado. Acho que foi em 1939.

Quando acabou de falar, repeti as perguntas e ele se descreveu como um grande fã do filme de Marilyn Monroe *Quanto mais quente, melhor*:

Richard Wiseman: Então, Sir Robin, qual é seu filme predileto?

Sir Robin: Ãhn... (pausa) *Quanto mais quente, melhor.*

Richard Wiseman: E por que gosta dele?

Sir Robin: Ah, porque a cada vez que assisto, ele se torna mais engraçado. Há muitos trechos nele que eu adoro. E acabo gostando ainda mais deles a cada vez que vejo o filme.

Richard Wiseman: E quem é seu personagem favorito no filme?

Sir Robin: Ah, Tony Curtis, eu acho. Ele é tão bonito... (breve pausa) e é tão espirituoso, e imita Cary Grant tão bem, e é muito engraçado o jeito como tenta resistir a ser seduzido por Marilyn Monroe.

Richard Wiseman: E quando foi a primeira vez que o viu?

Sir Robin: Acho que na ocasião do lançamento, mas não me lembro de quando foi.

Qual das versões você acha que é mentirosa?

A experiência completa se realizou algumas semanas depois, numa edição ao vivo do programa *Tomorrow's World*. No começo da atração, passamos as duas entrevistas e pedimos aos espectadores que decidissem qual delas pensavam ser mentirosa, e que registrassem seus votos pelo telefone. Foi a primeira vez em que se tentou uma coisa assim, e Simon e eu não tínhamos a menor idéia se o público daria um telefonema em nome da ciência. Não precisávamos ter nos preocupado: em questão de minutos, recebemos mais de 30 mil chamadas.

Encerrado o prazo de votação, rapidamente nos pusemos a analisar os resultados. Cinqüenta e dois por cento dos espectadores acharam que Sir Robin havia mentido sobre *E o vento levou*, e 48 por cento votaram a favor de *Quanto mais quente, melhor*. Então mostramos aos espectadores um trecho filmado em que eu perguntava a Sir Robin se ele realmente gostava de *E o vento levou*. Sua resposta foi curta e objetiva: "Deus do céu, não! É mortalmente chato. Caio no sono toda vez que o vejo." No final do programa anunciamos os resultados, e explicamos que a habilidade do público em identificar a trapaça é um pouco melhor que a pura coincidência.[10]

Pode-se argumentar que Sir Robin era um mentiroso exímio, e que na vida diária as pessoas são muito mais hábeis em identificar fraudes. Para investigar isso, seria preciso realizar experiências usando muitos tipos de pessoas, que mentissem e dissessem a verdade sobre um grande número de assuntos. Seria uma tarefa gigantesca, mas é exatamente o que um dedicado grupo de psicólogos vem fazendo durante os últimos 30 anos.[11] Eles pediram aos participantes de estudos que visitassem exposições de arte e mentissem a respeito de suas obras favoritas; que roubassem dinheiro de uma carteira e negassem o roubo; que endossassem produtos que detestavam; e que assistissem a filmes com cenas de amputações, ao mesmo tempo em que tentavam convencer outros de que estavam olhando para uma relaxante cena de praia. A pesquisa tem estudado o comportamento mentiroso em vendedores, compradores, estudantes, dependentes de drogas e criminosos. Parte de meu trabalho nessa área envolveu mostrar ao público vídeos de instâncias em que pessoas fizeram apelos públicos de alta divulgação, pedindo informações sobre um assassinato, somente para depois elas próprias confessarem e serem condenadas pelo crime.

Os resultados têm sido notavelmente coerentes: quando se trata de detectar fraudes, o público o faz tão bem quanto jogar cara ou coroa. Não faz diferença ser homem ou mulher, jovem ou idoso; pouquíssimas pessoas conseguem identificar o engodo com certeza. Os resultados indicam que não conseguimos sequer dizer quando nossos parceiros estão faltando com a verdade.[12] Em uma série de experiências que exploravam a impostura romântica, um membro de um casal numa relação de longo prazo foi apresentado a uma série de slides com imagens de uma pessoa altamente atraente do sexo oposto, e solicitado a tentar convencer o parceiro de que a pessoa atraente não o atraía. As descobertas indicam que a maioria das pessoas envolvidas numa relação de longo prazo é ineficaz em discernir quando o parceiro está mentindo. Alguns pesquisadores acreditam que muitos desses casais permanecem juntos por tanto tempo exatamente porque não conseguem detectar as mentiras um do outro.

Talvez o público não devesse se preocupar tanto com a própria incapacidade de identificar mentiras. Afinal de contas, está em boa companhia. O psicólogo Paul Eckman, da Universidade da Califórnia, em São Francisco, mostrou gravações em vídeo de mentirosos e não-mentirosos a vários grupos de especialistas, inclusive operadores de polígrafos, investigadores de roubos, juízes e psiquiatras, pedindo-lhes que tentassem identificar as mentiras.[13] Todos se esforçaram ao máximo, porém nenhum dos grupos se saiu melhor que o acaso.

Ora, por que as pessoas são tão incapazes de enxergar o embuste? A resposta se encontra no trabalho de psicólogos como o professor Charles Bond, da Texas Christian University.[14] Bond fez levantamentos do tipo de comportamento que as pessoas associam com a mentira. Diferentemente de parte da pesquisa psicológica, seu trabalho não envolve solicitar a centenas de estudantes universitários dos Estados Unidos que marquem um quadradinho em um formulário. Em vez disso, ele tem estudado centenas de pessoas de mais de setenta países, pedindo que descrevam seu modo de identificar se alguém está mentindo. As respostas são excepcionalmente constantes. Da Argélia à Argentina, da Alemanha a Gana, do Paquistão ao Paraguai, quase todo mundo acha que os mentirosos costumam desviar o olhar, agitar as mãos nervosamente e ficar se remexendo na cadeira.

Contudo, só há um pequeno problema. Os pesquisadores passaram horas e horas comparando cuidadosamente trechos filmados das pessoas que mentiram e das que disseram a verdade. O trabalho exige que observadores treinados fiquem sentados diante de um computador assistindo diversas vezes a vídeos digitalizados. A cada exibição, os observadores procuram comportamentos específicos, como um sorriso, um piscar de olhos, ou um movimento de mão. Cada vez que encontram o que estão procurando, apertam um botão e o computador registra sua reação. Cada minuto de material filmado leva cerca de uma hora para ser analisado, mas os dados resultantes permitem aos pesquisadores comparar o comportamento associado à mentira ao comportamento associado à verdade, e assim descobrir até a mais sutil diferença. Os resultados são claros. Quem mente apresenta a mesma tendência a olhar o interlocutor no olho quanto quem diz a verdade; os mentirosos não ficam se remexendo na cadeira (aliás, eles são até um pouco mais estáticos do que os falantes da verdade). As pessoas deixam de detectar as mentiras por estarem baseando sua opinião em comportamentos que de fato não estão associados à trapaça.

Então, quais sinais realmente denunciam um mentiroso? Para responder a essa pergunta, os pesquisadores procuraram diferenças confiáveis entre o comportamento de quem mente e o de quem diz a verdade.

A resposta, aparentemente, encontra-se nas palavras que empregamos e na forma de dizê-las.[15] Quando se trata de mentiras, quanto mais informações você fornecer, maiores as chances de uma parte delas vir em sua perseguição. Em conseqüência disso, os mentirosos tendem a dizer menos, e oferecer menos detalhes do que os que falam a verdade. Voltemos às transcrições das entrevistas com Sir Robin. Sua mentira sobre *E o vento levou* contém cerca de quarenta palavras, enquanto a verdade sobre *Quanto mais quente, melhor* tem praticamente o dobro. Agora, vejamos o nível de detalhamento das duas entrevistas. Na primeira entrevista ele apresenta uma descrição muito genérica do filme, limitando-se a afirmar que é um clássico com grandes personagens. Quando nos conta a verdade, entretanto, oferece muito mais detalhes, descrevendo a cena na qual o ator Tony Curtis tenta resistir à sedução de Marilyn Monroe.

Quanto à linguagem da mentira, ela é apenas a ponta do iceberg. Os mentirosos tentam com freqüência se distanciar psicologicamente de suas falsidades, e por isso costumam incluir nas histórias menos referências a si e aos próprios sentimentos. Mais uma vez, o testemunho de Sir Robin oferece uma surpreendente ilustração do efeito. Quando mente, Sir Robin menciona apenas duas vezes a palavra "eu", ao passo que, quando diz a verdade, seu relato contém sete "eus". Na entrevista inteira sobre *E o vento levou*, Sir Robin só menciona uma vez a sensação que o filme lhe deu ("muito *comovente*"), comparada às inúmeras referências a seus sentimentos quando fala sobre *Quanto mais quente, melhor* ("a cada vez que eu assisto, ele se torna mais engraçado", e "muitos trechos que eu *adoro*". "[Curtis é] tão *bonito*... tão *espirituoso*").

Além disso, há a questão do esquecimento. Imagine alguém lhe fazer uma série de perguntas sobre suas ocupações na semana passada. É bastante provável que você não consega se lembrar de muitos dos detalhes triviais e, por ser a pessoa honesta que é, admitirá o lapso de memória. Os mentirosos não costumam fazer isso. Quando se trata de uma informação irrelevante, eles parecem adquirir memórias superpotentes que com freqüência recordam os menores detalhes. Em contraste, quem diz a verdade sabe que se esqueceu de pormenores, e se alegra em admiti-lo. As entrevistas de Sir Robin ilustram a questão. Ali só existe um momento em que ele admite não ser capaz de se lembrar de um detalhe: quando nos diz a verdade sobre não conseguir recordar a primeira vez em que viu seu filme favorito, *Quanto mais quente, melhor*.

A pesquisa ainda precisa confirmar exatamente por que a linguagem corporal é freqüentemente enganadora, ao passo que a linguagem da mentira é tão reveladora. Uma teoria é que o contato visual e os movimentos de mão são fáceis de controlar e por isso os mentirosos podem usar esses sinais para comunicar a impressão que desejarem. Em contraste, tentar controlar as palavras que usamos e o modo de dizê-las é muito mais difícil e, sendo assim, o uso que uma pessoa faz das palavras se torna muito mais confiável como guia para a verdade.

Qualquer que seja a teoria, o simples fato é que os verdadeiros indícios da simulação estão nas palavras que as pessoas usam. E daí? A capacidade de detectar mentiras aumenta quando as pessoas escutam um mentiroso falar, ou mesmo quando lêem a transcrição das palavras dele? Tenho de confessar uma pequena falsidade que eu mesmo cometi – não revelei a você toda a verdade sobre a experiência com Sir Robin. Como todos os bons trapaceiros, realmente não menti para você; apenas omiti informações relevantes.

Leslie Nielsen, ketchup e creme de leite azedo

O experimento da televisão foi só uma pequena parcela de um estudo muito mais amplo. No mesmo dia em que o programa da BBC foi ao ar, também transmitimos em uma estação de rádio nacional apenas a trilha sonora das duas entrevistas, e o editor científico Roger Highfield providenciou que a transcrição fosse publicada no jornal *Daily Telegraph*. Em cada uma das entrevistas, pedia-se a ouvintes e leitores que opinassem sobre qual delas, a seu ver, continha mentiras e registrassem sua opinião por telefone. Milhares fizeram a gentileza de participar. Embora a capacidade de detecção de mentira dos telespectadores se equiparasse ao acaso, a margem de acerto dos leitores do jornal foi de 64 por cento, enquanto a dos ouvintes radiofônicos foi um impressionante 73 por cento. Quando se trata de reconhecer mentiras, as pessoas se saem melhor pela audição que pela visão.

O experimento com Sir Robin está longe de ser o único a ilustrar a possibilidade de aumentar a capacidade de identificação de mentiras ao estimular o indivíduo a ouvir, em vez de olhar. Uma das pesquisas mais insólitas na área foi realizada por Glenn Littlepage e Tony Pineault, da Middle Tennessee State University.[16] Esses pesquisadores conduziram seu estudo usando um dos programas mais conhecidos e duradouros da televisão americana. *To Tell the Truth* envolvia três concorrentes, cada um dos quais alegava ser a mesma pessoa. O trio era interrogado por quatro jurados célebres que tentavam ao máximo descobrir quem era genuíno e quem estava blefando. Depois de os jurados terem tomado suas decisões, o apresentador pedia ao concorrente genuíno que se revelasse. O programa tornou-se parte da cultura popular americana e formou a base para a seqüência de abertura do filme *Prenda-me se for capaz*. Littlepage e Pineault gravaram em vídeo várias edições do show. Em um dos episódios, três mulheres se proclamavam especialistas em Idade Média; em outro, três homens afirmavam que cada um deles fora solicitado pela República Popular da China para descobrir os despojos de um pré-histórico "Homem de Pequim". Os pesquisadores mostravam então os vídeos a diversos grupos. Um deles assistia ao programa normal, com som e imagens. Outro ouvia apenas o som, enquanto um terceiro grupo assistia apenas às imagens. Os resultados demonstram a importância do discurso da mentira. Os que só viram as imagens foram péssimos na percepção do concorrente que estava blefando, enquanto os que ouviram apenas o som se mostraram surpreendentemente hábeis em adivinhar quem se levantaria e seria aclamado como verdadeiro.

Chegou a hora de testar sua nova aptidão para detectar mentiras. Há alguns anos, um programa científico chamado *The Daily*

Planet, no Discovery Channel canadense, me pediu que ajudasse a realizar mais uma experiência nacional de detecção de mentira. Eles convenceram a servir de cobaia um de meus heróis da infância, o ator e comediante de Hollywood Leslie Nielsen (astro de *Apertem os cintos, o piloto sumiu!* e da série *Corra que a polícia vem aí*). Nielsen foi entrevistado duas vezes pelo apresentador do programa, Jay Ingram. Em cada entrevista, Nielsen foi consultado sobre seu alimento favorito. Tal qual o experimento com Sir Robin, uma das respostas era uma série de mentiras, enquanto a outra era a pura verdade. Dessa vez você consegue detectar a mentira?

Entrevista I

Jay Ingram: Qual é seu alimento favorito?

Leslie Nielsen: Qual é meu alimento favorito? Qual é meu alimento favorito? Eu posso escolher praticamente qualquer coisa? Humm... puxa, é uma pergunta complicada, eu lhe digo. Na verdade, depende. Acho que... meu alimento favorito é ketchup.

Jay Ingram: Ketchup! Por que você gosta tanto de ketchup?

Leslie Nielsen: Sei lá. Acho que sou dessas pessoas capazes de botar ketchup em absolutamente qualquer coisa, ou em absolutamente tudo, seja qual for o modo como você veja a questão. Sim, é ketchup.

Eu de fato estou pensando principalmente numa coisa que é uma lembrança de meus tempos de criança. Sabe como é, quando a gente sai procurando alguma coisa – você diz "Mãe, me dá um pão com geléia" e eu me lembro da época em que minha mãe dizia "Nós não temos geléia, Leslie, nenhuma geléia". E eu dizia, "Mas, mamãe..." e ela respondia "Vou te dar uma coisa". E então pegava um pão com manteiga e colocava ketchup dentro, e espalhava bem. Sou viciado nisso, e sei que às vezes eu me apanhava, quando estava... quando estava me sentindo bem em casa, não importa por que razão, e sentia fome, eu abria a geladeira e apanhava um pedaço de pão com manteiga e passava ketchup. Isso fazia eu me sentir ainda melhor.

Entrevista 2

Jay Ingram: Qual é seu alimento favorito?

Leslie Nielsen: Está virando um favorito para mim... está no topo da lista... eu estou procurando aquilo que me vem à mente em primeiro lugar. E... sabe, é creme de leite azedo. Você pega um pouco de creme de leite azedo e coloca no molho guacamole, por exemplo, ou... Acho que é porque agora entrei num pique mexicano, e eu me lembro de minha mãe, por exemplo, quando eu era garoto, ela comia sanduíche de tomate com maionese em cima. Bem, a maionese depois parecia creme de leite azedo, era a última coisa neste mundo em que eu ia querer tocar. E... ãhnn... então eu realmente ficava longe daquilo, mas hoje em dia... É um sabor bastante incomum, e você pode comprar com um teor de gordura mais ou menos baixo, detalhe com o qual sou muito cuidadoso, e é para mim um novo sabor, mas é uma coisa de que estou passando a gostar muito, e rapidinho – creme de leite azedo.

Como você provavelmente já adivinhou, Leslie adora ketchup e detesta creme de leite azedo. As transcrições contêm os padrões lingüísticos que são típicos do discurso verdadeiro e do discurso mentiroso. Para começar, a mentira é muito mais breve que a verdade – Leslie usou cerca de 220 palavras quando falou sobre o ketchup e mal chegou a 150 quando descreveu sua "adoração" por creme de leite azedo. As transcrições também contêm indícios do distanciamento psicológico associado à mentira. Quando Leslie diz a verdade, usa 17 vezes a palavra eu, comparadas às nove vezes de quando está mentindo. Ademais, a verdade contém uma descrição bastante detalhada sobre o tipo de experiência de infância que ele associa ao ketchup, com diversas descrições de suas emoções ("Sou *viciado* nele", "quando estava *me sentindo bem*" e "ele fazia eu me *sentir ainda melhor*"). Em contraste, a mentira de Leslie é muito mais factual (sobre o modo de usar o creme, o fato de que tem um sabor incomum e baixo teor de gordura) e só contém uma referência isolada e ligeiramente esquisita, bem no final da entrevista, ao modo como o alimento o leva a se sentir ("é... uma coisa de que estou passando a gostar muito, e rapidinho").

Depois de você conhecer os sinais reveladores associados a linguagem da mentira, perceber a fraude se torna muito mais fácil. Isso pouco tem a ver com o fato de os mentirosos olharem você olho no olho, ficarem agitando as mãos ou se remexendo na cadeira. Os sinais mais confiáveis da mentira estão na voz de uma pessoa, e em sua escolha inconsciente do vocabulário. A falta de detalhes importantes em suas descrições; o aumento das pausas e hesitações; a forma como os mentirosos se distanciam da própria impostura por evitarem auto-referências, como a palavra "eu" e a ausência de descrições dos próprios sentimentos. A aparente capacidade de lembrar informações detalhadas, que os não-mentirosos esquecem. Aprenda a escutar os sinais secretos e o delgado véu do engano será levantado. De repente, você passa a ver o que as pessoas realmente pensam e sentem, e o mundo se transforma num lugar muito diferente. Sinceramente. Quanto a isso, pode confiar no que digo.

A *Mona Lisa*, cabeças recém-decepadas e as Irmãs de Notre-Dame

Os resultados dos estudos realizados com Sir Robin e Leslie Nielsen significam que não existem na linguagem corporal e nas expressões faciais dos indivíduos sinais reveladores de fraude e passíveis de detecção? Não é bem assim. De fato, há modos de identificar a fraude usando os olhos no lugar dos ouvidos – você só precisa saber exatamente o que está procurando. Vamos analisar uma das formas mais comuns e mais freqüentemente simuladas do comportamento não-verbal – o sorriso humano.

Todos sorrimos, mas poucos temos discernimento da psicologia complexa por trás desse comportamento aparentemente simples. Você sorri porque está feliz, ou para comunicar aos *outros* que está feliz? Essa pergunta aparentemente simples vem gerando um debate acirrado entre os pesquisadores. Alguns argumentam que o sorriso é motivado quase integralmente por um sentimento interno de felicidade, enquanto outros alegam que é um sinal social destinado a comunicar aos circunstantes os sentimentos de quem sorri. No intuito de esclarecer a questão, os professores Robert Kraut e Robert Johnston, da Cornell University, resolveram comparar a freqüência com que as pessoas sorriem quando estão contentes, porém sozinhas, com a de quando estão contentes, mas acompanhadas.[17] Após muita deliberação, encontraram o lugar perfeito para realizar seu estudo – uma quadra de boliche. Eles observaram que, quando os jogadores rolavam a bola pela pista e conseguiam uma boa marcação, em geral estavam sós e felizes. Quando se voltavam para encarar os outros jogadores, entretanto, eles estavam tão felizes quanto antes, mas agora na interação com outros.

Em diversos estudos, Kraut e colegas observaram em segredo mais de 2 mil jogadas. A cada vez, os pesquisadores documentavam cuidadosamente o curso dos acontecimentos, inclusive a expressão facial do jogador, sua pontuação e sua posição – de frente para a pista ou de frente para os amigos. Numa etapa do estudo, a equipe murmurava baixinho a informação num ditafone (evitando possíveis suspeitas com o uso de códigos para cada fator), de modo a garantir que a medição ficasse de fato registrada com exatidão.

As descobertas da equipe revelaram que só quatro por cento dos jogadores sorriam ao conseguir boa pontuação sem estar encarando os colegas. Entretanto, quando os jogadores se voltavam e olhavam para os amigos, 42 por cento deles tinham um sorriso enorme no rosto. Uma forte evidência de que não sorrimos só por estarmos felizes, mas para dar a conhecer aos demais nossa felicidade.

Como todos os sinais sociais, o sorriso está aberto à simulação. Muitos sorriem com freqüência para dar a impressão de serem felizes quando, no fundo, não se sentem alegres. Mas será que um sorriso falso é idêntico a um verdadeiro ou existem sinais faciais reveladores que separam as duas expressões? O tema vem preocupando os pesquisadores há mais de um século, e se encontra no cerne de um experimento insólito que realizei recentemente numa galeria de arte.

No capítulo anterior descrevi como o Festival de ciência da Nova Zelândia teve a gentileza de me deixar empreender a segunda parte da experiência da Sorte Inata. Antes da viagem, sugeri aos organizadores que realizassem um segundo estudo capaz de desmascarar o segredo dos sorrisos falsos. A idéia era simples. Eu queria mostrar ao público diversos pares de fotografias.[18] Cada par consistiria em duas imagens sorridentes de uma mesma pessoa. Um dos sorrisos seria genuíno; o outro, falso. Ao público, caberia identificar os sorrisos autênticos. A cuidadosa comparação das fotografias revelaria se havia algum sinal perceptível capaz de denunciar o sorriso falso; a análise dos resultados determinaria se o público era capaz de utilizar esses sinais. Após discutir um pouco, tivemos a idéia de realizar o estudo como uma exposição em uma galeria de arte. A Dunedin Public Art Gallery concordou gentilmente em acolher o evento, assegurando que nossa insólita exposição de arte-ciência estaria lado a lado com obras de Turner, Gainsborough e Monet.

Para meu experimento, eu precisava criar um meio de conseguir que os participantes produzissem um sorriso autêntico e um falso. Para obter em laboratório essas impressões faciais, os pesquisadores têm usado uma série de técnicas. Durante a década de 1930, o psicólogo Carney Landis quis fotografar rostos humanos enquanto seus donos passavam por uma série de emoções, e assim pediu a voluntários que ouvissem um disco de jazz, lessem a Bíblia e folheassem algumas imagens pornográficas (Landis informa que "o pesquisador tinha o cuidado de não rir nem parecer constrangido durante essa última situação").[19] Duas outras situações foram planejadas para provocar reações mais extremas. Numa delas, pedia-se aos voluntários que colocassem a mão dentro de uma bacia de água que continha três sapos vivos. Depois que os voluntários reagiam, eram instados a continuar tateando na água da vasilha. O pesquisador então fazia passar pela água uma corrente de alta voltagem, dando ao sujeito um forte choque elétrico. Entretanto, o ponto forte dessa experiência de Landis envolvia sua tarefa derradeira e eticamente mais questionável. Nesse momento, os participantes recebiam um rato branco vivo e uma faca de açougueiro, e eram solicitados a decapitar o animal. Cerca de 70 por cento dos voluntários executavam a tarefa depois de "insistência maior ou menor", e nos casos restantes o pesquisador decapitou pessoalmente os roedores. Landis informa que 52 por cento dos participantes sorriam durante a decapitação, comparados com 74 por cento dos que haviam recebido o choque elétrico. A maioria dos voluntários era adulta, mas o grupo incluía um garoto de 13 anos que era paciente do hospital universitário devido a sua instabilidade emocional e hipertensão arterial ("E então, meu filho, como foram as coisas hoje no hospital?").

Em meu estudo do sorriso, pedi a cada um dos voluntários que trouxesse consigo um cãozinho poodle e um facão. Calma, só estou brincando. Na verdade, optamos por duas tarefas um pouco menos polêmicas. Pedimos a cada participante que comparecesse acompanhado de um amigo. Cada vez que o amigo o fazia rir, fotografávamos o sorriso autêntico. Em seguida lhe pedíamos que imaginasse que havia acabado de encontrar alguém de quem não gostava, e que devia fingir um sorriso de cortesia. Duas das imagens resultantes são mostradas a seguir. Esse par de fotografias e mais nove outros pares formaram a base da exposição.

Não sou o primeiro acadêmico a examinar a ciência do sorriso numa galeria de arte. Em 2003, a Dra. Margaret Livingstone, neurocientista e professora de Harvard, tentou resolver cientificamente o mistério daquele que talvez seja o sorriso mais famoso nas artes plásticas.[20] A *Mona Lisa* foi criada por Leonardo da Vinci no início do século XVI e desde então vem deixando perplexos os historiadores de arte. Grande parte do debate tem girado em torno da natureza de sua enigmática expressão facial, com alguns especialistas argumentando que a pintura mostra claramente um rosto sorridente, enquanto outros alegam que a expressão é de profunda tristeza. Em 1852, um jovem artista francês se atirou pela janela do quarto andar de seu hotel parisiense, depois de escrever: "Durante anos me debati desesperadamente com o sorriso dela. Agora prefiro morrer." A Dra. Livingstone adotou uma abordagem bem mais construtiva da questão.

Por muitos anos, o público notou que o sorriso da *Mona Lisa* se tornava muito mais perceptível ao observador que a olhasse nos olhos, e parecia se desvanecer quando este olhava diretamente para a boca. Isso era evidentemente uma parte importante da natureza enigmática da pintura, mas ninguém conseguia entender como Leonardo havia criado esse estranho efeito. A Dra. Livingstone descobriu que a ilusão se devia ao fato de que o olho humano vê o mundo de duas formas muito distintas. Quando alguém olha diretamente para algo, a luz cai numa parte central da retina chamada fóvea. Essa parte do olho enxerga excepcionalmente bem os objetos relativamente brilhantes, como os expostos à luz solar direta. Em contraste, quando alguém vê algo com o canto do olho, a luz recai na parte periférica da retina, muito mais apta à visão na penumbra. Livingstone descobriu que o quadro de Leonardo está usando as duas partes da retina para enganar os olhos do observador. As análises mostraram que o grande artista havia usado astutamente o sombreado das maçãs do rosto da *Mona Lisa* para fazer a boca da modelo parecer muito mais escura que o restante do rosto. Como resultado, o sorriso da *Mona Lisa* parece mais óbvio quando olhamos os olhos dela, porque o estamos vendo com a visão periférica. Quem olha direto para a boca vê a área de sombra da pintura mais claramente com a fóvea, e assim o sorriso parece muito menos pronunciado.

Livingstone não foi a primeira cientista a ficar intrigada com o mistério do sorriso humano. Dois séculos antes, um pequeno grupo de cientistas europeus realizou uma série de estudos estranhos exatamente sobre o mesmo tópico.

No começo do século XIX, os pesquisadores estavam fascinados pelo modo como a eletricidade podia ser usada para obter um importante conhecimento intuitivo sobre a anatomia e a fisiologia. Parte do trabalho consistiu na estimulação bastante grosseira, e por vezes pública, de cadáveres recentes. Talvez o mais famoso expoente dessa técnica tenha sido o cientista italiano Giovanni Aldini.[21] Ele se especializou em trazer assassinos de volta à vida. Num exemplo muito divulgado de seu trabalho, Aldini viajou a Londres para reanimar um assassino chamado George Foster. Foster fora condenado a morrer enforcado em 18 de janeiro de 1803, por ter assassinado a mulher e o filho por afogamento em um canal. Pouco depois da morte de Foster, seu corpo foi levado para uma casa próxima, onde Aldini aplicou ao cadáver choques de variadas voltagens, sob o olhar observador de eminentes cientistas britânicos. Os registros do tribunal (que apareceram, muito adequadamente, em uma coletânea de artigos editados por um Sr. G. T. Crook) informaram os resultados:[22]

> Na primeira aplicação do processo no rosto, os maxilares do falecido criminoso começaram a tremer, e os músculos adjacentes se contorceram horrivelmente, e um dos olhos, de fato, se abriu. Na parte seguinte do processo, a mão direita se ergueu e se fechou, e as pernas e coxas foram postas em movimento. Para a parcela desinformada dos espectadores, parecia que o infeliz estava a ponto de ser devolvido à vida.

A descrição então prosseguia para excluir a possibilidade de ressurreição, fundada no fato de que, durante o enforcamento de Foster, "diversos amigos dele que se encontravam sob o cadafalso lhe haviam puxado violentamente as pernas, para fazer terminar mais depressa o sofrimento", e observava que, se a demonstração de Aldini tivesse trazido Foster de volta à vida, este teria sido enforcado uma segunda vez, já que a lei exigia que tais criminosos fossem "enforcados até a morte". O registro também informa que um dos observadores, o Sr. Pass, oficial de justiça da Companhia dos Cirurgiões, ficou tão chocado com a demonstração que morreu de susto pouco depois chegar em casa, transformando Foster em um dos poucos assassinos a fazer outra vítima mortal *depois* de sua própria morte.

Aldini não foi o único cientista a fazer experiências com os efeitos da estimulação elétrica sobre os músculos do corpo. Anos mais tarde, um grupo de cientistas escoceses promoveu uma demonstração similar com outro assassino, contorcendo o rosto do homem e o levando à "ação pavorosa", e colocando seus dedos em movimento de forma que "o cadáver parecia apontar para diferentes espectadores". Novamente, a cena resultante se mostrou excessiva para muitos observadores, um dos quais desmaiou. Diversos abandonaram, repugnados, o local.[23]

Além de lançar os fundamentos de grande parte da pesquisa moderna dos efeitos da estimulação médica elétrica, esse estudo resultou em duas contribuições significativas para a cultura popular. O uso de eletricidade obviamente concorreu para a inspiração de Mary Shelley em escrever *Frankenstein*. Também a palavra "corpsing" – termo usado pelos atores quando começam subitamente a rir enquanto se esforçam por manter a seriedade – originou-se nos sorrisos forçados e inoportunos exibidos pelas cabeças sem vida.

O trabalho de Aldini também inspirou um cientista francês chamado Guillaume Duchenne de Boulogne a criar um sistema mais sofisticado para investigar quais músculos contribuem para as diferentes expressões faciais. Em vez de trabalhar com criminosos recentemente executados, Duchenne resolveu adotar a abordagem um tanto mais civilizada de fotografar indivíduos vivos no momento em que recebiam no rosto uma carga de eletricidade aplicada diretamente. Após intensa busca, ele encontrou um participante disposto a se submeter à estimulação constante e muito dolorosa do rosto. No livro *The Mechanism of Human Facial*

Expression,[24] de 1862, Duchenne apresenta uma descrição pouco lisonjeira de sua cobaia:

> O indivíduo que escolhi como sujeito principal da experiência... era um velho desdentado, de rosto magro, cujos traços, sem serem absolutamente feios, se aproximavam de uma trivialidade corriqueira, e cuja expressão facial estava em perfeito acordo com seu caráter inofensivo e sua inteligência restrita.

Além disso, o homem tinha mais um atributo desejável – anestesia facial quase total. Isso significava que Duchenne podia "...estimular seus músculos individuais com tanta precisão e exatidão como se estivesse trabalhando com um cadáver ainda irritável" (ver figura a seguir).

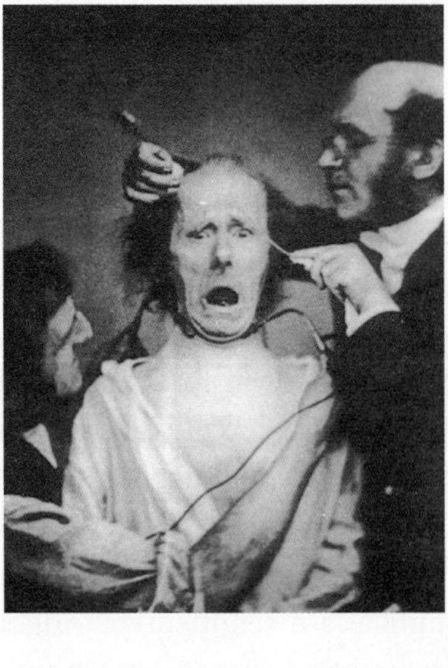

Duchenne estimula o rosto de seu voluntário

Depois de tirar centenas de fotos, Duchenne descobriu o segredo do sorriso falso. Quando se aplicava eletricidade às bochechas da cobaia, os grandes músculos situados nos dois lados da boca – conhecidos como zigomáticos maiores – levantavam os cantos dos lábios para criar um sorriso. Duchenne então comparou esse sorriso com aquele produzido quando contava uma piada a seu participante de rosto magro. Os sorrisos autênticos incluíam não só os músculos zigomáticos maiores, mas também os músculos orbiculares das pálpebras, situados ao redor de cada olho. Num sorriso autêntico, esses músculos se contraem, puxando para baixo as sobrancelhas e para cima as bochechas, e produzindo pequenas rugas nos cantos dos olhos. O cientista descobriu que a contração dos músculos oculares escapava ao controle voluntário, e era "ativada apenas pelas ternas emoções da alma".

O trabalho de Duchenne foi confirmado por pesquisas mais recentes,[25] e nossas imagens do século XXI, de sorrisos verdadeiros e falsos, mostram exatamente o mesmo efeito. Dê outra olhada nas duas fotografias da página 84. A imagem à direita mostra um sorriso falso, no qual os músculos zigomáticos maiores estão puxando para cima os cantos da boca. Recentemente os pesquisadores batizaram-no de "sorriso Pan American", em alusão ao sorriso forçado e falso produzido freqüentemente pelas comissárias de bordo que trabalhavam para a empresa aérea já extinta. A foto da esquerda mostra um sorriso autêntico, que envolve os músculos zigomáticos maiores e os orbiculares das pálpebras, em torno dos olhos. Aqui, o movimento ascendente das bochechas produziu contornos mais definidos nas laterais do nariz, em torno da base e das laterais dos olhos. Igualmente, as sobrancelhas e a pele abaixo delas se moveram para baixo, em direção os olhos, deixando-os um pouco mais fechados e criando "bolsas" diretamente acima dos olhos. É mais fácil ver essas discretas mudanças na ampliação das fotografias mostradas a seguir (o sorriso autêntico é mostrado na imagem do alto, e o falso na imagem de baixo).

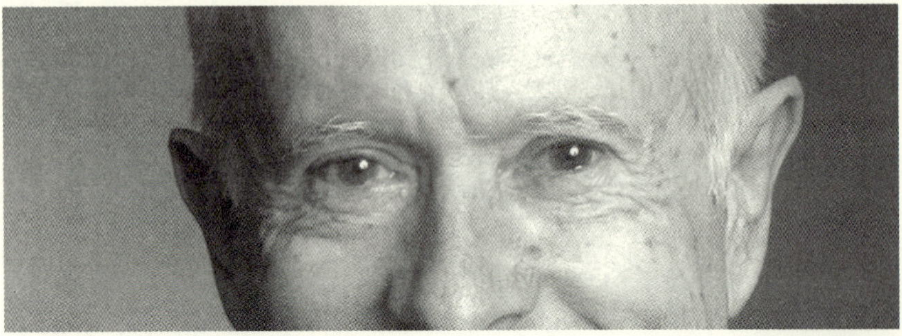

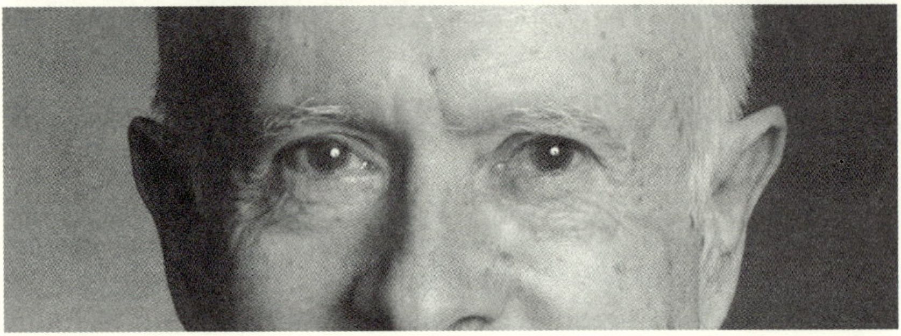

Centenas de visitantes passaram pela galeria Dunedin durante o festival e participaram da experiência. Eles receberam um questionário, e foram solicitados a examinar cada par de fotografias e indicar qual delas, a seu ver, mostrava o sorriso autêntico. Os resultados revelaram que muita gente não conseguia distinguir o sorriso falso do verdadeiro, e até mesmo os que se acreditavam especialmente sensíveis às emoções alheias tiveram um nível de acerto pouco melhor que o casual. Se eles tivessem sabido exatamente o que procurar, entretanto, teriam visto os indícios reveladores bem diante do próprio nariz (e nas laterais dos narizes dos retratados).

Os que participaram do estudo não foram especialmente hábeis em identificar um sorriso autêntico. Entretanto, a capacidade de estabelecer diferença entre os dois, usando o sistema criado por Duchenne, vem possibilitando aos psicólogos uma percepção incomum da relação entre emoção e cotidiano, a ponto de os pesquisadores começarem recentemente a examinar de que modo aspectos menores e aparentemente irrelevantes no comportamento de uma pessoa, em seu começo de vida, podem oferecer uma percepção subjetiva proveitosa quanto ao sucesso ou à felicidade no longo prazo.

A idéia é bem ilustrada por um estudo que envolveu duzentos freiras, realizado pela psicóloga Deborah Danner, da University de Kentucky.[26] Antes de entrar para uma ordem religiosa dos Estados Unidos, conhecida como School Sisters of Notre Dame, cada freira era solicitada a escrever um relato autobiográfico. No começo da década de 1990, Danner analisou 180 autobiografias escritas por freiras que ingressaram na ordem na metade da década de 1970, e tabulou a freqüência com que empregavam palavras descritivas de emoções positivas, como "alegria", "amor" e "contentamento". Notavelmente, as freiras que descreveram experiências de grande quantidade de emoções positivas viveram até dez anos mais que as outras.

Um trabalho semelhante indica que a presença do sorriso Duchenne em adultos jovens oferece uma penetrante indicação sobre a vida das pessoas. No final da década de 1950, cerca de 150 estudantes da graduação do Mills College (uma faculdade particular feminina de Oakland, Califórnia) permitiram que cientistas realizassem um estudo a longo prazo de sua vida. No decorrer dos cinqüenta anos seguintes, essas mulheres enviaram aos pesquisadores relatórios periódicos sobre a própria saúde, o casamento, a vida em família, a carreira profissional e a felicidade. Há poucos anos, Dacher Keltner e LeeAnne Harker, da University of California, em Berkeley, examinaram as fotografias do anuário da escola das mulheres, tiradas quando elas contavam 20 e poucos anos.[27] Quase todas estão sorrindo. Entretanto, quando os pesquisadores examinaram atentamente as imagens, perceberam que cerca da metade mostrava um "sorriso Pan Am", enquanto a outra metade, o autêntico "sorriso Duchenne". Os pesquisadores voltaram então à informação que havia sido fornecida pelas mulheres ao longo de sua vida, e descobriram algo notável. Comparadas às que exibiam o sorriso de aeromoça, as do "sorriso Duchenne" eram significativamente mais propensas a estar casadas, continuar casadas, ser mais felizes e mais saudáveis pela vida afora.

Sucesso e felicidade duradouros podem ser previstos nas pequenas rugas em torno dos olhos, que atraíram a atenção de Duchenne pela primeira vez há mais de um século. O interessante é que ele entendeu a importância de sua descoberta muito antes de seus colegas cientistas. No final da carreira, resumindo suas impressões sobre a pesquisa, assinalou:

> Não se pode exagerar a relevância do sorriso falso. A expressão que pode ser um simples sorriso de cortesia, ou um ato de cobertura da traição. O sorriso que brinca sobre os lábios quando nossa alma está triste.

"Não se preocupe, filho, vamos vencer juntos"

Quando se trata da trapaça cotidiana, a linguagem da mentira e os sorrisos falsos são apenas a ponta do iceberg.

Em meados da década de 1970, psicólogos começaram a estudar seriamente a maleabilidade da memória. Numa série clássica de experiências conduzidas pela psicóloga Elizabeth Loftus e seus colegas, mostravam-se aos participantes slides que retratavam um acidente de automóvel.[28] Todos viram um Datsun vermelho passar por uma estrada, fazer a curva num cruzamento e atropelar um pedestre. Depois de verem os slides, os participantes recebiam informações contraditórias, de modo extremamente furtivo. Na verdade, no flagrante do cruzamento aparecia uma placa de *parada obrigatória*. Contudo, os pesquisadores queriam enganar sutilmente os participantes, insinuando que estes haviam visto um sinal diferente, e para isso lhes pediam que dissessem a cor do carro que havia desrespeitado a placa de *dê a preferência*. Mais tarde, mostravam aos participantes um slide da encruzilhada mostrando uma placa de *parada obrigatória* ou uma de *dê a preferência*, e lhes pediam para dizer que placa tinham visto antes. A maioria estava segura de ter visto originalmente na encruzilhada uma placa de *dê a preferência*. O estudo ocasionou muitos experimentos semelhantes, que resultaram em tentar persuadir os participantes a se lembrarem de martelos como se fossem chaves de fenda, da revista *Vogue* como se fosse a *Mademoiselle*, de um homem barbeado como se tivesse bigode e do Mickey Mouse como se fosse a Minnie.

Pesquisas posteriores revelaram que a mesma idéia também pode ser usada para induzir pessoas a evocarem acontecimentos que, na verdade, não ocorreram. Um estudo recente, conduzido por Kimberley Wade e colegas, da Victoria University, de Wellington, demonstrou o poder desse efeito.[29] Wade pediu a vinte pessoas que convencessem um parente a participar de uma experiência que supostamente estudava as razões pelas quais as pessoas se lembram de acontecimentos da infância. Os pesquisadores também pediram aos recrutados que fornecessem secretamente uma fotografia de seus indicados quando eram crianças. Eles então usavam essa imagem para criar uma fotomontagem de uma excursão na infância em um balão de ar quente. Vemos a seguir uma das fotografias originais e a resultante imagem manipulada. Finalmente, os pesquisadores pediam aos recrutadores para fornecerem três outras fotografias que mostrassem a pessoa participando de vários eventos genuínos da infância, como uma festa de aniversário, uma excursão à praia ou uma visita ao zoológico.

Os participantes eram entrevistados três vezes no decorrer de duas semanas. Durante cada entrevista, mostravam-se três fotos verdadeiras e uma falsificada, e eles eram encorajados a relatar o máximo possível sobre cada experiência.

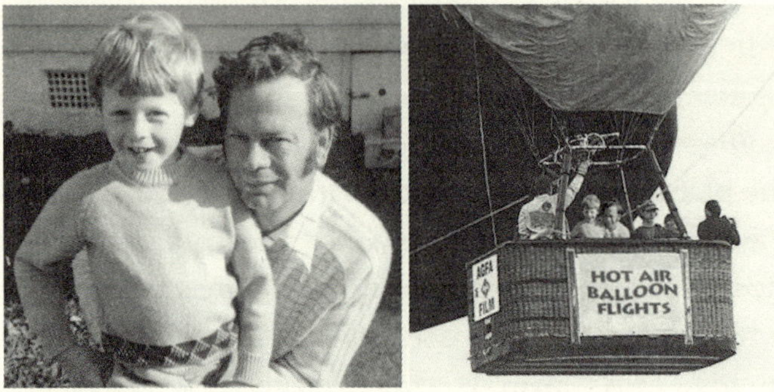

Fotografias autênticas e adulteradas usadas na experiência de Kimberley Wade sobre falsa memória

Na primeira entrevista quase todos conseguiram se lembrar de detalhes das ocorrências verídicas, mas só um terço também se dizia capaz de lembrar da inexistente viagem de balão, que alguns descreveram de maneira bastante pormenorizada. Os pesquisadores pediram a todos que fossem embora e pensassem mais sobre aquelas experiências. Na terceira e derradeira entrevista, metade dos participantes se lembrava da viagem fictícia de balão e muitos descreviam a ocorrência com algum nível de detalhamento. Um participante que numa entrevista inicial afirmou corretamente nunca ter participado de uma viagem de balão, terminou produzindo o seguinte relato de acontecimentos inexistentes:

> Tenho muita certeza de que aconteceu quando eu estava na primeira série de uma escola local... basicamente, por 10 dólares ou coisa parecida, era possível subir num balão de ar quente à altura de uns 20 e poucos metros... deve ter sido um sábado e... tenho certeza de que mamãe estava lá embaixo, no solo, tirando uma foto.

O trabalho de Wade é só mais um na longa lista de pesquisas que mostraram que as pessoas podem ser convencidas a se lembrar de acontecimentos simplesmente não ocorridos. Em outra série de estudos, um grupo de participantes foi persuadido a oferecer um relato detalhado da visita feita na infância à Disneylândia, quando viram alguém vestindo uma fantasia de Pernalonga (este não é um personagem Disney, portanto não poderia ter estado na Disneylândia).[30] Também houve ocasião em que os pesquisadores entrevistaram os pais dos participantes potenciais, perguntando a estes se na infância os filhos haviam se perdido no shopping center algum dia.[31] Depois de selecionar cuidadosamente um grupo que não havia vivenciado esse acontecimento, os pesquisadores conseguiram persuadir uma grande percentagem a oferecer um relato pormenorizado dessa experiência traumática, ainda que inexistente. Um trabalho correlato convenceu os participantes de que eles certa vez teriam sido internados em um hospital, com febre alta e possível otite, que teriam acidentalmente derramado uma tigela de ponche sobre os pais da noiva numa recepção de casamento, que teriam estado presentes à evacuação de um armazém cujo sistema antiincêndio fora disparado e que teriam feito colidir dois carros ao soltarem os freios do primeiro.[32] O trabalho mostra que nossas lembranças são muito mais maleáveis do que gostaríamos de acreditar. Basta uma figura de autoridade insinuar que vivenciamos uma ocorrência para a maioria encontrar dificuldade em negá-la, e começar a preencher as lacunas com a própria imaginação. Depois de algum tempo, torna-se quase impossível separar os fatos da realidade, e começamos a acreditar na mentira. O efeito, de tão poderoso, por vezes nem mesmo requer a voz da autoridade para nos enganar. Às vezes somos perfeitamente capazes de nos ludibriar.

Em dezembro de 1983, Ronald Reagan, o presidente dos Estados Unidos, discursou diante da Congressional Medal of Honor Society. Ele resolveu relatar uma história supostamente verídica que já havia contado muitas vezes antes.

Reagan narrou que durante a Segunda Guerra Mundial um bombardeio B-17 estava cruzando o Canal da Mancha com dificuldade, seriamente danificado por baterias antiaéreas. A torre da metralhadora que ficava sob a fuselagem fora atingida, ferindo o artilheiro e emperrando a porta. O avião começou a perder altura e o comandante ordenou aos homens que saltassem de pára-quedas. O artilheiro ficou preso na torre, e sabia que cairia juntamente com o avião. O último homem a saltar do aparelho relatou que vira o comandante sentado ao lado da torre, dizendo ao aterrorizado artilheiro: "Não se preocupe, filho, vamos vencer juntos."

Reagan explicou que, em conseqüência desse notável ato de coragem, o comandante foi condecorado postumamente com a medalha de honra do Congresso, e terminou essa parte de seu discurso sentimental assinalando que os Estados Unidos haviam acertado ao conceder sua mais alta honraria "... a um homem capaz de sacrificar a vida somente para levar conforto a um rapaz destinado a morrer". Trata-se de uma história maravilhosa, que apresenta um pequeno problema – na verdade, jamais aconteceu. Depois de averiguar as citações das 434 medalhas de honra do Congresso conferidas durante a Segunda Guerra Mundial, os jornalistas não conseguiram encontrar nenhuma menção ao episódio ou a algo semelhante. Por fim, um membro do público assinalou que a história era uma versão quase perfeita das ocorrências retratadas no filme popular do tempo da guerra *Uma asa e uma prece*. Na cena culminante do filme, um operador de rádio informa ao piloto que o avião sofreu sérios danos e que ele está ferido e não consegue se mover. O piloto responde: "Não tenho altitude, Mike. Vamos fazer este pouso juntos."

Os efeitos enganadores da sugestão não se limitam a líderes mundiais evocarem ficção como se fosse fato real. Exatamente as mesmas técnicas são freqüentemente adotadas por enganadores profissionais para convencer os indivíduos de que eles vivenciaram o impossível.

Recordando o impossível

Os mágicos são trapaceiros honestos. Ao contrário da maioria dos mentirosos, eles são completamente sinceros sobre o fato de que irão enganar. Apesar disso, ainda precisam convencer o público de que os objetos podem desaparecer em pleno ar, que mulheres podem ser serradas ao meio e que o futuro pode ser previsto com sinistra exatidão.

Há mais de um século, um punhado de psicólogos vem investigando a psicologia secreta usada pelos mágicos para enganar o público. Na década de 1890, o psicólogo norte-americano Joseph Jastrow associou-se a dois ilusionistas mundialmente famosos para descobrir se a mão é realmente mais rápida que o olho. Jastrow é um de meus heróis acadêmicos. Ele foi um personagem assombroso que realizou muitas investigações insólitas, inclusive um dos primeiros experimentos com percepção subliminar, uma análise do sonho de cegos e a identificação dos pressupostos psicológicos por trás do tabuleiro Ouija. Infelizmente, Jastrow também sofria de depressão, e um jornal de Chicago noticiou o começo de sua doença com a seguinte manchete: "Famoso médico da mente perde a cabeça."

Para investigar a psicologia da mágica, Jastrow colaborou com dois ilusionistas, chamados Alexander Herrmann e Harry Kellar.[33] Herrmann e Kellar foram dois dos mais famosos mágicos de seu tempo e, durante a maior parte de sua vida profissional, travaram uma constante batalha de rivalidade. Se um deles fazia desaparecer um jumento, o outro fazia o mesmo com um elefante. Se um fazia uma mulher levitar acima do palco, o outro fazia seu assistente flutuar um pouco mais alto. Se um tirava do nada um leque de cartas de baralho, o outro realizava a mesma façanha com os olhos vendados. Jastrow convidou esses dois grandes artistas a comparecerem a seu laboratório da University of Wisconsin e os submeteu a uma série de testes que lhes mediam o tempo de reação, a velocidade de movimentos e a precisão de movimentos dos dedos. Os resultados obtidos por Jastrow pouco revelaram de extraordinário, pois o desempenho dos artistas se aproximou dos dados coletados alguns anos antes ao se medir um grupo de controle de não-mágicos.

Mas Jastrow demonstrou cientificamente o que já era de conhecimento da maioria dos mágicos, ou seja, que a mágica pouco tem a ver com a velocidade dos movimentos. Em vez disso, os ilusionistas usam uma série de armas psicológicas para engabelar as platéias. No processo, a sugestão desempenha um papel decisivo. Da mesma forma como se pode levar as pessoas a acreditarem que certa vez participaram de uma viagem inexistente num balão de ar quente, ou que se perderam num shopping, os mágicos também precisam ser capazes de manipular a percepção que a platéia tem do espetáculo.

O conceito pode ser ilustrado com uma simples experiência de laboratório que realizei recentemente acerca do domínio da mente sobre a matéria.[34] Mostrei a um grupo de alunos uma gravação em vídeo na qual um mágico aparentemente usava o poder da mente (na verdade, prestidigitação) para entortar uma chave de metal. Colocando a chave sobre a mesa, ele recuava um passo e dizia: "Vejam, é espantoso, a chave ainda está ficando torta." Depois disso, todos os estudantes eram entrevistados sobre o que haviam visto. Mais da metade deles estava convencida de que vira a chave continuar a se dobrar enquanto estava pousada sobre a mesa, e não tinha idéia de como o mágico podia ter realizado um truque tão impressionante: uma ilustração espetacular de como um especialista em impostura pode se apoiar em anos de experiência para pronunciar uma frase com tal confiança que as pessoas vêem o impossível acontecer diante dos próprios olhos.

Psicologia na sessão espírita

Aquele que é talvez meu mais memorável conjunto de estudos examinou o papel da sugestão em sessões espíritas.[35] A maior parte desse trabalho foi realizada com um amigo, Andy Nyman. Andy é um ator e mágico talentoso, e ajuda a produzir material para o altamente bem-sucedido ilusionista da televisão britânica Derren Brown. Conheci Andy há muitos anos, numa conferência sobre mágica, e descobrimos que ambos tínhamos interesse nas técnicas adotadas pelos médiuns fraudulentos do século XIX para simular fenômenos fantasmagóricos em sessões espíritas. Estávamos curiosos para descobrir se as técnicas seculares ainda enganariam uma platéia dos tempos modernos, e assim decidimos encenar uma série de experimentos extraordinários.

O plano era simples. Convidaríamos grupos para assistirem a uma encenação de uma sessão espírita vitoriana, e usaríamos várias técnicas, inclusive a sugestão, para simular a atividade de espíritos. Em seguida pediríamos aos espectadores que nos contassem o que haviam sentido, para podermos avaliar se tinham sido engabelados por nossas tentativas de engano.

Primeiro, precisávamos de um local assustador. Nós nos deparamos com a Casa de Detenção – uma prisão vitoriana subterrânea, escura, úmida e abandonada, situada no coração de Londres. Era perfeita. Os proprietários gentilmente nos permitiram alugar por uma semana esse local pouco convidativo, e encenamos dois espetáculos falsos por noite, com 25 pessoas assistindo a cada sessão.

Quando os espectadores iam chegando, nós lhes pedíamos que preenchessem um formulário curto em que perguntávamos se eles acreditavam na existência de fenômenos paranormais genuínos. Então eu conduzia o grupo pelo labirinto de corredores subterrâneos da prisão, relatando sucintamente a história das sessões espíritas vitorianas. Por fim, eles eram levados ao longo de um estreito corredor de ventilação e chegavam a um grande salão no coração do cárcere. Ali, Andy se apresentava ao grupo e explicava que representaria o papel do médium naquela noite. Num ambiente iluminado somente por luz de velas, Andy pedia a todos que se juntassem a ele em torno de uma grande mesa no centro do salão.

Durante os 20 minutos seguintes, Andy contava ao grupo uma história fictícia de fantasmas, referente ao assassinato de uma inexistente cantora vitoriana de cabaré chamada Marie Ambrose. Segundo o roteiro cuidadosamente elaborado por Andy, Marie vivera perto da prisão, e seu fantasma fora visto muitas vezes no edifício. Andy então fazia circular em torno diversos objetos, supostamente associados com a vida da cantora, inclusive uma maraca, um sininho e uma esfera de vime. Na verdade, eu os havia comprado numa loja local de objetos usados, poucos dias antes dos espetáculos. Todos os objetos, e a mesa em torno da qual todos estavam sentados, tinham pequenos pontos de pintura luminosa, para o grupo conseguir enxergá-los no escuro. Andy os colocou sobre a mesa, pediu a todos que se dessem as mãos e apagou as velas. O salão ficou mergulhado em completa escuridão, mas os objetos sobre a mesa se tornavam visíveis por causa de seu brilho ligeiramente luminoso. Andy começou devagar a invocar o espírito inexistente de Marie Ambrose.

Primeiro, foi pedido ao grupo que se concentrasse na bola de vime. Passados alguns minutos, ela se elevou alguns centímetros no ar, deslocou-se pelo recinto e suavemente pousou na mesa. Em seguida, eles voltaram a atenção para a maraca, que, em noite propícia, rolava devagar de um lado para o outro da mesa. Esses fenômenos supostamente espectrais eram resultado do tipo de truque simples que fora usado pelos falsos médiuns da virada do século XX. Logo se tornou óbvio para nós que os truques ainda eram capazes de exercer certo impacto sobre uma platéia moderna. Filmamos muitas daquelas sessões espíritas com uma câmera de infravermelho, e os vídeos mostraram que algumas pessoas em torno da mesa engoliam em seco, outras gritavam e muitas ficavam sentadas tremendo, num silêncio sepulcral.

Chegou, então, a parte mais importante da noite: a sugestão. Andy pediu a Marie que tornasse conhecida sua presença movendo a grande e pesada mesa. Esta permaneceu completamente imóvel, mas ele deu a entender que o móvel estava levitando, usando comentários como "Assim está bem, Marie", "Levante a mesa mais alto", "A mesa está se mexendo agora". Então ele enviou o espírito inexistente de Marie de volta ao plano etéreo, acenderam-se as luzes e todos receberam um agradecimento por terem comparecido ao espetáculo.

Duas semanas depois, nossas cobaias receberam um questionário sobre as experiências vividas durante o show. Primeiro, perguntamos se eles achavam que alguma das ocorrências testemunhadas era realmente paranormal. Quarenta por cento dos que haviam professado a crença anterior em paranormalidade achavam que os fenômenos decorriam de autêntica atividade espectral, em comparação com apenas três por cento dos incrédulos. Então examinamos o quanto havia sido eficaz a sugestão. Os resultados foram surpreendentes. Mais de um terço do público declarou que, de fato, tinha visto a mesa levitar. Novamente, teve um papel fundamental a crença, ou a descrença anterior dos participantes em fenômenos paranormais, com metade dos descrentes afirmando corretamente que a mesa não se mexera, em oposição a um terço dos crentes. Nosso questionário também perguntava se eles haviam tido alguma experiência extraordinária durante a sessão. Pelo visto, a atmosfera que tínhamos criado levou os participantes a vivenciarem uma quantidade de efeitos espectrais, com um espectador em cada cinco informando que tivera arrepios de frio, uma forte sensação de energia circulando pelo corpo e uma presença misteriosa no salão.

A mensagem era clara. Do mesmo modo como a simples sugestão pode ser usada para induzir alguém a recordar várias ocorrências ilusórias de sua infância, ela também pode ser usada para fazer uma expressiva parcela vivenciar o impossível.

Alguns anos depois da sessão espírita simulada, integrei a equipe formada por um canal de televisão para investigar se o mesmo tipo de técnicas podia ser usado para criar uma superstição da Nova Era, e até levar as pessoas a gastarem seu suado dinheirinho.

Antes de começar o estudo, visitamos uma loja de ferragens e compramos dois objetos – um aro de bronze de pendurar cortinas, que custou 50 centavos, e um puxador cromado, que custou 2 libras. O gerente de um grande shopping em Hertfordshire nos permitiu realizar o estudo no meio de seu centro comercial.

Essa fase inicial da experiência destinava-se a estabelecer uma linha básica. Parávamos as pessoas, pedindo-lhes que pusessem na palma da mão o aro de bronze ou o puxador metálico, e nos dissessem se estavam sentindo algo estranho. Ninguém registrou nada estranho, o que não nos surpreendeu. Era hora de introduzir um pouco de sugestão.

Ao conjunto seguinte de passantes, expliquei que eu era psicólogo, que havia projetado dois objetos para fazer as pessoas sentirem uma leve estranheza, e que estava tentando testá-los na prática. Mais uma vez, os voluntários os colocaram na mão e dessa vez a reação foi muito diferente. Enquanto antes só tínhamos encontrado expressões indiferentes, agora a sugestão começou a brincar com a mente das pessoas. Elas começaram a informar todo tipo de efeitos levemente estranhos. Alguns disseram que os objetos lhes provocavam sensação de relaxamento. Outros disseram que sentiam um leve formigamento. Com freqüência, eles obtinham um efeito com um objeto e nenhum com o outro, e queriam saber a diferença entre ambos. Indagados sobre quanto estariam dispostos a pagar pelos objetos, estimaram entre 5 e 8 libras.

Até ali, havíamos empregado apenas sugestões verbais. Agora era hora de acrescentar à mistura alguns elementos visuais. Vesti um jaleco branco de laboratório, e comprei duas caixinhas baratas para colocar o aro e o puxador. Abordei uma quantidade de freqüentadores do shopping e mais uma vez as pessoas tiveram a gentileza de participar. Expliquei que estava procurando quem pudesse oferecer uma opinião honesta sobre os dois dispositivos, que haviam sido projetados para despertar sentimentos estranhos. Dessa vez, as reações foram ainda mais extremas. Um indivíduo afirmou que ficava "meio tonto" com o aro de bronze. Outro disse que com o puxador cromado tinha a sensação de suas mãos serem magnéticas e atraídas uma para a outra. Uma mulher declarou a sensação de ter as mãos percorridas por eletricidade. Foi uma demonstração espetacular do quanto é fácil tirar dinheiro dos ingênuos com o uso da sugestão. E agora, quanto estavam dispostos a pagar pelo aro de bronze de 50 centavos ou pelo puxador cromado de 2 libras?

As estimativas oscilaram entre 15 e 25 libras.

3

ACREDITAR EM SEIS IMPOSSIBILIDADES ANTES DO CAFÉ-DA-MANHÃ: A PSICOLOGIA ENTRA NA ZONA DE PENUMBRA

Como a superstição matou milhares e custou milhões; por que coincidências que parecem improváveis são surpreendentemente possíveis; como as pessoas realmente caminham sobre brasas e qual a verdade por trás das casas mal-assombradas e do temido "som marrom".

O Hotel Savoy, em Londres, é famoso pela culinária sofisticada, pelo serviço atencioso, pelos ambientes grandiosos e, é claro, pelo gato preto de madeira de 90 centímetros chamado Kaspar. Em 1898, um empresário britânico de nome Woolf Joel reservou uma mesa para 14 convivas no restaurante do hotel. Infelizmente, um deles cancelou a presença no último minuto, deixando o anfitrião com 13 pessoas à mesa. Woolf decidiu ignorar as tradições de que dá azar ter 13 comensais à mesa e manteve o jantar. Três semanas mais tarde, ele viajou para a África do Sul e foi morto a tiros, um assassinato muito comentado. Após esse incidente, por décadas, o Savoy não permitiu que grupos de 13 pessoas fizessem refeições no hotel, chegando a incluir um funcionário entre os convivas para não correr o risco de ter outro assassinato em suas mãos. Na década de 1920, o hotel encomendou ao designer Basil Lonides uma escultura que substituísse o talismã humano e o artista criou Kaspar. Desde então, esse belo gato em estilo Art Déco participa dos jantares em que se reúnam 13 endinheirados. Ele sempre é equipado com guardanapo e com o serviço completo de louças e talheres, além de ser servido dos mesmos alimentos desfrutados pelos colegas de mesa. Aparentemente, ele era muito querido por Winston Churchill, o qual ajudou a garantir-lhe o retorno quando foi seqüestrado por um grupo de oficiais alcoolizados que jantaram no hotel durante a Segunda Guerra Mundial.

O pensamento supersticioso e mágico permeia inteiramente nossa vida. Não surpreende que o tema tenha atraído muitas pesquisas estranhas e fora do comum. Esses trabalhos envolveram entrevistar grande número de corretores de imóveis, observar pescadores em regiões remotas da Nova Guiné, brincar de "batata quente" com um país inteiro, introduzir secretamente ondas sonoras de baixa freqüência em concertos de música clássica e fazer um grupo de pessoas caminhar sobre um braseiro de 18 metros. Os resultados revelaram por que grande parte da sociedade acredita no impossível, por que estranhas coincidências são na verdade surpreendentemente prováveis e por que os indivíduos vivenciam situações fantasmagóricas em edificações tidas como mal-assombradas.

Mentes supersticiosas

O Dr. Samuel Johnson sempre tentou atrair a boa sorte saindo de casa com o pé direito e evitando pisar sobre rachaduras na calçada. Adolf Hitler acreditava nos poderes mágicos do número sete. O presidente Woodrow Wilson estava certo de que o número 13 tinha sistematicamente trazido sorte à sua vida, observando que havia 13 letras em seu nome e que no décimo terceiro ano de sua passagem pela Universidade de Princeton ele se tornara o seu décimo terceiro presidente.[1] Consta que, antes de um jogo, Sua Alteza Real, o príncipe Philip, bate sete vezes no capacete de pólo. Diz-se que a grande tenista suíça Martina Hingis evita pisar no "corredor" da quadra no intervalo entre os pontos. O astro do basquete norte-americano Chuck Persons admitiu que fica nervoso antes de um jogo se não tiver comido duas barras de chocolate recheado KitKat ou duas barras de Snickers ou uma barra de cada.[2] Até sobre um ganhador do prêmio Nobel, o físico Niels Bohr, circula o boato de ter colocado uma ferradura atrás da porta. (Porém, nesse caso, há controvérsias. Quando lhe perguntaram se achava que aquilo realmente lhe trazia sorte, Bohr replicou: "Não, mas me disseram que funciona mesmo que você não acredite.")

O comportamento irracional não está restrito aos príncipes, políticos e físicos. Uma pesquisa recente do Instituto Gallup revelou que 53 por cento dos norte-americanos declararam ter pelo menos uma pequena superstição, e mais 25 por cento admitiram ser um pouco ou muito supersticiosos.[3] Outra pesquisa revelou que 72 por cento admitiram possuir pelo menos um talismã.[4] O resultado de minha própria pesquisa de 2003 sobre a superstição, em colaboração com a British Association for the Advancement of Science, revelou que na Grã-Bretanha moderna os níveis de crendice são igualmente elevados: aproximadamente 80 por cento da população costuma bater na madeira, 64 por cento faz figa e 49 por cento evita passar debaixo de escadas.[5] Até mesmo alguns dos estudantes mais talentosos dos Estados Unidos adotam esse tipo de comportamento. Os alunos de graduação de Harvard têm como rotina tocar o pé da estátua de John Harvard antes de uma prova, para dar sorte, enquanto os estudantes do Massachusetts Institute of Technology passam a mão no nariz de uma imagem em bronze do inventor George Eastman. Ao longo dos anos, o pé de Harvard e o nariz de Eastman adquiriram um brilho considerável, graças à superstição.

Embora as conseqüências de muitas crenças tradicionais como bater na madeira e carregar um talismã sejam relativamente inócuas, os resultados de outras idéias supersticiosas são muito mais graves.

No início de 1993, pesquisadores queriam descobrir se realmente dava azar viver numa casa com o número 13.[6] Eles colocaram anúncios em mais de trinta jornais locais, pedindo aos moradores de casas "número 13" para entrar em contato e informar se a sorte deles havia diminuído depois de se mudarem para lá. Quinhentos moradores responderam e aproximadamente um em dez relataram ter experimentado mais azar como conseqüência da mudança para o número desfavorável. Para saber se essa crença afetaria o preço da casa, os pesquisadores realizaram uma pesquisa nacional com os corretores de imóveis. Surpreendentemente, 40 por cento desses profissionais disseram que os compradores com freqüência resistiam em comprar uma propriedade de número 13, o que geralmente obrigava os vendedores a baixarem o preço desses imóveis.

Em outras ocasiões, os efeitos da superstição podem ser uma questão de vida ou morte. No Capítulo 1, falamos sobre o sociólogo David Phillips, o cientista fascinado pela investigação da influência da data de nascimento sobre o momento da morte. Em um artigo publicado no *British Medical Journal*, Phillips relatou uma ligação entre a superstição e o momento exato do falecimento.[7] Em mandarim, cantonês e japonês, as palavras que representam "morte" e "quatro" são pronunciadas praticamente da mesma maneira. Por essa razão, o número quatro é considerado de má sorte nas culturas chinesa e japonesa. Muitos hospitais chineses não têm um quarto andar e alguns japoneses não gostam de viajar no quarto dia do mês. A ligação também se propaga para a Califórnia, onde novas empresas podem escolher os quatro últimos dígitos dos seus números de telefone. Phillips observou que os restaurantes chineses e japoneses contêm um terço a menos de números quatro do que o esperado, um padrão ausente nos restaurantes que se descrevem como norte-americanos. Tudo isso levou o cientista a se perguntar se a tensão atribuída pela superstição ao quarto dia do mês desempenharia um papel importante na saúde. Estaria o número ligado, por exemplo, à ocorrência de ataques cardíacos?

Para avaliar os possíveis efeitos dessa superstição sobre a saúde, Phillips e sua equipe analisaram os registros de mais de 47 milhões de pessoas que morreram nos Estados Unidos entre 1973 e 1998. Eles compararam o dia da morte dos sino-americanos e nipo-americanos com o dos brancos, descobrindo que nas populações chinesa e japonesa as mortes por problemas cardíacos eram sete por cento mais numerosas no quarto dia, em comparação com os outros dias de cada mês. Esse percentual pulou para 13 por cento quando os pesquisadores se concentraram nas mortes por problemas cardíacos. Os dados de mortalidade dos americanos brancos não apresentavam nenhum pico. O trabalho é polêmico e foi questionado por outros pesquisadores.[8] Contudo, Phillips e sua equipe estão seguros de que algo estranho está acontecendo e denominaram o suposto efeito em homenagem a Charles Baskerville, personagem da história *O cão dos Baskervilles*, de Arthur Conan Doyle; o personagem sofre um ataque cardíaco fatal como conseqüência de extremo estresse psicológico.

Uma coisa é um indivíduo supersticioso se matar inadvertidamente, mas outra bem diferente é quando a superstição afeta diretamente a vida de terceiros. Thomas Scanlon e seus colegas pesquisaram o trânsito, os centros comerciais e as admissões em pronto-socorro de hospitais nas sextas-feiras 13. Ao analisar um período de dois anos, eles descobriram haver um fluxo de veículos significativamente menor em setores da auto-estrada orbital M25, de Londres, nas sextas-feiras 13, em comparação com as sextas-feiras 6, levando à conclusão de que motoristas nervosos podem ter ficado em casa.[9] Eles então examinaram vários tipos de atendimentos em hospitais nas duas datas, incluindo envenenamentos, ferimentos causados por animais venenosos, ferimentos auto-induzidos e acidentes relacionados com transportes. Entre todos os tipos, somente os acidentes de trânsito apresentaram um efeito significativo, com mais acidentes na sexta-feira 13 que na sexta-feira 6. O efeito não é nada desprezível, havendo um aumento de 52 por cento no dia malfadado. Como Scanlon e seus colegas só obtiveram dados de um hospital, e os números envolvidos eram relativamente pequenos, é possível que esses resultados sejam mera coincidência. Num estudo muito maior, mas igualmente polêmico, o pesquisador finlandês Simo Nayha analisou o mesmo tipo de registro no período de 1971 a 1997, para toda a Finlândia.[10] Nesse período, houve 324 sextas-feiras 13 e 1.339 sextas-feiras de "controle". Os resultados confirmaram as pesquisas prévias, principalmente para mulheres. Das mortes de homens, apenas cinco por cento podem ser atribuídas ao dia fatídico, enquanto para mulheres o percentual foi impressionante: 38 por cento. Os dois grupos de pesquisadores atribuem o aumento nos acidentes ao fato de os motoristas se sentirem especialmente nervosos no mais fatídico dos dias de azar. A mensagem é clara: a superstição mata.

O ano do cavalo do fogo

As superstições também podem exercer um efeito significativo sobre sociedades inteiras. De acordo com o milenar calendário sino-japonês, cada ano é denominado com base em dois elementos: um entre 12 animais (como carneiro, macaco ou galo) e cinco elementos celestiais (como terra, metal ou água). O ano do cavalo do fogo acontece apenas uma vez a cada 60 anos, o que é bom, porque ele simboliza apenas má sorte. De acordo com a lenda, qualquer mulher nascida nesse ano terá um temperamento passional, o que a torna altamente indesejável como esposa. Embora a origem desse conceito se perca nas brumas do tempo, ele é mantido vivo no Japão moderno por uma tragédia popular do teatro Kabuki baseada na história de Yaoya-Oshichi. De acordo com essa história, em 1682, Oshichi se apaixonou por um jovem monge e decidiu começar um pequeno incêndio para consolidar o amor dos dois. Infelizmente, ela havia nascido no ano do cavalo do fogo e o incêndio fugiu ao controle e acabou por destruir quase toda a cidade de Tóquio.

O ano do cavalo do fogo mais recente foi 1966 e o pesquisador japonês Kanae Kaku decidiu usar a oportunidade para avaliar se o pensamento supersticioso tem um impacto sobre toda a população do Japão.[11] A resposta foi um retumbante e espantoso sim. O ano de 1966 viu uma redução de 25 por cento no índice de natalidade japonês (o que corresponde a quase meio milhão de bebês a menos durante aquele ano) e um aumento de mais de 20 mil abortos induzidos. Subseqüentemente, Kaku descobriu que o efeito não se restringia ao Japão, identificando em 1966 quedas similares nos índices de natalidade das populações japonesas que vivem na Califórnia e no Havaí.[12] Curioso, Kaku fez uma análise mais profunda dos dados e descobriu algo ainda mais notável.[13] De acordo com a lenda, as mulheres nascidas no ano do cavalo do fogo têm uma vida especialmente infeliz e malfadada. Em 1966 não havia um método fácil para determinar o sexo de uma criança antes do nascimento, portanto a única maneira de garantir uma escassez de meninas recém-nascidas seria o infanticídio. Estariam os pais realmente preparados para matar seus bebês do sexo feminino apenas por causa de uma superstição milenar? Kaku examinou o índice de mortalidade neonatal em conseqüência de acidentes, envenenamento e violência externa entre 1961 e 1967. Os resultados foram assustadores. Em 1966, o índice de mortalidade de recém-nascidos do sexo feminino, mas não do sexo masculino, foi significativamente mais alto que nos anos adjacentes. Esses padrões levaram Kaku a concluir que as meninas japonesas estavam realmente sendo "sacrificadas por uma superstição antiga" durante o ano do cavalo do fogo.

O pesquisador japonês Kenji Hira e sua equipe, da Kyoto University, avaliaram o custo de outro tipo de superstição japonesa.[14] Antes de 1873, o Japão utilizava um calendário lunar de seis dias, denominados Sensho, Tomobiki, Senpu, Butsumetsu, Taian e Shakku. Mesmo na atualidade, Taian é considerado um dia de sorte e Butsumetsu, um dia de azar. Por essa razão, muitos pacientes internados em hospitais querem receber alta em Taian. Dados sobre as internações recentes cobrindo três anos revelaram que muitos pacientes estavam prolongando o tempo de internação para garantir essa condição. Os pesquisadores estimaram que esse comportamento supersticioso custa ao Japão aproximadamente 14 milhões de libras por ano. E isso não acontece só no Japão. Na Irlanda, existe uma superstição de que, se você sair de algum lugar no sábado, logo vai voltar ("Quem no sábado vai embora, a voltar não demora"). Uma análise de 77 mil registros em maternidades irlandesas cobrindo quatro anos revelou que aproximadamente 35 por cento menos pacientes do que o esperado tiveram alta no sábado, ao passo que o número de altas em sextas-feiras e domingos foi respectivamente 23 por cento e 17 por cento maior.[15]

A mensagem é clara. As superstições não se limitam às ações inócuas de bater na madeira ou fazer figa. Pelo contrário, essas crendices podem afetar o preço dos imóveis, o número de pessoas feridas ou mortas em acidentes de trânsito, a taxa de abortos e as estatísticas mensais de óbitos, podendo inclusive obrigar os hospitais a despenderem quantias significativas prestando cuidados desnecessários a pacientes.

Considerando-se as importantes conseqüências da superstição, talvez não surpreenda o fato de muitos pesquisadores terem estudado as razões pelas quais tantas pessoas deixam idéias irracionais afetarem sua maneira de pensar e se comportar.

Loterias, lunatismo e o Clube 13

Os defensores da superstição alegam que essas crenças devem ter fundamento porque passaram pela prova do tempo. Eles estão certos. Objetos de sorte, amuletos e talismãs foram encontrados em praticamente todas as civilizações ao longo da história. O ato de bater na madeira remonta aos rituais pagãos destinados a atrair a ajuda dos benignos e poderosos deuses das árvores. Quando é apoiada numa parede, uma escada forma um triângulo natural que era considerado um símbolo da Santíssima Trindade e o ato de passar sob a escada era considerado uma quebra da Trindade. Considera-se o número 13 de má sorte porque havia 13 pessoas na última ceia do Cristo.[16]

Os céticos vêem esse tipo de dado histórico não como prova da validade da superstição, mas como uma deprimente irracionalidade enraizada, já que testes científicos das superstições sempre obtiveram resultados negativos. Eles também têm razão. A suposta relação entre o comportamento supersticioso e as loterias nacionais é um bom exemplo. Toda semana, milhões de pessoas em todo o mundo apostam em loterias na esperança de melhorar de vida se tiverem sorte e ganharem muito dinheiro. Os números premiados são sorteados aleatoriamente, portanto, não deve ser possível prever o resultado da loteria. Porém, isso não impede que os apostadores utilizem todo tipo de ritual mágico para aumentar as chances de sucesso. Alguns escolhem os mesmos números "de sorte" toda semana. Outros baseiam a escolha em ocorrências significativas, como a data de aniversário, a idade dos filhos ou o número da casa. Alguns criaram rituais ainda mais obscuros, inclusive escrever os números em pedaços de papel, colocá-los no chão e trazer um gato, escolhendo os papéis que o gato tiver pisado.

Quando a loteria nacional foi lançada na Grã-Bretanha, trabalhei com os psicólogos Peter Harris e Matthew Smith para pôr à prova vários desses rituais.[17] Em um teste em larga escala realizado em parceria com o programa de televisão *Out of This World*, da BBC, pedimos a mil apostadores de loteria que nos mandassem seus números antes de um sorteio, que indicassem se achavam ter sorte ou não e que informassem o método adotado para selecionar os números. Os questionários voltaram muito depressa. Recebemos resposta de setecentos apostadores que planejavam fazer, no total, pouco mais de 2 mil apostas. Um dia antes do sorteio, Matthew e eu colocamos os números de todos os apostadores numa planilha gigantesca. Feito isso, subitamente percebemos que havíamos coletado uma informação extraordinária. Se as pessoas de sorte realmente escolhem mais números ganhadores que as pessoas sem sorte, então os números escolhidos pelas primeiras teriam maior probabilidade de ser sorteados. Isso não nos ocorrera antes, mas, se a teoria estivesse correta, alguns dos dados que coletamos para nosso experimento poderiam nos deixar milionários.

Matthew e eu discutimos a ética da situação por alguns segundos e então começamos a análise das informações. Percebemos que alguns números eram escolhidos pelas pessoas de sorte e evitados pelos sem sorte. Aos poucos, identificamos os números vencedores "mais prováveis": 1, 7, 17, 29, 37 e 44. Pela primeira e única vez em minha vida, apostei na loteria. O sorteio da loteria nacional da Grã-Bretanha é realizado nas noites de sábado e transmitido ao vivo no horário nobre da televisão. Como de hábito, as 49 bolas foram colocadas num tambor giratório, de onde foram selecionadas aleatoriamente seis bolas, mais uma bola especial de "bônus". Os números vencedores foram: 2, 13, 19, 21, 45, 32. Não conseguimos acertar um número sequer. Mas como teriam se saído as pessoas de sorte e sem sorte em nosso experimento? Na verdade, não houve diferença. Os de sorte não se saíram melhor que os sem sorte e os que empregaram qualquer tipo de ritual supersticioso foram tão malsucedidos quanto os que escolheram seus números aleatoriamente. Também não houve diferença entre os que basearam a escolha na data de nascimento, na idade dos filhos ou no comportamento dos animais de estimação. Para resumir: racionalidade 1 x 0 superstição.

Outros pesquisadores abordaram a superstição de maneira mais insólita. Uma de minhas experiências favoritas foi realizada por um estudante norte-americano de nível médio chamado Mark Levin.[18] Ele e seus amigos decidiram testar a crença popular de que cruzar com um gato preto dá azar. Primeiro eles aferiram a sorte de algumas pessoas por meio de um jogo computadorizado de cara-ou-coroa. Em seguida, treinadores de gatos muito experientes faziam com que um gato preto cruzasse o caminho dessas pessoas quando elas desciam por um corredor. Finalmente, todos os participantes jogavam novamente o cara-ou-coroa para reavaliar a sorte. Depois de muito jogar moeda e cruzar com gatos, os resultados mostraram que o gato preto não tinha absolutamente nenhum efeito. Para ter certeza absoluta de não ter perdido nada de vista, os pesquisadores repetiram a experiência usando um gato branco e mais uma vez os resultados foram nulos. Levin encerrou o artigo observando que os críticos do experimento poderiam argumentar que a má sorte associada com um gato preto só se manifesta em situações reais de vida, e não num experimento que envolva jogar cara-ou-coroa. Contudo, ele refuta a idéia com um comentário: "Tenho uma gata preta e, embora ela tenha cruzado meu caminho centenas de vezes, não vejo qualquer deterioração em meu desempenho escolar ou em minha vida social."

Um trabalho similar foi conduzido em lugares que parecem ser totalmente racionais: os hospitais. Os profissionais da área médica são uma gente surpreendentemente supersticiosa, como revela o trabalho sobre os supostos efeitos comportamentais associados à lua cheia. Um grupo de pesquisadores norte-americanos examinou quase 1.500 registros de vítimas de trauma admitidas em hospitais durante todo um ano, descobrindo não haver qualquer relação entre a lua cheia e o número de admissões, o índice de mortalidade, o tipo de ferimento ou a duração da internação.[19] Apesar disso, uma pesquisa realizada em 1987 e relatada em um artigo simplesmente intitulado *Lunacy* ["Lunatismo"] revelou que 64 por cento dos profissionais de pronto-socorro estavam convencidos de que a lua cheia afetava o comportamento dos pacientes.[20] Destes, 92 por cento dos enfermeiros declararam que o trabalho durante a lua cheia causava mais estresse, embora haja razão para desconfiarmos desse resultado, pois as mesmas pessoas também argumentaram que esse estresse justificaria "um adicional lunar de salário".

A coisa não pára por aí. Assim como no meio teatral é considerado de mau agouro desejar sorte (o que faz os atores desejarem que os colegas "quebrem uma perna"), os médicos que trabalham em pronto-socorro acham que comentários como "parece que vai ser uma noite calma" podem causar uma inundação de novos pacientes. Essa superstição foi colocada à prova por Andrew Ahn e seus colegas, do Massachusetts General Hospital, sendo a experiência descrita nas páginas do *American Journal of Medicine*.[21] Trinta profissionais da área médica foram divididos aleatoriamente em dois grupos. Um grupo "azarado" recebeu a mensagem: "você vai ter um plantão excelente." Os membros do grupo de controle receberam um pedaço de papel em branco.

O grupo azarado não teve mais pacientes ou menos horas de sono do que o grupo de controle (se houve diferença, os que receberam a mensagem tiveram menos pacientes e mais tempo de sono do que os que receberam o papel em branco). Como acontece com todas as descobertas importantes na ciência, esse trabalho já foi reproduzido em diferentes partes do mundo. Em um teste, os médicos britânicos Patrick Davis e Adam Fox atribuíram a cada um de seus dias em uma emergência uma das seguintes condições: dia de controle ou dia "tipo Q".[22] Durante os dias de controle, a equipe comentava o tempo, enquanto nos dias "tipo Q" a equipe comentava como todos achavam que aquela seria uma noite calma. Tal como nos resultados do obtidos pelos norte-americanos, os médicos britânicos não encontraram diferenças significativas no número de admissões em ambos os casos.

Talvez o teste mais sistemático e completo da superstição remonte à virada do século XIX. Na década de 1880, o capitão William Fowler, veterano da guerra civil norte-americana, decidiu desafiar o destino ao criar em Nova York o Clube 13.[23] A idéia era simples: no dia 13 de cada mês ele convidaria 12 pessoas para jantar com ele e quebrar várias superstições muito conhecidas, como derramar sal na mesa, cruzar os garfos e abrir guarda-chuvas dentro de casa. O esquema obteve sucesso instantâneo e o clube rapidamente se tornou um dos mais populares de Nova York, o que obrigou Fowler a alugar salas maiores que comportassem várias mesas para 13 convivas. Nos 40 anos seguintes, o número de associados do clube chegou a milhares e a lista de membros honorários incluía nada menos que cinco presidentes norte-americanos sucessivos. A força do sentimento dos membros contra a superstição não era para ser subestimada. Num discurso pronunciado no clube no dia 13 de dezembro de 1886, o político, agnóstico e orador Robert Green Ingersoll observou:

> A tarefa mais importante neste mundo é destruir a superstição. A superstição interfere na felicidade da humanidade. Ela é uma serpente terrível que avança como uma espiral aterrorizante do céu para a terra e crava as presas envenenadas no coração dos homens. Enquanto viver, farei o que estiver a meu alcance para destruir esse monstro.[24]

Ingersoll prosseguiu explicando que se, ao morrer, descobrisse a existência de outra vida, passaria seu tempo lá discutindo com aqueles que acreditassem no sobrenatural. Apesar de se dedicarem constantemente a comportamentos que supostamente atraem má sorte, morte e doença, os membros do Clube 13 se revelaram notavelmente saudáveis e felizes. No décimo terceiro jantar do clube, em 1895, Fowler anunciou que o índice de mortalidade dos membros era um pouco menor que o da população em geral. Os efeitos positivos da quebra de tabus supersticiosos foram destacados pelos comentários de um dos líderes do clube, J. Arthur Lehman, em 1936:

> Meu conselho para qualquer um que deseje sorte, felicidade e saúde verdadeiras é quebrar hoje mesmo qualquer superstição conhecida... Todos os membros do clube que me vêm à lembrança têm boa sorte... Estou com 78 anos e os desafio a encontrar alguém mais feliz e saudável do que eu.

Portanto, se as superstições não são válidas, por que passaram pela prova do tempo e foram transmitidas de geração a geração? Parte da resposta nos leva dos ilhéus da costa da Nova Guiné aos israelenses tentando enfrentar os ataques de mísseis Scud durante a primeira Guerra do Golfo.

Melanésios e mísseis

Bronislaw Malinowski foi um dos maiores antropólogos do mundo. Ele foi criado na Polônia e originalmente estudou matemática e ciências físicas. No entanto, um encontro mudou o curso de sua vida. Enquanto se preparava para um exame de idioma estrangeiro, ele encontrou um exemplar do livro *O ramo de ouro*, de autoria do respeitado antropólogo Sir James Frazer. O livro era um estudo detalhado da mágica e da religião em diversas culturas por todo o mundo. Por causa dele, Malinowski viajou para a Grã-Bretanha a fim de se dedicar a uma carreira em antropologia. Quando teve início a Primeira Guerra Mundial, para evitar ser feito prisioneiro, ele viajou para a Melanésia, uma pequena ilha na costa da Nova Guiné, e ficou imerso na cultura de uma comunidade isolada conhecida como ilhéus Trobriand. O livro em que Malinowski relata seu trabalho nessa comunidade, Argonautas do Pacífico Ocidental, é hoje universalmente considerado uma obra-prima.[25] Ele estudou muitos aspectos da vida diária dos habitantes de Trobriand, com interesse especial em uma particularidade: seu comportamento supersticioso. Ele observou que, quando pescavam nas águas relativamente calmas de uma laguna, os ilhéus usavam uma técnica de pesca comum, mas quando se aventuravam nas águas muito mais perigosas do mar aberto eles realizavam rituais elaborados de magia e superstição. Malinowski elaborou a teoria de que o comportamento supersticioso era causado pela imprevisibilidade de sua vida. Quando pescavam nas lagunas, os nativos de Trobriand enfrentavam pouca incerteza. Sentiam ter o controle da situação, portanto não precisavam de comportamentos supersticiosos. Porém, o caso era completamente diferente no mar aberto, onde eles sabiam que a vida era muito mais imprevisível, portanto se dedicavam a uma variedade de rituais mágicos, numa vã tentativa de adquirir o controle da situação e de reduzir o risco. Para resumir, Malinowski acreditava que a superstição dava conforto aos ilhéus por lhes propiciar um sentimento de controle sobre as ameaças da fortuna cruel.

Seria bom acreditar que a irracionalidade está restrita a um grupo isolado de nativos de uma ilha nos anos 1920, mas as mesmíssimas pressões que forçavam os habitantes de Trobriand a realizar rituais elaborados nos mares abertos da Melanésia também nos fazem bater na madeira, fazer figa e lançar mão do pé de coelho.

Em meados da década de 1920, a inflação na Alemanha era tão alta que o papel-moeda era carregado em sacolas e todos procuravam gastar o dinheiro assim que o adquiriam, por medo de que ele estivesse muito mais desvalorizado no dia seguinte. Em 1932, quase a metade da população estava desempregada. Em 1982, Vernon Padgett, da Marshall University, e Dale Jorgenson, da California State University, publicaram um artigo comparando o grau de ameaça econômica ao número de matérias sobre astrologia, misticismo e ocultismo publicados nas principais revistas e jornais alemães para cada ano entre as duas guerras mundiais.[26] A título de controle, também foram contadas as matérias sobre jardinagem e culinária. Um índice de ameaça econômica foi calculado levando em conta os salários, o percentual de profissionais sindicalizados desempregados e a produção industrial. Quando a população estava sofrendo um revés econômico, o número de artigos sobre superstição aumentava. Quando as coisas melhoravam, essas matérias diminuíam. A forte correlação entre os dois fatores levou os autores a concluírem que:

> ...assim como os habitantes de Trobriand cercavam de superstições a atividade mais arriscada da pesca em mar aberto, os alemães nas décadas de 1920 e 1930 tornaram-se mais supersticiosos nos períodos de ameaça econômica.

Os autores associam suas descobertas a temas sociais muito mais amplos, observando que, quando a incerteza aumenta, as pessoas buscam um sentimento de segurança e essa necessidade pode levá-los a apoiar regimes de liderança forte e a acreditar em vários determinantes irracionais do destino, como a superstição e o misticismo.

Um estudo realizado em Israel durante a Guerra do Golfo de 1991 por psicólogos da University of Tel Aviv ilustrou vivamente a mesma idéia.[27] Logo depois do início da guerra, ficou claro que algumas cidades, como Tel Aviv e Ramat Gan, corriam o risco de ataques com mísseis Scud, enquanto outras como Jerusalém e Tiberíades estavam relativamente seguras. Os pesquisadores questionaram se o maior estresse, associado ao fato de morar nas áreas mais perigosas, levaria a população a ficar mais supersticiosa. Para testar essa idéia, eles formularam um questionário sobre superstição. Algumas das perguntas se referiam a exemplos conhecidos de pensamento mágico, por exemplo, ser bom apertar a mão de uma pessoa de sorte ou carregar um talismã. Outras perguntas diziam respeito a novas formas de comportamento supersticioso que emergiram desde o início dos ataques. Por exemplo, desde meados da década de 1980, as edificações em Israel incluem um cômodo que pode ser selado com plástico para proteger os moradores de um ataque químico. O questionário perguntava se as pessoas achavam melhor entrar no ambiente selado com o pé direito e se a probabilidade de ser atingido durante um ataque aumentava caso estivesse presente no quarto selado alguém cuja casa já tivesse sido atingida. Então os pesquisadores foram de porta em porta nas áreas de alto e baixo risco perguntando a aproximadamente duzentas pessoas se elas tinham esse comportamento. As especulações dos pesquisadores foram confirmadas: os moradores das áreas sujeitas a sérios ataques por mísseis haviam adquirido muito mais crenças e comportamentos supersticiosos que os moradores das áreas menos ameaçadas do país.

As pesquisas da Nova Guiné, da Alemanha e de Israel levam à conclusão de que muitos se tornam supersticiosos como forma de lidar com a incerteza. No entanto, outros trabalhos mostram que essas crenças também podem surgir por razões bem diferentes e ter conseqüências muito mais negativas.

Pensamento contagioso

Em seu texto clássico sobre mágica e religião, Sir James Frazer descreve diversos tipos de pensamento mágico. Um dos mais fundamentais é a "lei do contágio". De acordo com essa teoria, uma vez tendo entrado em contato com alguém, um objeto de alguma forma se apossa da "essência" daquela pessoa. Em algumas formas de ritual mágico, o indivíduo que está tentando lançar um encantamento pode tentar obter cabelo ou pedaços de unha da vítima em potencial, usando esse material para exercer sobre ela algum tipo de influência (em geral, negativa).

O psicólogo Paul Rozin e seus colegas da University of Pennsylvania quiseram saber se essa forma de pensar estaria viva na sociedade ocidental moderna e se ela poderia mesmo servir de base para certos tipos de preconceito e irracionalidade.[28] Para verificar a questão, eles realizaram uma série de experimentos incomuns, mas perceptivos. Os pesquisadores pediram aos indivíduos:

> Avalie o que você acha de vestir um belo suéter macio e azul, grande e volumoso, de estilo unissex. Ele foi lavado há poucos dias, mas é novo, nunca foi de ninguém e não foi usado por ninguém.

Naturalmente, as pessoas responderam não ter qualquer problema em usar o suéter. Os pesquisadores então lhes pediram para imaginar que o suéter fora usado por alguém que contraíra Aids por meio de uma transfusão de sangue. Disseram ainda que o suéter fora lavado há poucos dias e que o doente só havia usado a roupa durante 30 minutos. Apesar disso, subitamente ninguém quis usar a vestimenta. Mesmo sabendo que não havia problema de saúde ou de higiene, a teoria supersticiosa do contágio entrou em efeito e os pesquisados não aceitaram usar a roupa. Rozin e os colegas variaram o usuário fictício do suéter e descobriram que a idéia que despertava reação mais forte nos pesquisados era a peça de roupa ter pertencido a alguém que personificasse o mal, como um genocida ou um líder fanático. Na verdade, os resultados revelaram que os indivíduos preferiam usar uma roupa que havia caído sobre fezes de cachorro e não havia sido lavada (o que é motivo de preocupação genuína com a saúde) a vestir um suéter lavado que pertenceu a um assassino em série.

É um mundo muito pequeno e menor a cada ano

Em geral, as pessoas formam crenças mágicas sobre o mundo porque vivenciaram algo aparentemente estranho. Com o conceito de coincidência, os acontecimentos parecem combinar de uma forma aparentemente significativa, mas que desafia as probabilidades. Um dos conjuntos de coincidências mais conhecidos diz respeito às mortes dos presidentes norte-americanos John Kennedy e Abraham Lincoln. Lincoln foi morto no Teatro Ford, ao passo que Kennedy foi assassinado quando estava circulando em um automóvel Lincoln, fabricado pela Ford. Lincoln foi eleito para o Congresso em 1846; Kennedy foi eleito senador em 1946. Lincoln foi eleito presidente em 1860, Kennedy em 1960. Os sobrenomes dos dois homens têm sete letras e os dois assassinatos aconteceram numa sexta-feira. Depois de mortos, os dois presidentes foram sucedidos por homens de nome Johnson. Andrew Johnson nasceu em 1809, Lyndon Johnson, em 1909.

Esses momentos surpreendentes não acontecem apenas com os presidentes norte-americanos, mas surgem de vez em quando na vida da maioria das pessoas. Na década de 1920, três estranhos estavam cruzando o Peru de trem. Sentados no mesmo vagão, eles se apresentaram mutuamente, descobrindo que o sobrenome do primeiro era Bingham, o do segundo era Powell e o do terceiro Bingham-Powell. Outra coincidência notável aconteceu em 1953 no Hotel Savoy, em Londres, lar de Kaspar, o gato preto da sorte. O repórter de televisão Irv Kupcinet estava hospedado no hotel para fazer a cobertura da coroação de Elizabeth II. Ao abrir uma gaveta do quarto, ele encontrou alguns artigos que pertenciam a seu amigo Harry Hannin, empresário do conhecido time de basquete Harlem Globetrotters. Dois dias antes, Kupcinet havia recebido uma carta de Hannin na qual este contava ter se hospedado no Hotel Meurice, em Paris, e encontrado, numa gaveta do quarto, uma gravata de seu amigo repórter. Diante de um desses incidentes curiosos, muitos se limitam a perguntar "Qual a chance de isso acontecer?" e a deixar por isso mesmo. Porém, alguns estudiosos como Persi Diaconis, matemático de Stanford, analisaram mais a fundo a questão.

Convidado por cassinos de Las Vegas para determinar se as máquinas que embaralham as cartas realmente tornavam aleatória a ordem dos baralhos (o que não acontece), Diaconis utilizou câmeras de alta velocidade que fotografam 10 mil imagens por segundo para analisar o lançamento de uma moeda por um ser humano (revelando que as moedas mostram uma tendência mínima a caírem na mesma posição em que estavam). Ele persuadiu uma equipe de técnicos de Harvard a criar uma máquina capaz de produzir um lançamento perfeitamente aleatório de uma moeda. Ele também escreveu um artigo seminal sobre a matemática e a psicologia das coincidências, propondo que algumas leis estatísticas pouco conhecidas tornam surpreendentemente prováveis eventos que parecem impossíveis. A lei dos grandes números é um exemplo.

Quase toda semana acontece na Grã-Bretanha uma coincidência verdadeiramente notável – um acontecimento com uma chance extremamente pequena de ocorrer por coincidência. Na verdade, a probabilidade de que esse acontecimento se dê é de uma em 15 milhões: alguém ganhar o prêmio máximo da loteria. Por que essa condição improvável ocorre rotineiramente, semana após semana? Porque um número muito grande de pessoas joga na loteria. No caso de muitas coincidências, o fenômeno é exatamente o mesmo. Há milhões de pessoas no mundo levando vidas complexas, portanto, não surpreende que alguém, de vez em quando, acerte o prêmio da coincidência e experimente uma ocorrência verdadeiramente improvável. Embora seja tentador ver esses eventos como um sinal dos deuses ou como prova de um misterioso sentido de conexão entre pessoas, na realidade tudo pode ser um mero fruto do acaso. Arthur Conan Doyle descreve essa questão muito bem em *O carbúnculo azul*:

> Entre a ação e a reação de tão denso enxame humano, pode-se esperar por qualquer combinação de fatos, e muitos problemas insignificantes podem parecer estranhos e bizarros.

O mesmo se aplica a anagramas surpreendentes que parecem conter mensagens ocultas ou descrições maravilhosamente concisas sobre pessoas ou acontecimentos. As palavras "US president Ronald Reagan" ["presidente Ronald Reagan dos EUA"] são um anagrama exato de "repulsed and ignorante arse" ["bundão repulsivo e ignorante"], enquanto "President Clinton of the USA" ["Presidente Clinton dos EUA"] pode ter as letras reordenadas para produzir "to copulate he finds interns" ["ele consegue estagiárias para copular"]. Meu anagrama favorito foi descoberto pelo criador de quebra-cabeças Cory Calhoun e diz respeito à famosa frase do *Hamlet* de Shakespeare: "Ser ou não ser...eis a questão. O que é mais nobre para a alma: suportar os dardos e arremessos do fado adverso..."* Um anagrama exato dessa frase resulta numa afirmativa que oferece um resumo perfeito de toda a peça: "Em uma das tragédias mais imaginosas do bardo, nosso persistente herói, Hamlet, investiga em duas frentes como a vida pode ser arruinada."** Embora esses exemplos possam parecer surpreendentes, nada de mágico está se passando. Essa é apenas uma aplicação da lei dos grandes números. Como o número de combinações de letras nas palavras é grande,

---

*No original : "To be, or not to be:/that is the question:/Whether 'tis nobler in the mind to suffer/The slings and arrows of outrageous fortune." (*N. da T.*)

**No original: "In one of the Bardís best-thought-of tragedies, our insistent hero, Hamlet, queries on two fronts about how life turns rotten." (*N. da T.*)

assim como é abundante o texto nas peças e livros, não surpreende que, de vez em quando, surjam anagramas extraordinários. O que talvez surpreenda seja o fato de indivíduos estarem dispostos a investir um tempo significativo para encontrá-los.

Embora a lei dos grandes números explique muitas coincidências, às vezes uma psicologia mais profunda entra em ação. Uma pesquisa de 1993 mostrou que uma das coincidências mais freqüentes é o fenômeno do "mundo pequeno", em que dois estranhos se conhecem numa festa e descobrem que têm um amigo em comum.[29] Quase 70 por cento das pessoas afirmam ter passado por essa experiência, sendo que 20 por cento com freqüência. Na década de 1960, o fenômeno fascinou o conhecido psicólogo norte-americano Stanley Milgram.

Milgram foi um homem notável, responsável por algumas das experiências de psicologia mais famosas do mundo. A partir do final da década de 1960, ele realizou uma série de estudos para investigar se pessoas comuns estariam preparadas para infligir dor e sofrimento a terceiros apenas porque um pesquisador pedira que o fizessem.[30] No estudo, um pesquisador pediu aos participantes para aplicarem choques elétricos cada vez mais perigosos em um homem (na verdade, um ator simplesmente fingia receber os choques). Se o participante demonstrasse qualquer preocupação com o que estava fazendo, o pesquisador o estimulava a perseverar no procedimento usando frases como "Por favor, continue" e "A experiência necessita que você continue". Os resultados de Milgram revelaram que 60 por cento dos participantes estavam dispostos a aplicar o que julgavam ser um choque potencialmente fatal em sua pobre vítima porque um homem de jaleco branco lhes dizia para fazê-lo. Esse estudo sobre choques elétricos é muito conhecido. Ele pode ser encontrado em quase todos os livros de introdução à psicologia, sendo um dos poucos estudos comportamentais a ter exercido um efeito significativo na cultura popular. Em meados da década de 1970, a CBS exibiu uma dramatização da experiência do choque elétrico em que William Shatner fazia o papel de Milgram. Em 1986, o músico Peter Gabriel compôs uma música intitulada "We do what we're told (Milgram's 37)" [Fazemos o que nos mandam (os 37 de Milgram)], referindo-se a uma das experiências de Milgram na qual 37 dos 40 participantes foram totalmente obedientes. O que não é tão divulgado é o fato de esse trabalho ter inspirado diversos estudos subseqüentes e igualmente impressionantes. Os professores universitários Sheridan e King se preocuparam com a possibilidade de os participantes terem inferido que a vítima dos choques era na verdade um ator, portanto na década de 1970 repetiram o estudo utilizando choques verdadeiros administrados a cãezinhos.[31] O artigo resultante, intitulado *Obedience to Authority with an Authentic Victim* [*Obediência à autoridade com uma vítima real*] descreve como pouco mais de 50 por cento dos homens aplicaram o choque máximo aos animais, em comparação a 100 por cento das mulheres.

Ao longo de toda sua carreira acadêmica, Milgram continuou a criar e realizar experimentos estranhos e que davam o que pensar. Na verdade, sua reputação por esses trabalhos era tão grande que no dia 22 de novembro de 1963, quando ele invadiu a sala de aula de um colega para anunciar o assassinato de Kennedy, muitos dos alunos acharam que aquilo era parte de mais uma de suas experiências.[32]

Tomando por base um trabalho teórico em desenvolvimento no Massachusetts Institute of Technology, Milgram decidiu adotar uma abordagem prática na tentativa de compreender o que poderia estar por trás do fenômeno do "mundo pequeno".[33] Ele enviou cartas a 198 habitantes de Nebraska, pedindo-lhes que ajudassem a fazê-las chegar a um "destinatário alvo" – um corretor da bolsa que trabalhava em Boston e vivia em Sharon, Massachusetts. No entanto, havia um porém. Os participantes não podiam enviar a carta diretamente ao corretor; só podiam fazê-lo por meio de algum amigo íntimo que, em sua opinião, talvez conhecesse o corretor. Cada destinatário no percurso recebia as mesmas instruções, só podendo enviar o pacote a algum amigo a quem chamasse pelo primeiro nome.

Quantas pessoas seriam necessárias para estabelecer uma ligação entre dois completos estranhos? Considerando-se haver dezenas de milhões de habitantes nos Estados Unidos, muitos se surpreenderam ao descobrir uma tendência a apenas seis pessoas ligarem o primeiro voluntário ao destinatário-alvo – o que deu origem ao conceito popular de que há entre todos nós apenas seis graus de separação. O resultado nos leva a concluir que o tecido social é muito mais apertado do que se imagina à primeira vista, ajudando a explicar por que piadas, fofocas e modismos são rapidamente espalhados simplesmente pelo boca a boca. Além disso, ao examinar o relacionamento entre os participantes de cada uma das cadeias completadas, Milgram pôde obter uma visão da estrutura social dos Estados Unidos nos anos 1960. Havia uma tendência muito maior a passar o pacote para alguém do próprio sexo e a maioria das ligações envolvia amigos e conhecidos, de preferência parentes. As implicações das descobertas de Milgram não se aplicam apenas aos sistemas sociais, mas também explicam uma ampla gama de outras redes, inclusive a operação dos sistemas de distribuição de energia elétrica, a disseminação de doenças, a forma pela qual a informação se propaga pela internet e as características dos circuitos neurais responsáveis pelo funcionamento cerebral.[34]

Escrevendo em 1995 sobre o trabalho de Milgram, o matemático John Allen Paulos observa:

> Não é claro como se poderia formular estudos que confirmassem isso, mas tenho a suspeita de que o número médio de ligações entre duas pessoas quaisquer diminuiu nos últimos 50 anos. Além disso, apesar do aumento populacional, esse número continuará a diminuir em função dos avanços nas comunicações.[35]

Dada a importância do gigantesco jogo de batata-quente proposto por Milgram e das especulações de Paulos sobre o mundo em contração, é surpreendente que praticamente nenhum pesquisador tenha tentado repetir o experimento. Portanto, em 2003 minha colega Emma Greening e eu nos associamos com Roger Highfield, editor de ciências do jornal *Daily Telegraph*, e com o Cheltenham Science Festival, para tratar da questão.[36] Queríamos realizar a primeira réplica britânica da clássica pesquisa esquisitológica de Milgram, testando duas idéias. Em primeiro lugar, obteríamos o mesmo número de ligações de Milgram ou um número menor, conforme a proposição de Paulos? Em segundo lugar, seria possível usar o fenômeno para explicar outro mistério manifestado durante meu estudo de pessoas com ou sem sorte? As pessoas de sorte afirmam passar por numerosos encontros fortuitos que parecem ter um efeito muito benéfico sobre suas vidas. Elas conhecem alguém numa festa, descobrem ter amigos em comum e por meio dessas relações acabam, por exemplo, se casando ou fechando negócios. Ou ainda, quando precisam algo, sempre parecem conhecer alguém que conhece alguém que pode resolver o problema. Por outro lado, os indivíduos sem sorte raramente relatam experiências desse tipo. Queríamos saber se as pessoas de sorte passam por muitas experiências de "mundo pequeno" porque têm muitos conhecidos. Elas criariam de forma inconsciente a própria boa sorte, ao construírem e habitarem um mundo especialmente pequeno.

Publiquei um pequeno artigo no *Telegraph* convidando a entrar em contato comigo os leitores que desejassem participar de um experimento de "mundo pequeno". Então, cem voluntários receberam um pacote contendo instruções e um conjunto de cartões-postais e envelopes. As instruções explicavam que o objetivo da experiência era garantir que o pacote chegasse a certo "destinatário-alvo".

Em vez de um corretor da bolsa de Boston, usamos como alvo Katie Smith, uma organizadora de eventos de 27 anos que trabalhava em Cheltenham. Tal como no estudo original de Milgram, solicitamos a todos os voluntários iniciais e aos destinatários subseqüentes que só enviassem o pacote a pessoas com quem tivessem a intimidade de se tratar pelo primeiro nome. Também solicitamos aos participantes originais e a todos os destinatários subseqüentes que nos enviassem um dos cartões-postais para que pudéssemos determinar o percurso dos pacotes à medida que este ia se deslocando pelo país afora.

Revelou-se uma tendência de apenas quatro pessoas ligarem o voluntário inicial a Katie – duas a menos que o número obtido no experimento de Milgram. Algumas das cadeias em nosso estudo ilustram de modo surpreendente como supostos estranhos na verdade estão muito bem conectados. Por exemplo, um de nossos voluntários iniciais era um negociante de tecidos chamado Barry, que vive em Stockport e não conhece Katie Smith, o que talvez não seja surpresa. Barry passou o pacote para sua amiga Pat porque ela vive nas imediações do hipódromo de Cheltenham. Pat também não conhece Katie, mas enviou o pacote a seu amigo David, que, por coincidência, era administrador do Cheltenham Science Festival. No alvo! David conhecia Katie e completou a cadeia, passando o pacote diretamente para ela.

Nosso estudo foi a primeira réplica britânica da famosa experiência de Milgram. A redução no número médio de ligações necessárias para alcançar o destinatário-alvo pode resultar do fato de a Grã-Bretanha ser mais conectada que os Estados Unidos. Por outro lado, os resultados podem ser considerados uma comprovação da instigante possibilidade de que o mundo tenha se tornado substancialmente menor nos últimos 40 anos. Em decorrência do grande crescimento das comunicações eletrônicas, das redes telefônicas e das viagens, talvez todos estejamos conectados uns aos outros como nunca antes. Talvez, no nível social, a ciência e tecnologia tenham realmente feito o mundo encolher.

É ótimo termos uma possível prova da contração global, mas teríamos encontrado alguma indicação de que as pessoas de sorte são especialmente bem relacionadas, vivendo, portanto, em um mundo menor que o da maioria? Para confirmar, pedimos a cada voluntário inicial envolvido no estudo para avaliar seu nível geral de sorte antes de participar do processo. Trinta e oito voluntários não enviaram o pacote a ninguém, garantindo assim que suas remessas nunca chegassem a Katie. O interessante é que a vasta maioria desses indivíduos tinha previamente se qualificado como sem sorte. Queríamos descobrir o que estava por trás desse comportamento curioso. Esses voluntários haviam se esforçado bastante para participar do estudo, mas tinham se eximido logo no primeiro estágio. Escrevemos para eles perguntando por que não mandaram o pacote. Suas respostas foram reveladoras – a maioria afirmou não ter se lembrado de nenhum amigo que pudesse ajudar a enviar o pacote. Como resultado, desde o princípio ficou evidenciado que os participantes com sorte conheciam muito mais possíveis destinatários para os pacotes que os participantes sem sorte e tiveram muito mais sucesso em enviá-los. Esses resultados apóiam substancialmente a idéia de que as pessoas com sorte vivem num mundo menor que o dos sem sorte e isso, por sua vez, ajuda a maximizar seu potencial para encontros "felizes" de mundo pequeno.

Caminhada sobre brasas e coisas que assombram a noite

Há quem pareça ter a capacidade de caminhar sobre brasas, atravessando sem se queimar um longo leito de carvões incandescentes cuja temperatura superficial chega a 500°C. A explicação científica para esse feito surpreendente é o fato de a condutividade térmica do carvão ser muito baixa. Se o leito de brasas for relativamente curto, pouco calor será transferido para os pés dos caminhantes. No entanto, muitos dos que caminham sobre brasas ganham um bom dinheiro apresentando uma explicação mais extraordinária. Segundo eles, o poder da mente cria um campo de força "energético" que os protege de todo mal. Eles afirmam poder ensinar essa habilidade aos outros. Enquanto a ciência prevê que os indivíduos podem cruzar aproximadamente 5 metros de brasas sem queimar os pés, os defensores da paranormalidade afirmam poder caminhar com segurança qualquer distância.

Em 2000, colaborei com o programa de ciência *Tomorrow's World*, da BBC, para promover um expressivo teste dessa afirmativa.[37] O programa despendeu uma grande quantia queimando 50 toneladas de madeira para criar um leito de brasas com 18 metros de comprimento. Na televisão, ao vivo, os pretensos milagreiros testaram sua teoria paranormal, o que resultou em todos saltarem para fora do leito de brasas na altura dos 8 metros, com queimaduras de segundo grau na sola dos pés. Posteriormente, eu os entrevistei e descobri que todos tinham explicações para o fracasso. Um deles declarou que as luzes brilhantes da televisão o impediram de entrar no transe profundo necessário a uma demonstração bem-sucedida. Outra explicou que seu anjo guardião fora embora de forma inesperada alguns momentos antes da caminhada. Foi uma demonstração notável de como a crença no impossível pode prejudicar a saúde. Nem mesmo queimaduras de segundo grau os levaram a questionar suas supostas habilidades paranormais.

Felizmente, a maioria não pensa possuir habilidades sobre-humanas. Porém, muitos acreditam ter passado por fenômenos igualmente estranhos. Cerca de um terço das pessoas acredita em fantasmas e aproximadamente uma em cada dez afirma ter de fato se deparado com um. Não sei se os fantasmas realmente existem, mas estou convencido de que as pessoas são capazes de se iludir, acreditando que esse é o caso. Durante muitos anos, meus colegas e eu realizamos vários experimentos inusitados sobre a psicologia das experiências espectrais.[38] A Grã-Bretanha tem uma boa dose de casas mal-assombradas e a maior parte de nosso trabalho aconteceu em alguns dos locais "assombrados" mais conhecidos do país. Fomos os primeiros pesquisadores convidados a investigar possíveis atividades fantasmagóricas em um palácio real oficial, tendo passado seis dias no esplêndido palácio Hampton Court, nos arredores de Londres. Em outra ocasião, promovemos um estudo numa série de galerias aparentemente assombradas sob as ruas históricas de Edimburgo, na Escócia.

Todos parecem ficar um pouco desapontados quando descobrem que nossas experiências são muito diferentes do tipo de estudo mostrado no filme *Os caça-fantasmas*. Preferimos não andar por aí de macacão e com aspiradores de pó pendurados nas costas. A título de informação, jamais capturamos espíritos numa armadilha para fantasmas. Entretanto, não nos propusemos a provar a existência ou inexistência de fantasmas. Em vez disso, o objetivo de todo o nosso trabalho foi compreender por que os indivíduos relatam experiências estranhas em certos pontos desses locais supostamente mal-assombrados.

A maioria dos estudos envolveu fazer pessoas comuns caminharem cuidadosamente pelo local, de maneira sistemática, descrevendo qualquer fenômeno estranho ou fora do comum que experimentassem. Então, examinando o tipo de pessoa que relatava essas experiências e os locais onde estas tendiam a ocorrer, é possível aos poucos definir a psicologia das assombrações.

Descobrimos que alguns indivíduos são muito mais sensíveis à presença de supostos fantasmas. Muitos voluntários vagam por um local "mal-assombrado" sem experimentar nada, enquanto alguns momentos mais tarde outra pessoa passa pelo mesmo local e instantaneamente sente desconforto e relata um estranho sentimento de presença. Os que experimentam fenômenos estranhos tendem a ter uma imaginação muito fértil, são excelentes para hipnose e em geral não conseguem se lembrar, por exemplo, se ao saírem de casa desligaram o ferro de passar ou apenas imaginaram fazê-lo. Aparentemente, eles são capazes de se convencer de que um espírito de fato pode estar atrás deles ou escondido num quarto escuro. Como resultado, ficam genuinamente assustados, o que faz seus corpos e cérebros produzirem muitos sinais associados ao medo, como arrepios na nuca ou uma súbita sensação de frio.

O trabalho também sugere que o contexto desempenha um papel de importância vital no processo. Isso foi ilustrado com brilhantismo em uma experiência publicada em 1997 por um de meus colaboradores, o psicólogo norte-americano Jim Houran.[39] Jim utilizou um cinema desativado que não tinha nenhuma fama de mal-assombrado e fez dois grupos de pessoas caminharem por dentro dele, contando quantos fenômenos incomuns experimentavam. Para um grupo, foi dito que o lugar estava associado a uma quantidade de fenômenos espectrais, portanto, os participantes ficaram atentos a atividades espirituais inexistentes. Ao outro grupo foi dito que o local estava sendo reformado e que eles deveriam registrar como se sentiam em cada ambiente. Os dois grupos visitaram exatamente os mesmos ambientes do cinema, mas observou-os com uma ótica completamente diferente, o que levou o grupo de "caça-fantasmas" a relatar um número significativamente maior de experiências incomuns que o outro grupo.

Portanto, isso nos diz que todas as experiências fantasmagóricas são produto de imaginações muito ativas combinadas com o contexto adequado? Não necessariamente. Outra pesquisa realizada pelo falecido Vic Tandy chegou à conclusão de que algumas experiências fantasmagóricas podem realmente ser fruto de algo de estranho no ar.[40] Vic era um engenheiro elétrico e dedicou muito tempo a pesquisar fenômenos que lhe estimulavam a curiosidade, inclusive encantamentos e fantasmas. Em 1998, ele trabalhava para uma empresa que projetava e fabricava equipamentos de manutenção das funções vitais para hospitais. A empresa contava com um pequeno laboratório que Vic compartilhava com outros cientistas, o qual tinha a fama de ser assombrado. Vários faxineiros afirmaram ter sensações estranhas no local. Vic sempre achou que isso era causado por auto-sugestão ou pelos diversos animais peludos que habitavam partes do edifício. Isso é, até ele mesmo passar por uma experiência muito estranha. Trabalhando tarde da noite, sozinho, ele começou a sentir-se progressivamente desconfortável e com frio. Em seguida, teve a clara impressão de estar sendo observado e levantou a cabeça, vendo uma figura cinza indefinida emergir lentamente pelo lado esquerdo de sua visão periférica. Os cabelos da nuca de Vic ficaram arrepiados e, como ele recorda: "Não seria absurdo dizer que eu estava aterrorizado." Por fim, ele criou coragem e virou a cabeça para olhar a figura. Ao girar a cabeça, a imagem foi-se dissipando e desapareceu.

Sendo um bom cientista, ele pensou que talvez um dos frascos de anestésico pudesse ter vazado, causando-lhe alucinações. Uma rápida vistoria mostrou que isso não havia acontecido. Perplexo e aturdido, ele foi para casa.

No dia seguinte, Vic ia participar de uma competição de esgrima e, por isso trouxe seu florete para o laboratório para uns reparos finais. Quando ele prendeu o florete em uma bancada, a lâmina começou a vibrar freneticamente. Embora alguns pudessem ser tentados a atribuir o movimento à atividade de um espírito turbulento, Vic mais uma vez procurou uma explicação racional. Dessa vez, ele a encontrou. Ao deslizar cuidadosamente a bancada pelo piso, ele pôde observar que o movimento era mais intenso no centro do laboratório, tornando-se mais fraco em cada uma das extremidades da sala. Ele concluiu que o ambiente continha ondas sonoras de baixa freqüência, fora do limite da audição humana.

Investigações posteriores confirmaram suas suspeitas. Ele viu que a origem das ondas sonoras era um ventilador instalado recentemente no sistema de exaustão. Quando o ventilador era ligado, o florete vibrava. Quando o aparelho era desligado, a lâmina ficava parada. Mas a descoberta de Vic poderia explicar o fenômeno aparentemente espectral?

Ele sabia que essas ondas, normalmente chamadas de "infra-som", embora não possam ser ouvidas, contêm uma quantidade relativamente grande de energia, sendo, portanto, capazes de produzir efeitos estranhos. Na década de 1960, a NASA queria descobrir de que forma as ondas de infra-som produzidas pelos foguetes poderiam afetar os astronautas durante o lançamento. Os testes mostraram que elas tinham potencial para fazer vibrar o peito, afetar a respiração e causar náuseas, dores de cabeça e tosse. Trabalhos adicionais demonstraram que algumas freqüências também podem fazer vibrar o globo ocular, alterando a visão. As ondas podem deslocar pequenos objetos e superfícies, provocando, inclusive, uma oscilação estranha na chama de uma vela. Ao escrever sobre sua experiência nas páginas do *Journal of the Society for Psychical Research*, Vic sugeriu que alguns edifícios podem conter ondas de infra-som (talvez causadas por ventos fortes que passam por uma janela aberta ou pelo movimento do tráfego próximo), e que os efeitos estranhos dessas ondas de baixa freqüência podem levar alguns a acreditarem que o lugar é mal-assombrado.

A idéia é plausível, porque o infra-som é muito estranho. Ele pode ser produzido naturalmente por ondas do mar, terremotos, ciclones e vulcões. A erupção do Krakatoa, em 1883, produziu ondas de infra-som que circularam o globo diversas vezes e foram registradas em instrumentos por todo o mundo. Essas ondas sonoras de baixa freqüência também podem ser subproduto das explosões nucleares – daí a rede de postos de escuta de infra-som que monitoram constantemente o meio ambiente em busca de possíveis indícios de testes nucleares.

Muitos animais são sensíveis a freqüências que não podem ser detectadas pelo ouvido humano, inclusive o ultra-som (alta freqüência) e o infra-som (baixa freqüência). Trabalhos realizados para detectar e utilizar essas vibrações extremas dentro do reino animal têm uma longa história. No início da década de 1880, o cientista vitoriano Francis Galton colocou um apito ultra-sônico na ponta de sua bengala oca e foi passear no zoológico do Regent Park, observando quais animais reagiam aos sons de alta freqüência produzidos sempre que ele pressionava um tubo de borracha instalado no alto da bengala. Após utilizar esse precursor do moderno apito para cães, Dalton relata que: "Inevitavelmente, alguma curiosidade resulta do tumulto fora do comum que minhas perambulações provocam na comunidade canina." Uma pesquisa mais recente, porém conceitualmente similar, mostrou que baleias, elefantes, lulas, galinhas d'angola e rinocerontes são sensíveis a sons de baixa freqüência, usando esses sinais para migração e comunicação a longa distância. Esse resultado, combinado com o fato de que o infra-som é um subproduto natural de alguns tremores de terra e ciclones, levou alguns pesquisadores a especular se seria possível detectar o infra-som emitido por esses desastres naturais e usá-lo como uma espécie de sistema de prevenção. Alguns concluíram que essas ondas de baixa freqüência podem explicar a mencionada fuga dos animais antes do tsunami de 2004, na Ásia.

O som de baixa freqüência também foi investigado pelos militares como uma possível base para armamentos acústicos. Informalmente, ele é chamado de "temível som marrom", porque supostamente é capaz de fazer vibrarem os intestinos, fazendo as pessoas defecarem. Embora os engenheiros de som tenham sabido dessa possibilidade durante anos, o conceito caiu no domínio público em 2000 quando um episódio do desenho animado *South Park* fez seus personagens infantis inadvertidamente transmitirem esse som pelo sistema de rádio norte-americano, fazendo o país inteiro esvaziar os intestinos simultaneamente. Em conseqüência da resultante cobertura da mídia, o programa de tevê científico norte-americano *Os caçadores de mitos* testou o conceito submetendo indivíduos a altos níveis de infra-som. Apesar de os apresentadores terem dito que sentiram náuseas, o estúdio não conseguiu produzir o famoso efeito.

No entanto, havia um problema. A maior parte do trabalho dos militares e da indústria havia utilizado níveis muito altos de infra-som, enquanto Vic sugeria que níveis muito mais baixos seriam suficientes para induzir acontecimentos estranhos e fantasmagóricos. Estava na hora de fazer uma experiência.

Uma pequena corrente de ar ou uma forma econômica de encontrar Deus

Sarah Angliss, minha amiga de longa data, estuda acústica e cria instalações sonoras para museus e outros espaços públicos. Certa noite, estávamos conversando sobre fantasmas e a hipótese de Vic para os sons de baixa freqüência. Sarah também estava interessada no infra-som e sugeriu que juntássemos esforços para fazer um experimento. Precisávamos de um evento que atraísse um grande número de pessoas e onde os presentes pudessem avaliar como se sentiam na presença ou ausência de infra-som. Sarah teve a idéia de introduzir som de baixa freqüência em alguns números musicais num concerto ao vivo para descobrir se as ondas sonoras secretas afetariam o sentimento da platéia com relação à música. Elas poderiam, por exemplo, induzir o tipo de experiência estranha geralmente associada aos fantasmas como um sentimento de presença, calafrios súbitos e arrepios na nuca?

Sarah dirigiu uma excelente equipe de engenheiros e físicos, montando um gerador de ondas de infra-som de alta tecnologia que nos permitia produzir essas ondas à vontade. Na realidade, tratava-se de um cano do tipo usado em esgotos domésticos, com 7 metros de comprimento e um alto-falante de baixa freqüência no meio. Sarah estava presente quando o sistema foi ligado pela primeira vez e observou:

> ... a tubulação começou a fazer vibrarem as luminárias, os móveis e outros objetos soltos. Como o cano fazia muito pouco ruído audível, aquela foi uma experiência estranha. Ao ver os objetos vibrarem sem uma causa aparente, é fácil imaginar como a energia infra-sônica pode ser confundida com aparições de fantasmas.[40]

Tendo formado uma equipe com Ciarán O'Keeffe, na época meu aluno de doutorado, e com os especialistas em acústica do National Physical Laboratory, Dr. Richard Lord e Dan Simmon, alugamos uma das principais salas de concertos na região de South Bank, em Londres, e promovemos dois concertos insólitos.

O plano era simples: cada concerto consistiria em várias peças de música contemporânea para piano, interpretadas pela famosa pianista russa GéNIA. Em quatro momentos durante o concerto, pediríamos aos espectadores para responderem a um questionário em que era aferida sua resposta emocional à música e registrada qualquer experiência incomum, como arrepios ou calafrios. Imediatamente antes de dois desses momentos, o auditório seria inundado com infra-som. Os dois concertos seriam idênticos, a não ser pela introdução do infra-som. Se o gerador fosse ligado durante uma peça no primeiro espetáculo, seria desligado naquela peça no segundo espetáculo. Esse procedimento compensatório nos permitiria minimizar outras fontes de efeitos emocionais, como as diferenças entre os números musicais. Também teríamos o cuidado de produzir um nível de infra-som no limiar da percepção, o que, associado ao fato de que as ondas sonoras seriam mascaradas pela música de GéNIA, nos ajudaria a garantir que a audiência nunca ficasse consciente da presença das ondas de baixa freqüência.

Produzir o concerto não foi nada fácil. As salas do South Bank não ficam longe do zoológico de Londres e inicialmente ficamos preocupados com a possibilidade de alguns dos animais serem afetados pelas ondas sonoras, recriando o "tumulto fora do comum" promovido um século antes pelos estudos sonoros de Galton. Alguns cálculos sumários revelaram que nossos amigos de quatro patas no zoológico não tinham com que se preocupar. Contudo, os mesmos cálculos também mostraram que, se não tivéssemos cuidado, os seres humanos no auditório teriam motivo de preocupação. Altos níveis de infra-som podem causar efeitos desagradáveis no corpo humano. É claro que só queríamos expor a platéia a níveis seguros. O possível problema era que, à medida que o infra-som fosse refletido pelas paredes da sala, poderia haver, no auditório, áreas nas quais as ondas se combinassem, criando um efeito anormal elevado e potencialmente perigoso. Para evitar que isso acontecesse, era importante ligar o aparelho antes do concerto e fazer com que Richard e Dan percorressem a sala, verificando os níveis de infra-som.

A equipe se reuniu na manhã dos concertos, o tubo foi instalado no fundo da sala, ligado na potência máxima, e começamos a varredura. Felizmente, os resultados revelaram que nenhum ponto do auditório seria exposto a níveis perigosamente elevados de infra-som. Aliviados, continuamos a preparar a experiência.

Eu tinha o papel de mestre-de-cerimônias do evento. Devia dar as boas-vindas, explicar o objetivo da experiência e garantir que os questionários fossem devidamente preenchidos. Ciarán havia decidido em quais números musicais incluiríamos o infra-som, portanto, sentou-se com Richard e Dan, que controlavam o aparato. Sarah era a líder da equipe e também apresentou uma palestra depois do concerto, explicando os aspectos científicos que fundamentavam o evento. GéNIA interpretava os números musicais do concerto.

Produzir esse tipo de evento ao vivo é sempre motivo de tensão. Em geral, só temos uma chance de fazer com que tudo dê certo e, se algo sair errado, é grande a probabilidade de uma considerável humilhação pública. Uma divulgação prévia garantiu que os ingressos fossem todos vendidos e GéNIA e eu aguardávamos nervosos nos bastidores enquanto os duzentos espectadores enchiam a sala para o primeiro concerto. As luzes do auditório foram gradualmente reduzidas e eu subi ao palco e dei as boas-vindas ao público para esse evento especial. GéNIA tocou cada um dos números perfeitamente, o tubo foi ligado e desligado na hora certa e a platéia desfrutou de momentos muito agradáveis. Todos preencheram o questionário no final das quatro peças musicais da experiência e nos devolveram quando saíram da sala. Eu não precisava ter ficado nervoso. O concerto inteiro transcorreu com a precisão de um relógio. Aproximadamente uma hora mais tarde repetimos todo o processo com os duzentos espectadores que vieram para o segundo concerto e então nos recolhemos para o bar mais próximo.

Na semana seguinte, meu assistente de pesquisa digitou no computador os dados dos questionários e analisou os resultados. Será que o cuidadoso planejamento e preparação de Sarah tinham rendido frutos? Será que o infra-som realmente tinha produzido algum efeito extraordinário em nossas cobaias melômanas? Em caso afirmativo, essa seria a primeira prova experimental de que Vic estava correto em julgar que algumas das supostas experiências espectrais poderiam ser causadas por ondas sonoras de baixa freqüência. O lado bom da questão é que nenhum membro da platéia experimentou o temível fenômeno do "som marrom". Melhor ainda foi que, como previmos, eles relataram um número significativamente maior de experiências estranhas durante as peças que incorporavam o infra-som. O efeito foi bastante significativo, pois em média as pessoas relataram 22 por cento mais experiências estranhas na presença do infra-som. As descrições das experiências extraordinárias foram fascinantes. Quando as ondas sonoras de baixa freqüência estavam inundando o auditório durante um número musical, um membro da platéia relatou um "tremor no pulso, uma sensação estranha no estômago", enquanto outro afirmou ter sentido "um aumento dos batimentos cardíacos, um tremor nos ouvidos, ansiedade". Em outro momento do concerto, um homem disse que "sentiu-se como se estivesse num jato antes da decolagem", ao passo que uma mulher descreveu "uma tensão pré-orgásmica no corpo e nos braços, mas não nas pernas".

Essas descobertas foram publicadas pela mídia mundial. Como resultado, a equipe foi procurada por vários parques temáticos perguntando se poderiam usar infra-som para tornar ainda mais aterrorizantes seus brinquedos mais assustadores. No entanto, esse não foi o produto mais curioso do projeto. Havíamos mostrado que algumas experiências "fantasmagóricas" podem ser causadas por infra-som. No entanto, alguns acadêmicos levaram a idéia mais além, sugerindo que as mesmas ondas de baixa freqüência também poderiam desempenhar um papel-chave na criação de experiências tidas como sagradas. Aeron Watson e David Keating, da Reading University, construíram um modelo computadorizado de uma tumba neolítica escocesa.[42] Usando o modelo, os pesquisadores deduziram que o local teria uma freqüência de ressonância infra-sônica, de tal ordem que, ao fazer soar um tambor de 30 centímetros, alguém poderia produzir poderosos sons de baixa frequência.[43] Outros consideraram que os grandes tubos dos órgãos encontrados em certas igrejas e catedrais são capazes de produzir efeitos similares.

Como parte da preparação para o concerto, a equipe visitou diversas igrejas e catedrais que possuíam órgãos tubulares especialmente grandes e descobriu que alguns de fato estavam criando níveis significativos de infra-som. Isso sugere que quem experimenta um sentimento de espiritualidade na igreja pode estar reagindo aos sons extremamente graves produzidos pelos tubos do órgão. Mais confirmação para essa idéia nos veio de um fabricante de órgãos, que nos contou informalmente que, como os sons desses tubos são inaudíveis, eles podem ser vistos ou como uma forma bastante cara de criar uma pequena corrente de ar, ou como uma maneira econômica de ajudar os fiéis a encontrar Deus.

4

A ESTRANHA CIÊNCIA DE TOMAR DECISÕES

Por que políticos incompetentes são eleitos; por que inocentes são considerados culpados; como criar a cantada e o *marketing pessoal perfeitos; como a percepção subliminar afeta o comportamento do consumidor; o* real motivo *pelo qual John* e *Susan Fish escreveram* A Student's Guide to the Seashore.

Eis a questão: imagine que você tenha decidido comprar uma nova calculadora. Você vai até a loja e o vendedor mostra vários equipamentos. Depois de muito pensar, você escolhe o modelo que custa 20 libras. Nesse momento, o vendedor fica um pouco nervoso e explica que no dia seguinte a loja vai fazer uma liquidação. Se você voltar amanhã, a calculadora custará apenas 5 libras. Você compra a calculadora na hora ou volta no dia seguinte?

Agora vamos imaginar uma situação um pouco diferente. Dessa vez, você decide comprar um computador novo. Você vai à loja e o vendedor lhe mostra várias máquinas. Depois de pensar bastante, você escolhe um equipamento que custa 999 libras. Novamente, o vendedor se mostra ansioso e explica que no dia seguinte haverá uma promoção. Se você voltar depois, o computador custará 984 libras. Você compra o equipamento na hora ou volta no dia seguinte?

Os pesquisadores que analisaram a psicologia da tomada de decisão apresentaram essas duas situações a muitas pessoas. Em ambos os casos, o potencial comprador tem a oportunidade de economizar o mesmo valor, portanto seria racional tratar as duas situações da mesma forma. As pessoas deveriam optar por comprar a calculadora e o computador imediatamente ou, se quisessem economizar 15 libras, deveriam voltar à loja no dia seguinte. No entanto, a maioria trata as duas situações de forma muito diferente. Aproximadamente 70 por cento dos consultados afirmaram que deixariam para comprar a calculadora no dia seguinte, mas comprariam o computador imediatamente.

Mesmo sem uma calculadora, é claro que a soma não fecha. Por que tantas pessoas agem de modo tão irracional? Aparentemente, elas não vêem a potencial economia em termos absolutos, mas como um percentual da quantidade de dinheiro que estão gastando. Em termos absolutos, nos dois casos a economia é de 15 libras. No entanto, esse valor representa 75 por cento do preço da calculadora e apenas 1,5 por cento do preço do computador. De um ponto de vista relativo, o primeiro caso parece ser uma oferta muito melhor que o segundo, justificando a espera.

Esse é só um exemplo da grande quantidade de pesquisa dedicada a investigar como as pessoas optam por uma solução. Esses trabalhos examinaram como os indivíduos tomam diferentes tipos de decisão, inclusive com quem se casar, que partido político apoiar, que tipo de carreira seguir, em que tipo de casa viver, que tamanho de carro comprar e se é oportuno largar tudo e mudar-se para o campo.

Vamos explorar os trabalhos insólitos envolvendo a tomada de decisão: se mensagens subliminares podem aumentar as vendas de Coca-Cola, pipoca ou bacon; se algo tão simples quanto a estatura dos candidatos pode levar os eleitores a deixarem de apoiar um partido em favor de outro; se o sobrenome influencia a escolha do local onde viver e da carreira que se vai seguir; se os filmes de Hollywood influenciam os veredictos nos tribunais pelo mundo afora; e se há uma razão para certas cantadas e alguns anúncios pessoais serem mais eficazes que outros.

Vamos começar por um mergulho profundo no estranho mundo da percepção subliminar.

Beber Coca-Cola, comer pipoca e comprar bacon

Em setembro de 1957, o mercadólogo James Vicary anunciou os resultados de uma notável experiência que provou a poderosa influência exercida pelos estímulos subliminares no comportamento de consumo.[1] Segundo Vicary, os freqüentadores de cinema de Nova Jersey haviam sido secretamente submetidos às mensagens subliminares "Beba Coca-Cola" e "Coma pipoca" enquanto viam seus filmes favoritos. Essas mensagens foram lançadas sobre a tela por meio de um projetor de alta velocidade idealizado por Vicary, tendo cada exposição durado apenas três milésimos de segundo. Embora a platéia não tivesse consciência das mensagens, as vendas de Coca-Cola e pipoca aumentaram em 18 e 58 por cento, respectivamente. A declaração de Vicary gerou uma comoção considerável no público e nos políticos. Seria realmente possível manipular os pensamentos e o comportamento dos indivíduos por meio de mensagens subliminares? Seria possível convencer as pessoas a comprar produtos que não desejavam ou a votar em políticos que não aprovavam? Poderiam essas mensagens ser transmitidas pela televisão nacional, influenciando o país inteiro?

A notícia do possível poder dos estímulos subliminares espalhou-se como um incêndio na floresta. Uma pesquisa realizada apenas nove meses depois da entrevista coletiva de Vicary revelou que mais de 40 por cento dos pesquisados tinham ouvido falar sobre o caso. A comoção resultante chamou a atenção de Melvin DeFleur, um especialista em comunicação da Indiana University. DeFleur recebeu o título de doutor graças a uma pesquisa financiada pela CIA, na qual analisou como a informação sobre alimentos e abrigo poderia ser eficientemente repassada ao público no caso de uma guerra nuclear.[2] Ele interessou-se particularmente pela eficácia de dois métodos de disseminação bastante simples: o boca a boca e o lançamento de milhares de panfletos sobre as cidades. Para evitar o pânico, DeFleur e seus colegas geralmente disfarçavam o motivo real do trabalho. Numa parte do projeto, os pesquisadores visitaram um quinto das casas de uma cidade pequena e isolada no estado de Washington, fazendo-se passar por marqueteiros da Gold Shield Coffee Company. Eles diziam ao público que a companhia havia desenvolvido um novo slogan (*"Café Gold Shield – tão bom quanto ouro"*) e que, dentro de três dias, entrevistariam todos os moradores da cidade e dariam meio quilo de café a quem conseguisse lembrar-se do slogan. Além desta tentativa de criar um alvoroço cafeinado por meio de contato pessoal, a força aérea norte-americana recebeu ordens de bombardear a cidade com 30 mil folhetos que descreviam o esquema. Três dias depois, quando chegaram, os pesquisadores descobriram que 84 por cento dos moradores podiam dizer com precisão que o café Gold Shield era tão bom quanto ouro. Em seu relatório, os pesquisadores observam que talvez esse alto percentual de disseminação não fosse realista porque o preço do café havia subido drasticamente pouco antes do início do estudo e que a motivação do público para lembrar o slogan poderia ter sido muito grande.

DeFleur ficou curioso quanto às afirmações de James Vicary sobre a percepção subliminar e formou uma equipe com o colega Robert Petranoff para investigá-las.[3] Os dois decidiram fazer um teste real apresentando mensagens ocultas em rede nacional de televisão. Eles sabiam que era preciso agir com rapidez. A National Association of Broadcasters já havia recomendado que os estímulos subliminares não fossem utilizados na mídia e era provável que logo fossem banidos. DeFleur e Petranoff realizaram duas experiências na estação de televisão WTTV Channel 4, de Indianápolis.

A primeira parte do estudo foi projetada para determinar se as mensagens ocultas poderiam afetar os hábitos de audiência dos espectadores. Como parte de sua programação noturna normal, o WTTV Channel 4 exibia um filme de duas horas de duração, seguido por um noticiário apresentado por um âncora muito conhecido, Frank Edwards. Os pesquisadores obtiveram permissão para projetar a mensagem subliminar "Veja Frank Edwards" durante as duas horas de exibição do filme, esperando persuadir mais espectadores a assistirem ao programa de Edwards.

Uma segunda etapa da experiência examinava a possibilidade de que estímulos subliminares pudessem alterar o comportamento consumidor dos indivíduos. Um atacadista de bacon de Indiana, a John Fig, Inc., permitiu que pesquisadores projetassem a mensagem subliminar "Compre bacon" durante seus comerciais de televisão e depois verificassem os efeitos sobre as vendas na região.

Durante o mês de julho de 1958, os espectadores do WTTV Channel 4 foram bombardeados com mensagens ocultas que os mandavam ver o programa de Frank Edwards e comprar bacon. Antes da experiência, uma média de 4,6 por cento do público assistia ao programa de Edwards. Depois da exposição a duas horas de mensagens subliminares contínuas, o número caiu para exatos três por cento. O efeito das mensagens subliminares sobre os hábitos de consumo foi igualmente decepcionante. Antes da experiência, a John Fig, Inc. vendia uma média de 6.143 unidades de bacon por semana para a população de Indiana. No final do estudo, o número mostrava um aumento muito modesto, alcançando 6.204 unidades por semana. Em suma, estímulos subliminares exerceram um efeito quase nulo sobre as vendas do bacon e, se afetaram a audiência de tevê, foi para persuadir um considerável número de pessoas a evitar Frank Edwards. Os efeitos do ataque subliminar foram bastante pífios.

DeFleur e Petranoff concluíram que o público poderia dormir em paz, sabendo que seus pensamentos e comportamentos não estavam sendo secretamente manipulados por estímulos subliminares.

Eles não foram os únicos a investigar a questão. Alguns meses antes, a Canadian Broadcasting Company apresentou rapidamente a frase "telefone já" mais de 350 vezes durante um programa popular das noites de domingo chamado *Close-up*, e pediu aos espectadores que escrevessem caso percebessem qualquer alteração estranha de comportamento. A CBC não observou nenhum aumento significativo no uso de telefone durante ou depois do programa. No entanto, a estação de tevê recebeu centenas de cartas dos espectadores descrevendo como haviam sentido uma necessidade inexplicável de tomar cerveja, de ir ao banheiro ou de levar o cachorro para passear. Apesar da impressionante falta de indícios de que os estímulos subliminares televisionados haviam exercido algum efeito sobre os espectadores, em junho de 1958, a National Association of Broadcasters reagiu à pressão pública e política e baniu o uso dessas mensagens nas redes de televisão norte-americanas.

Desse modo, qual a razão da discrepância entre o aumento de vendas de pipoca e Coca-Cola anunciado por James Vicary e a baixa procura por bacon relatada por DeFleur e Petranoff? O mistério foi finalmente resolvido em 1962, quando Vicary foi entrevistado pela revista *Advertising Age*. Ele explicou que sua história sobre os estímulos subliminares e o comportamento de consumo tinha vazado para a mídia muito cedo. Na verdade, ele só havia coletado a quantidade mínima de dados necessária para um pedido de patente e admitiu que a pesquisa era pequena demais para ser significativa. Todo o debate público e político baseou-se em ficção, não em fatos. Ao final da entrevista, Vicary acrescentou: "Imagino que tudo o que fiz foi colocar em uso uma nova expressão... procuro não pensar mais sobre isso." Vicary fez muito mais do que simplesmente levar o público a usar a palavra "subliminar". Seu estudo fictício virou lenda urbana e ainda é mencionado pelos que acreditam na influência das mensagens subliminares sobre os hábitos de consumo.

A falta de provas de uma ligação entre mensagens subliminares televisionadas e comportamento não pôs fim às preocupações dos políticos da atualidade quanto ao possível efeito de mensagens sutis sobre os eleitores. Durante a campanha norte-americana à presidência, em 2000, os republicanos produziram um comercial de televisão criticando a política democrata relativa a medicamentos para idosos. No comercial, várias palavras se deslocavam lentamente do fundo para a frente da tela. Quando a palavra exibida era "bureaucrats" [burocratas], uma imagem do comercial continha apenas as quatro últimas letras da palavra, "rats" [ratos]. Os democratas viram nisso uma tentativa de influenciar o eleitorado por meio da percepção subliminar e pediram à Federal Communications Commission para investigar a questão. Os republicanos explicaram a aparição da palavra "rats" como uma coincidência, e argumentaram que o comercial era sobre o sistema de saúde, e não sobre roedores.

James Vicary não foi o primeiro a afirmar que os estímulos subliminares podem exercer um efeito poderoso sobre o comportamento dos indivíduos. Livros de grande sucesso afirmam que os publicitários costumam implantar imagens sexualmente estimulantes em fotografias para aumentar as vendas. Os supostos exemplos incluem imagens de mulheres com os seios à mostra em cubos de gelo, um homem com uma ereção no maço de cigarros e a palavra "sexo" gravada várias vezes nas duas faces de um dos biscoitos mais populares do mundo. Além disso, diversas empresas comercializaram fitas de áudio com mensagens subliminares ocultas, teoricamente capazes de produzir todo tipo de efeito desejável, inclusive aumentar a auto-estima, o desempenho sexual e a inteligência. E esse não é um negócio pequeno. Estima-se que em 1990 as vendas dessas fitas tenham superado 50 milhões de dólares anuais apenas nos Estados Unidos.[4] A maioria dessas alegações não foi submetida a nenhuma forma de teste científico e os poucos estudos realizados sobre esse assunto não obtiveram qualquer resultado.[5] Em um estudo, obesos ouviam fitas subliminares projetadas para ajudá-los a reduzir o peso. Eles não perderam mais peso que um grupo de controle que não ouvia fita alguma.[6] Em outro experimento, policiais passaram vinte semanas ouvindo fitas elaboradas para melhorar-lhes a pontaria.[7] Os resultados revelaram que o grupo acabou atirando tão bem quanto os colegas que não foram estimulados por via subliminar.

Portanto, isso significa que o pensamento e o comportamento não sofrem influência de sinais pequenos e sutis? Na verdade, uma grande quantidade de pesquisa mostra que muitos aspectos do comportamento diário *são* afetados por fatores externos à nossa percepção. Esses fatores não são rápidas projeções em telas de cinema ou televisão. Em vez disso, eles estão embaixo do nosso nariz e podem exercer uma influência considerável na maneira como pensamos e agimos. E são coisas tão simples quanto nosso nome.

Dr. Carneiro, o veterinário

Em 1971, os psicólogos Barbara Buchanan e James Bruning fizeram um grupo de pessoas avaliar o quanto gostavam de mais de mil nomes.[8] Fortes estereótipos se revelaram. A maioria dos entrevistados aprovou nomes como *Michael*, *James* e *Wendy*, mas reprovou enfaticamente *Alfreda*, *Percival* e *Isidore*. Seria bom se essas reações emocionais não afetassem significativamente a vida das pessoas. Seria bom, mas não é verdade.

No final da década de 1960, os pesquisadores norte-americanos Arthur Hartman, Robert Nicolay e Jesse Hurley avaliaram se os portadores de nomes estranhos eram psicologicamente mais perturbados que seus pares de nomes normais.[9] Eles examinaram mais de 10 mil registros psiquiátricos judiciários, identificando 88 indivíduos com nomes muito incomuns, como Oder, Lethal e Vere. Em seguida, para controle, buscaram nos mesmos registros 88 pessoas cujos nomes fossem comuns e cujo gênero, idade e local de nascimento correspondessem aos dos primeiros. Os de nomes incomuns mostraram maior probabilidade de serem diagnosticados como psicóticos que os do grupo de controle. Como os pesquisadores observaram em seu artigo: "O nome de uma criança... geralmente é fato consumado quando ela começa a respirar, e a personalidade futura é obrigada a crescer embaixo dessa sombra." Esse estudo não foi o único a documentar as desvantagens de se ter um nome diferente. Pesquisas mostraram que os professores dão notas mais altas para crianças com nomes agradáveis,[10] que os estudantes universitários cujos nomes são indesejáveis mostram altos níveis de isolamento social e que as pessoas cujo sobrenome tem conotações negativas (como "Short" [Baixo], "Little" [Pequeno] ou "Bent" [Curvado]) são especialmente sujeitas a sentimentos de inferioridade.[11] O psiquiatra norte-americano Willian Murphy examinou vários casos que ilustram essa questão. Em um deles, um paciente admitiu ter usado na infância um suporte atlético para dormir, a fim de evitar que o pênis ficasse ereto. O suporte não tinha o efeito desejado, mas fez com que o pênis ficasse curvado para baixo. Infelizmente, o sobrenome do paciente era Bent, o que, somado ao fato de seu apelido ser "Dinkey"*, servia para lembrar-lhe constantemente dos problemas sexuais que tivera quando pequeno. Isso, por sua vez, o deixava ansioso a respeito do sexo, resultando numa impotência psicossocial e reforçando o sentimento de inadequação.

Em 1999, Nicholas Christenfeld, David Phillips e Laura Glynn, da Universidade da Califórnia, em San Diego, descobriram indícios de que até as iniciais de alguém podem se tornar uma questão de vida ou morte.[12] A equipe usou um dicionário eletrônico para gerar uma lista de todas as palavras de três letras do idioma inglês. Em seguida, os cientistas analisaram a lista identificando as palavras de conotação especialmente positiva (como ACE [Ás], HUG

---

*Gíria: pênis. (*N. da T.*)

[abraço] e JOY [alegria]) e de conotação muito negativa (PIG [porco], BUM [vagabundo] e DIE [morrer]). Por meio de uma base de dados informatizada de certidões de óbito da Califórnia, eles analisaram a idade com que morreram pessoas com iniciais "positivas" e "negativas". Aplicando controles para fatores como raça, ano do óbito e situação socioeconômica, os pesquisadores descobriram que os homens com iniciais positivas viveram aproximadamente quatro anos e meio a mais que a média, enquanto os de iniciais negativas morreram em torno de três anos mais cedo que a média. As mulheres com iniciais positivas viviam três anos a mais, embora não tenha havido nenhum efeito prejudicial no caso das iniciais negativas. Na discussão sobre os possíveis mecanismos causadores desses efeitos, os autores observam que as pessoas com iniciais negativas "talvez não pensem bem sobre si mesmas, e tenham de suportar ironias e outras reações negativas das pessoas ao seu redor". Essa idéia é reforçada pelo fato de que os donos de iniciais negativas mostraram especial tendência a morrer de causas de origem psicológica, como suicídios e acidentes.

Porém, nem tudo é tragédia para os donos de nomes incomuns e iniciais negativas. Para começar, outra equipe de pesquisadores questionou as descobertas do estudo de Christensen. Em um artigo intitulado "Monogrammic Determinism?" ["Determinismo Monogramático?"], Stilian Morrison e Gary Smith, do Pomona College, na Califórnia, criticam o método estatístico adotado no experimento original. Os pesquisadores, no entanto, não conseguiram reproduzir os resultados usando uma análise, segundo eles, mais sofisticada.[13]

Além disso, o psicólogo Richard Zweigenhaft, do Guilford College, na Carolina do Norte, sugeriu haver diversos benefícios associados a um nome incomum.[14] Ele observa que uma das queixas mais freqüentes dos donos de nomes comuns é o grande número de homônimos. Essa questão foi muito bem ilustrada por Samuel

Goldwyn ao saber que um amigo havia chamado seu filho de John: "Por que você o chamou de John? Qualquer 'mané' se chama John." Zweigenhaft também observa que nomes incomuns são mais fáceis de lembrar e cita diversas situações em que esportistas conhecidos desfrutam de fama em parte por causa de um nome diferente. Como observou um comentarista esportivo do *New York Post* quando falava do lançador Vida Blue, do time de beisebol Oakland Athletics: "Os Estados Unidos passaram a conhecê-lo instantaneamente. Vida Blue! O nome Vida Blue é tão fácil de falar quanto Babe Ruth, Ty Cobb e Lefty Grove."

Lançando um olhar mais empírico sobre os possíveis efeitos positivos dos nomes diferentes, Zweigenhaft selecionou aleatoriamente 2 mil pessoas da publicação *Social Register* (descrito como "o melhor guia sobre os membros da classe alta do país") e identificou os nomes mencionados apenas uma vez. Esse processo gerou uma lista de 218 pessoas. O pesquisador então criou um grupo de controle selecionando ao acaso, entre os 2 mil da amostra original, 218 pessoas cujos nomes não eram incomuns. O próximo passo foi consultar o *Who's Who* (descrito como o livro que lista "os homens e mulheres mais famosos em todas as áreas de atuação relevantes e conceituadas") para descobrir se pessoas com nomes comuns ou incomuns tendiam a se tornar célebres. Do total de 436 possibilidades (218 vezes dois), 30 figuravam no *Who's Who*. Desses, 23 faziam parte da lista de "nomes incomuns" selecionados no *Social Register* e apenas sete pertenciam ao grupo de nomes mais usuais. Ou seja, uma comprovação de que, em certas circunstâncias, um nome diferente pode ser bom para a carreira.

Os trabalhos que examinam os efeitos do nome sobre a vida dos indivíduos não se limitam a considerar nomes diferentes ou comuns. Uma pesquisa relevante do professor Brett Pelham e de seus colegas da State University of New York, em Buffalo, mostra que nossos nomes podem influenciar nossas escolhas do lugar onde viver, da carreira a seguir, da pessoa com quem se casar e até do partido político a apoiar.[15]

Ao examinar um grande número de registros do censo norte-americano, Pelham identificou números elevados de pessoas chamadas Florence na Flórida, George na Geórgia, de Kenneth no Kentucky e Virgil na Virgínia. Em outro estudo, a equipe examinou nos registros do sistema de seguro social os dados sobre óbitos de 66 milhões de norte-americanos que morreram em cidades cujo nome começava pela palavra Saint (por exemplo: St. Anne, St. Louis). Mais uma vez, a equipe encontrou um número desproporcional de Helen em St. Helen, Charles em St. Charles, Thomas em St. Thomas, e assim por diante. Uma análise mais profunda mostrou que esse efeito não é causado por moradores que dão aos filhos o nome do local de nascimento, mas por pessoas que migram para metrópoles e cidades que tenham seus nomes.

Será que esse mesmo efeito influencia a escolha de um parceiro com quem se casar? As pessoas tendem a se casar com alguém cujo sobrenome comece pela mesma letra do próprio sobrenome? Para verificar essa questão, Pelham e seus colegas examinaram mais de 15 mil registros de casamentos entre 1823 e 1965.[16] Revelou-se um padrão curioso, com um número de pessoas que compartilham a inicial do sobrenome bem maior do que o acaso. Preocupado com a possibilidade de esse efeito ser fruto de casamentos étnicos (ou seja, indivíduos que escolhem casar-se dentro do próprio grupo étnico, em que os sobrenomes começam com determinadas letras), os pesquisadores repetiram o estudo, agora focalizando a atenção nos cinco sobrenomes mais comuns nos Estados Unidos: Smith, Johnson, Williams, Jones e Brown. Mais uma vez, observou-se o efeito, com pessoas chamadas Smith casando-se com outro Smith, em vez de unirem-se a um Jones ou Williams, e com os Jones preferindo dizer “aceito” a outro Jones, e não a um Brown ou Johnson.

O trabalho de Pelham não se restringe a examinar as relações entre nomes de pessoas, onde estas preferem viver e morrer e com quem preferem se casar. Ele também analisou a influência do sobrenome na escolha de profissão. Ao estudar os registros informatizados da American Dental Association [Associação de Dentistas Americanos] e da American Bar*, os pesquisadores descobriram que há mais dentistas cujos primeiros nomes começam com as letras "Den" que com as letras "Law" (de advogado, *lawyer*, em inglês). Da mesma forma, há uma grande preponderância de advogados cujos primeiros nomes começam com as letras "Law", em vez das letras "Den". Há ainda os dados das companhias que trabalham com ferragens e com material para telhados [em inglês, *hardware* e *roofing*]. Usando as páginas amarelas do Yahoo, a equipe procurou todas as lojas de ferragem e empresas de material para telhados nas vinte maiores cidades dos Estados Unidos e verificou se o primeiro nome ou o sobrenome do proprietário começava pelas letras "H" ou "R". Os resultados revelaram que os nomes dos proprietários das empresas de ferragem tendiam a começar com a letra "H" (por exemplo, Harris Hardware), enquanto o nome dos donos de empresas de material para telhados tendiam a começar com "R" (por exemplo, Rashid's Roofing). De acordo com Pelham, o mesmo efeito se propaga para a política. Nas eleições presidenciais de 2000, pessoas com sobrenomes iniciados pela letra "B" tinham uma tendência maior a contribuir para a campanha de Bush, ao passo que os de sobrenome começado por "G" tendiam a contribuir para a campanha de Gore. Ao descrever esses resultados num artigo intitulado *Why Susie Sells Seashells by the Seashore: Implicit Egotism and Major Life Decisions* ["Por que Susie vende conchas à beira-mar: o egocentrismo implícito e as grandes decisões existenciais"], Pelham

*Associação voluntária formada por advogados e estudantes de Direito dos Estados Unidos. (*N. do E.*)

conclui que não deveríamos ficar surpresos com esses efeitos, já que eles "... consistem meramente em nos sentirmos atraídos por aquilo que nos recorda a pessoa que mais amamos".

Além de ser interessante por si mesma, a pesquisa de Pelham pode finalmente explicar um efeito que fascina os psicólogos há décadas: por que o significado do sobrenome combina com tanta freqüência com a profissão que elas escolhem?

Em 1975, Lawrence Casler, da State University of New York, em Geneseo, compilou uma lista de mais de 200 professores universitários que trabalhavam em campos associados aos seus sobrenomes.[17] A lista de Casler inclui um arqueólogo marinho chamado Bass [robalo], um terapeuta de família de nome Breedlove [breed = gerar; love = amor], um especialista em impostos chamado Due [dívida], um médico especializado em doenças ginecológicas cujo nome era Hyman [hímen] e um psicólogo educacional dedicado ao estudo da opressão exercida pelos pais cujo sobrenome era Mumpower [mum = mãe; power = poder]. No final da década de 1990, a revista *New Scientist* pediu aos leitores que enviassem casos semelhantes que conhecessem. A lista resultante incluía: as professoras de música senhorita Beat [ritmo] e senhorita Sharp [sustenido]; os membros de uma agência meteorológica britânica chamados Flood [inundação], Frost [geada], Thundercliffe [thunder = trovão; cliff = penhasco] e Weatherall [weather = condições meteorológicas; all = todos]; um terapeuta sexual chamado Lust [luxúria]; o pneumologista Peter Atchoo; o escritório de advocacia Lawless & Lynch [Lawless = sem lei; Lynch = linchar]; os detetives particulares Wyre & Tapping [wire e tap = instalar escuta]; e o diretor de hospital psiquiátrico Dr. McNutt [nut = maluco]. Meus favoritos são John e Susan Fish [peixe], autores do livro *A Student's Guide to the Seashore* [Guia do Litoral para estudantes].

O trabalho de Pelham mostra que exemplos desse tipo podem não ser apenas obra do acaso, mas indicações de que os indivíduos são atraídos inconscientemente para profissões relacionadas ao próprio nome. Como professor de psicologia chamado Wiseman [homem sábio], não estou em condições de duvidar dessa teoria.

Persuasão oculta

Recebemos nossos nomes assim que nascemos e, na maioria dos casos, nós os mantemos durante toda a vida. Contudo, alguns dos fatores que influenciam nossos pensamentos e comportamentos são muito mais sutis. Às vezes pode ser uma frase, uma obra musical curta ou uma manchete de jornal.

Não é necessário muito para mudar a forma como se pensa, sente e age. Esse conceito é bem ilustrado em dois estudos publicados recentemente em uma das revistas acadêmicas de maior prestígio no mundo, o *Journal of Personality and Social Psychology*.

No primeiro estudo, conduzido por John Bargh e seus colegas da New York University, pediu-se aos participantes que ordenassem uma série de palavras de modo a formar uma frase coerente.[18] Metade dos participantes recebeu sentenças embaralhadas que continham palavras referentes a idosos, como "homem do era a enrugada pele". A outra metade também recebeu frases misturadas, mas a palavra que se relacionava com a idade avançada foi substituída por outra, como "homem do era a lisa pele". Depois que o participante havia terminado de reorganizar cuidadosamente as frases e havia recebido os agradecimentos pela participação, o pesquisador o encaminhava ao grupo mais próximo de elevadores. O participante pensava que a experiência havia terminado. Na verdade, a parte importante ainda ia começar. Um segundo pesquisador estava sentado no corredor munido de um cronômetro. Quando o participante saía do laboratório, o segundo pesquisador registrava secretamente o tempo que o primeiro levava para percorrer o corredor e chegar aos elevadores. Os participantes que haviam trabalhado com as sentenças relacionadas com a idade avançada levavam um tempo significativamente maior que o dos que haviam trabalhado com as outras sentenças. Apenas alguns minutos dedicados a pensar em palavras como "enrugado", "grisalho", "bingo" e "Flórida" alteraram completamente o comportamento das pessoas. Sem que elas percebessem, aquelas poucas palavras haviam "adicionado" anos à vida delas, fazendo-as caminhar como pessoas idosas.

Um estudo similar, conduzido por Ap Dijksterhuis e Ad van Knippenberg, da University of Nijmagen, na Holanda, pedia aos participantes para passarem cinco minutos rabiscando alguma sentenças sobre o comportamento, o estilo de vida e a aparência de um típico *hooligan*, enquanto outros escreviam sobre um típico professor universitário.[19] Então pedia-se a todos que respondessem a quarenta perguntas do jogo sobre conhecimentos gerais Trivial Pursuit, como "Qual é a capital de Bangladesh?", "Que país sediou a copa do mundo de futebol em 1990?", e assim por diante. Aqueles que passaram apenas cinco minutos pensando sobre um típico *hooligan* conseguiram responder corretamente a 46 por cento das perguntas, enquanto os que geraram frases relacionadas com um professor universitário acertaram 60 por cento das perguntas. Sem que as pessoas tivessem consciência disso, sua capacidade de responder as perguntas corretamente foi expressivamente alterada pelo simples fato de pensarem nos estereótipos de um *hooligan* e um professor universitário.

Tudo isso funciona muito bem dentro do ambiente relativamente artificial de um laboratório, mas os mesmos efeitos influenciam o comportamento das pessoas no mundo real?

Os cidadãos norte-americanos deixam aproximadamente 26 bilhões de dólares por ano em gorjetas em restaurantes. Podemos pensar que o valor da gorjeta vai depender da qualidade da comida, da bebida ou do serviço, mas estudos secretos realizados em bares e restaurantes em todo o mundo revelaram os fatores ocultos que realmente determinam nosso comportamento ao dar gorjetas. O estado de espírito desempenha um papel importante no processo. Pessoas felizes dão gorjetas maiores. Em um experimento, pediu-se ao pessoal de um bar francês para entregar aos clientes, juntamente com a conta, um cartãozinho.[20] Metade dos cartões continha a propaganda de uma boate local, enquanto a outra metade continha a seguinte piada:

> Um esquimó estava há muito tempo em frente a um cinema, esperando a namorada, e a temperatura estava cada vez mais baixa. Depois de um tempo, tremendo de frio e furioso, ele abriu o casaco, puxou um termômetro e disse em voz alta: "Se ela não chegar dentro de 15 graus, eu vou embora!"

Os que receberam a piada riram mais e, o que é mais importante, deram gorjetas maiores. Pesquisadores já repetiram inúmeras vezes os estudos sobre a relação entre felicidade e valor da gorjeta. Os garçons conseguem gorjetas maiores quando desenham carinhas felizes ou escrevem "obrigado" na conta, ou dão um grande sorriso para os clientes.[21] As gorjetas são maiores quando o sol está brilhando ou até mesmo quando os garçons dizem aos clientes que o sol está brilhando.[22] Outros estudos mostraram que as gorjetas aumentam expressivamente quando os garçons se apresentam pelo primeiro nome ou chamam os clientes dessa forma.[23]

E ainda há o poder do contato físico. Ao descrever seu trabalho num artigo intitulado *The Midas Touch: The Effects of Interpersonal Touch on Restaurant Tipping* [O toque de Midas: os efeitos do contato físico interpessoal sobre as gorjetas em restaurantes], April Crusco explica como treinou duas garçonetes para tocarem a palma da mão ou o ombro dos clientes durante exatamente um segundo e meio, quando entregavam a conta.[24] Os dois tipos de toque produziam mais gorjetas que a abordagem de distanciamento adotada na condição de controle. O toque na palma da mão surtiu resultados um pouco melhores que o tapinha no ombro.

Deixar quantias relativamente pequenas para o garçom ou o *barman* é uma coisa, mas poderão esses efeitos sutis persuadir os indivíduos a abrirem mão de quantias maiores?

Na década de 1990, os pesquisadores Charles Areni e David Kim, da Texas Tech University, pesquisaram sistematicamente essa questão variando a música tocada numa adega no centro da cidade.[25] A metade dos clientes foi exposta a peças clássicas de Mozart, Mendelssohn e Chopin, enquanto a outra metade ouvia música popular como Fleetwood Mac, Robert Plant e Rush. Fazendo-se passar por empregados da loja encarregados do inventário do estoque, os pesquisadores podiam observar o comportamento dos clientes: o número de garrafas que retiravam das prateleiras, se liam os rótulos e o mais importante, quantas garrafas de vinho compravam. Os resultados foram impressionantes. A música não tinha efeito sobre o tempo que os clientes passavam na adega, quantas garrafas examinavam ou até mesmo quantos artigos compravam. Em vez disso, ela surtia um efeito expressivo sobre um único aspecto do comportamento deles: o preço do vinho comprado. Quando a música clássica estava sendo tocada, os clientes compravam garrafas de vinho em média mais de três vezes mais caras que as compradas quando era tocada música popular. Os pesquisadores acreditam que ouvir música clássica inconscientemente levava os clientes a se sentirem mais sofisticados, o que, por sua vez, os induzia a comprar vinhos significativamente mais caros.

Existem até indícios que levam à conclusão de que o mesmo tipo de estímulo sutil influencia questões de vida ou morte.

Uma análise de mais de 1.400 músicas do gênero country, realizada pelo sociólogo e professor Rogers (o Jimmie, não o Kenny), revelou que as letras se referem com freqüência a experiências de vida negativas, entre elas amor não-correspondido, alcoolismo, problemas financeiros, falta de esperança, fatalismo, amargura e pobreza.[26] Em meados da década de 1990, Steven Stack, da Wayne State University, e Jim Gundlach, da Auburn University, procuraram investigar se a exposição contínua a assuntos deprimentes poderia aumentar a probabilidade de os indivíduos cometerem suicídio.[27] Para isso, os pesquisadores analisaram o índice de suicídios e a quantidade de música country tocada no sistema nacional de rádio, em 49 áreas dos Estados Unidos. Depois de aplicar controles para diversos outros fatores como pobreza, divórcio e posse de armas, eles descobriram que, quanto mais músicas desse gênero eram transmitidas pelo rádio, mais alto era o índice de suicídios.

Os resultados podem parecer exagerados e foram questionados por muitos pesquisadores.[28] No entanto, a premissa básica é amparada por uma série de outros trabalhos que indicam o papel da mídia de massa em determinar que as pessoas decidam dar fim à própria vida. O estudo do "efeito Werther" é um excelente exemplo.

Em 1774, Johann von Goethe publicou um romance intitulado *Os sofrimentos do jovem Werther.* No livro, um jovem de nome Werther se apaixona por uma mulher já comprometida. Não querendo viver sem ela, Werther decide se matar com um tiro. O livro foi um sucesso extraordinário. Na verdade, em muitos aspectos ele foi bem-sucedido demais, tendo inspirado uma série de suicídios por imitação, o que fez com que fosse banido em vários países da Europa. Em 1974, o sociólogo David Phillips, da Universidade da Califórnia, em San Diego, decidiu investigar se os relatos de suicídios pela mídia poderiam criar um efeito Werther em nossos dias.[29] Em um estudo inicial que examinou as estatísticas de suicídio nos Estados Unidos entre 1947 e 1968, ele descobriu que uma história de suicídio publicada na primeira página era associada, em média, a quase sessenta suicídios adicionais. Além disso, o tipo de suicídio refletia o método descrito pela mídia e o nível de publicidade estava diretamente relacionado com o número de mortes subseqüentes. Em média, o número de suicídios aumentava em torno de 30 por cento nas duas semanas seguintes à notícia, e o efeito era especialmente maior depois da morte de uma celebridade. Phillips calculou, por exemplo, que a morte de Marilyn Monroe, em agosto de 1962, aumentou em 12 por cento o índice nacional de suicídios. Desde esse trabalho inovador de Philips, foram escritos mais de quarenta artigos científicos sobre o tema, o que levou diversos países a produzirem orientações para a mídia, pedindo aos repórteres que não dessem uma cobertura sensacionalista aos suicídios e não descrevessem os métodos utilizados para dar fim à vida.[30]

Outra parte do trabalho de Phillips pesquisou a relação entre as lutas de boxe na televisão e o número de assassinatos. Ele analisou cuidadosamente os índices de assassinatos diários nos Estados Unidos e mostrou que eles tendem a aumentar na semana subseqüente à transmissão televisiva de uma importante disputa entre pesos-pesados. Não somente há uma relação direta entre a quantidade de publicidade recebida pela luta e o número de assassinatos, mas também entre o perfil racial dos lutadores e das vítimas de assassinato. Phillips descobriu que, se um boxeador branco perde uma luta, há um aumento no número de assassinatos de brancos, mas não no de pessoas negras. Da mesma forma, se um boxeador negro perde, há um aumento no número de assassinatos de negros, mas não no de brancos.

Tudo isso leva a uma única conclusão: a forma como pensamos e nos sentimos é freqüentemente influenciada por fatores externos à nossa consciência. Nosso nome influencia a auto-estima e a escolha de carreira. A mera leitura de uma frase pode influenciar a idade que sentimos ter ou a capacidade de lembrar conhecimentos gerais. Um sorriso ou um toque sutil podem influenciar a gorjeta que deixamos nos restaurantes ou nos bares. A música tocada nas lojas se infiltra em nossas mente inconsciente e influencia a quantia que gastamos. Mas será que os mesmos fatores estranhos de persuasão podem influenciar a maneira como vemos os outros? Poderão esses fatores determinar em que políticos votaremos e como decidiremos se nossos concidadãos são culpados ou inocentes?

Ficando por cima nas eleições

Há milhares de anos era evolutivamente vantajoso andar na companhia de pessoas mais altas porque a estatura física trazia todo tipo de benefício quando se tratava de colher alimentos e derrotar inimigos. Embora a altura corporal já não ofereça vantagens físicas, nosso cérebro primata continua preso ao passado evolutivo e ainda associa pessoas altas ao sucesso: uma percepção errônea, mas convincente, que se revela de várias maneiras.

Os psicólogos Leslie Martel e Henry Biller pediram a estudantes universitários que atribuíssem notas a diferentes atributos psicológicos e físicos de homens de diversas estaturas.[31] Ao descreverem os resultados no livro *Stature and Stigma*, eles relatam como homens e mulheres consideraram menos positivos, seguros, másculos, bem-sucedidos e competentes os homens com menos de 1,50 metro. Até mesmo nossa linguagem reflete o valor da altura corporal. Os indivíduos mais valorizados são "grandes homens", vistos como "superiores". Quando temos pouco dinheiro, estamos com a grana "curta".

Mesmo no mundo do romance e dos relacionamentos, o tamanho é documento. O professor Dunbar, um psicólogo evolucionista da Liverpool University, e seus colegas analisaram dados sobre mais de 4 mil homens poloneses saudáveis que fizeram exames médicos de rotina entre 1983 e 1989.[32] Os cientistas descobriram que os homens sem filhos mediam aproximadamente 3 centímetros a menos que os homens que tinham pelo menos um filho. As únicas exceções a esse padrão eram os poloneses nascidos na década de 1930. Dunbar acredita que isso decorre do fato de eles terem entrado no mercado de casamentos imediatamente após a Segunda Guerra Mundial, quando homens solteiros eram raros e as mulheres tinham escolha limitada.

Essa associação entre o sucesso no casamento e a estatura parece universal. Na década de 1960, o antropólogo Thomas Gregor, da America's Vanderbilt University, viveu numa floresta tropical da região central do Brasil com um povo indígena conhecido como Mehinaku.[33] Mesmo ali, a estatura fazia diferença. Entre os Mehinaku, os homens altos são considerados atraentes e respeitosamente chamados de "wekepei". Os baixinhos são chamados pelo termo escarnecedor "peritsi", que rima com *itsi*, a palavra que designa o pênis. Os wekepei têm muito mais probabilidade de serem associados a riqueza, poder, participação nos rituais e oportunidades reprodutivas que os peritsi. Gregor descobriu que, quanto mais alto fosse o homem, mais acesso teria a parceiras: os três homens mais altos haviam tido tantos casos amorosos quanto os sete mais baixos.

A estatura também é importante no que diz respeito à carreira? Parece que sim. Nos anos 1940, os psicólogos descobriram que os vendedores mais altos alcançavam mais sucesso que os colegas mais baixos. Uma pesquisa em 1980 revelou que mais da metade dos executivos das 500 maiores empresas norte-americanas na *Fortune* mediam pelo menos 1,80 metro. Uma pesquisa mais recente, do *Journal of Applied Psychology*, mostra que, quando se trata de estatura no local de trabalho, cada centímetro conta.[34] O professor Timothy Judge, titular da área de Negócios da University of Florida, em Gainesville, e seu colega Daniel Cable analisaram os dados de quatro grandes estudos que acompanharam a vida de um grupo de pessoas, monitorando cuidadosamente personalidade, estatura, inteligência e renda. Focando na relação entre estatura e renda, Judge descobriu que cada 2,5 centímetros* acima da média acrescentam 789 dólares à renda anual. Portanto, alguém que meça 1,80 metro ganha por ano 4.734 dólares a mais que um colega de mesma capacidade e 1,62 metro de altura. Esse valor, ao longo de uma carreira de 30 anos, dá a uma pessoa alta uma vantagem de centenas de milhares de dólares de renda em relação aos colegas mais baixos.

Os políticos também foram objeto de estudo. Dos 43 presidentes norte-americanos, apenas cinco eram mais baixos que a estatura média e já faz mais de cem anos que o país elegeu um presidente mais baixo que a média (William McKinley, de 1,67 metro, que assumiu a presidência em 1896 e era chamado de "garotinho" pela imprensa). A maioria dos presidentes media vários centímetros acima da média. Ronald Reagan tinha 1,82 metro e tanto George Bush, pai, quanto Bill Clinton medem 1,85 metro. Também há indícios de que alguns candidatos reconhecem a importância da estatura para os eleitores e cuidam de fazer o máximo uso de qualquer vantagem. No debate presidencial de 1988, George Bush, pai, recebeu Michael Dukakis com um aperto de mão exageradamente longo – um comportamento aparentemente orquestrado pelo coordenador da campanha para explorar ao máximo o fato de Bush ser mais alto.

A relação psicológica entre prestígio e estatura funciona nas duas direções. Não somente pensamos que as pessoas mais altas são mais competentes, mas também que as pessoas competentes são altas. Isso explica por que muitos se surpreendem quando descobrem que algumas estrelas de Hollywood são mais baixas que a média. Dustin Hoffman, por exemplo, mede apenas 1,62 metro, e

*No estudo original, as alturas corporais foram medidas em polegadas. (*N. da T.*)

Madonna tem 1,60 metro. O website www.celebheights.com (cujo subtítulo é: "Na terra dos pigmeus de Hollywood, o anão com sapatos de plataforma é rei") dedica-se a descobrir a verdadeira altura das celebridades, mandando com freqüência pessoas de estatura conhecida fazerem uma fotografia ao lado da celebridade para determinar-lhe a altura com exatidão. No livro *The Height of Your Life* [A altura de sua vida], o escritor Ralph Keyes conjectura sobre o fato de tantos atores serem baixos. Ele considerou que algumas pessoas mais baixas têm a necessidade de mostrar que são fortes e de superar sua desvantagem formando personalidades enérgicas.

Essa relação leva a um fenômeno interessante: a percepção que se tem da altura física de uma pessoa pode mudar segundo sua condição social aparente. O primeiro experimento cientificamente controlado sobre esse curioso fenômeno foi realizado pelo psicólogo Paul Wilson, da University of Queensland.[35] Wilson apresentou um colega a grupos diferentes de estudantes, pedindo-lhes que estimassem a altura do professor. Sem que cada grupo soubesse, Wilson mudava a apresentação do acadêmico. Numa ocasião ele disse à turma que o professor era um estudante, da vez seguinte disse que era um palestrante, depois o apresentou como professor adjunto e finalmente como professor titular. A percepção que os alunos tiveram da altura do professor variou segundo seu aparente status. Quando apresentado como estudante, ele teve uma altura estimada em 1,70 metro. Contudo, simplesmente dizer que ele era um palestrante acrescentou 2,5 centímetros à sua altura. Promovê-lo a professor-adjunto fez com que ele ganhasse mais 2,5 centímetros aos olhos dos estudantes, ao passo que sua rápida promoção a professor titular o levou para aproximadamente 1,80 metro.

Em 1960, Harold Kassarjian, da University of California, perguntou a 3 mil eleitores se nas eleições seguintes iam votar em Kennedy ou em Nixon e qual dos dois candidatos eles achavam que era mais alto.[36] Na realidade, Kennedy era 2 centímetros mais alto que Nixon. Contudo, não era assim que os eleitores os viam. Quarenta e dois por cento dos eleitores de Nixon afirmaram que este era o mais alto dos candidatos, o que foi dito por apenas 23 por cento dos eleitores de Kennedy.

Outra pesquisa, conduzida no início dos anos 1990 por Philip Higham e William Carment na McMaster University, no Canadá, levou a questão mais além.[37] Os pesquisadores pediram aos eleitores que estimassem antes e depois de uma eleição geral a altura dos líderes dos três principais partidos políticos canadenses (Brian Mulroney, John Turner e Ed Broadbent). Mulroney ganhou a eleição, o que lhe acrescentou 1,5 centímetro na pesquisa de estatura. Depois de perder a eleição, Turner e Broadbent encolheram respectivamente 1,5 centímetro e 3,5 centímetros.

Eu queria saber se seria possível usar esse efeito para medir o status aparente dos políticos antes de uma eleição. Em 2001 trabalhei com Roger Highfield, editor de ciência do jornal *Daily Telegraph*, para fazer uma pesquisa de opinião política inusitada.[38] Pedimos a uma representativa amostra de mil entrevistados para estimarem a estatura dos líderes dos dois principais partidos políticos da Grã-Bretanha. De acordo com informações de seus partidos, os líderes trabalhista e conservador da época, Tony Blair e William Hague, medem ambos 1,80 metro. Mas não foi dessa maneira que o eleitorado os viu.

Em consonância com as descobertas de Harold Kassarjian nos anos 1960, encontramos diferenças quando os pesquisados estimavam a estatura do líder que eles apoiavam e daquele a quem se opunham. Um número muito maior de trabalhistas que de conservadores achou que Blair media mais que 1,72 metro. Da mesma forma, mais conservadores que trabalhistas pensavam que Hague também media mais que 1,72 metro. Para resumir, os eleitores achavam que o próprio candidato era mais alto que o da oposição. No entanto, o que nossa pesquisa de estatura previa sobre os resultados da eleição a se realizar? Enquanto apenas 35 por cento dos eleitores pensavam que Blair fosse menor que a média masculina de 1,72 metro, a quantidade expressiva de 64 por cento dos eleitores pensava o mesmo de William Hague. Portanto, os eleitores achavam que Blair era relativamente alto e que Hague era mesmo um baixinho.

E o resultado da eleição de 2001?

Uma vitória esmagadora do Partido Trabalhista de Tony Blair.

Se o rosto serve...

Porém, a estatura não é o único fator estranho a exercer uma influência significativa na maneira como vemos os outros.

Já fomos muito mais cabeludos do que somos agora. Assim como os macacos, tínhamos o rosto e o corpo cobertos de pêlos, mas com o decorrer de dezenas de milhares de anos perdemos a pelugem. O motivo disso é objeto de muito debate. Alguns pesquisadores acreditam que isso aconteceu porque houve uma diminuição da necessidade de pêlos para manter a temperatura quando deixamos as florestas sombreadas e nos mudamos para as tépidas savanas. Outros propuseram que menos pêlos faciais e corporais estão associados a uma menor incidência de percevejos e parasitas portadores de doenças. De qualquer forma, alguns homens preferem recuar no tempo evolutivo, exibindo diversos tipos de pêlo facial. Ao fazê-lo, eles estão inconscientemente alterando a forma como são percebidos pelos outros.

Em 1973, o psicólogo Robert Pellegrini estudou os efeitos do pêlo facial sobre a percepção da personalidade.[39] Ele conseguiu encontrar oito jovens barbudos que aceitaram fazer a barba em nome da ciência. Pellegrini fotografou cada um antes que o barbeiro experimental pudesse pôr as mãos neles. Em seguida, todos foram fotografados quando ainda tinham um cavanhaque e um bigode, mais uma vez apenas com o bigode e finalmente com o rosto barbeado. Então pediu-se a grupos de pessoas selecionadas ao acaso para avaliar a personalidade dos homens nas fotografias. Houve uma correlação positiva entre a quantidade de barba e adjetivos como masculino, maduro, dominante, autoconfiante e corajoso. Pellegrini observou que: "... é bem possível que dentro de cada homem barbeado haja uma barba implorando para ser libertada. Nesse caso, os resultados do presente estudo fornecem um argumento muito forte em favor dessa solicitação".

O trabalho de Pellegrini, apesar de perspicaz, não se preocupou com uma característica importante: a honestidade. Se tivesse feito isso, as conclusões sobre as barbas poderiam não ser tão positivas. Pesquisas recentes mostram que mais de 50 por cento do público ocidental acredita que homens com o rosto barbeado são mais honestos do que os com pêlos faciais. Aparentemente, as barbas evocam imagens de intenções diabólicas, dissimulação e falta de higiene. Embora não exista qualquer relação entre honestidade e pêlo facial, o estereótipo tem força bastante para afetar o mundo, talvez explicando por que todos os membros da lista dos cem homens mais ricos da revista *Forbes* têm o rosto barbeado e por que desde 1910 nenhum candidato eleito para a presidência dos Estados Unidos exibiu barba ou bigode.

Os estudos sobre barbas são apenas um aspecto mínimo de uma grande quantidade de pesquisas de psicólogos acerca do efeito da aparência facial sobre a percepção da personalidade e das habilidades.

De acordo com uma pesquisa publicada recentemente por Alexander Todorov e seus colegas da Universidade de Princeton, na política a aparência facial é de importância vital.[40] Todorov apresentou a estudantes fotografias em preto-e-branco do rosto dos candidatos eleitos e dos segundos colocados nas eleições para o senado dos Estados Unidos em 2000, 2002 e 2004. Para cada par de fotografias, o pesquisador pediu aos estudantes que escolhessem o indivíduo que parecesse mais competente. Embora os estudantes só olhassem o par de fotografias durante um segundo, a escolha de quem parecia mais competente previu os resultados reais das eleições em aproximadamente 70 por cento das vezes. Não apenas isso, mas o grau de discordância entre os estudantes também previu a margem de vitória. Quando todos concordaram sobre qual dos candidatos parecia mais competente, o escolhido teve uma vitória esmagadora nas urnas. Quando a concordância entre os estudantes foi menor, o resultado da eleição não foi tão claramente definido.

Se os estereótipos faciais podem influenciar a vitória ou derrota nas urnas, há outras situações em que a aparência faz diferença? Será que esses mesmos estereótipos podem influenciar a maneira como se determina a culpabilidade dos réus num tribunal?

Então pergunto ao júri... esse é o rosto de um assassino?

No Capítulo 2 descrevi de que maneira, com a ajuda de Sir Robin Day, minha primeira experiência psicológica envolvendo meios de comunicação de massa explorou a psicologia da mentira. Três anos depois, voltei ao mesmo estúdio para realizar um segundo estudo. Dessa vez o experimento era maior e muito mais complicado: queríamos descobrir se a justiça é realmente cega.

A idéia para o estudo me ocorreu quando vi um cartum da série *Far Side*, de Gary Larson. A charge mostra um tribunal em que o advogado se dirige ao júri. Apontando para o cliente, o advogado diz: “Então pergunto ao júri... esse é o rosto de um assassino?”

No banco dos réus está um homem de terno e gravata, porém, no lugar da cabeça, ele tem a clássica carinha do *smiley*, com dois pontos pretos no lugar dos olhos e um semicírculo como sorriso. Como acontece com todas as boas piadas, a charge de Larson me fez rir e, depois, pensar.

As decisões dos júris são sérias, portanto, é importante que sejam tão racionais quanto possível. Pensei que seria interessante colocar à prova essa suposta racionalidade. Durante uma edição ao vivo do maior programa científico da BBC, o *Tomorrow's World*, pedimos ao público para assumir o papel de membro do júri. Foi exibida a encenação de um julgamento e pediu-se ao público para decidir se o réu era culpado ou inocente, comunicando a decisão por telefone.

Sem que o público soubesse, dividimos o país em dois grandes grupos. Descobrimos que a BBC envia sua imagem para todo o país por meio de 13 transmissores independentes. Em geral, todos eles transmitem o mesmo sinal, de modo que o país inteiro vê o mesmo programa. Para a experiência, porém, obtivemos uma permissão especial para transmitir sinais diferentes, dividindo a Grã-Bretanha ao meio e exibindo programas distintos para cada metade do país.

Todo mundo viu exatamente as mesmas provas de um crime no qual o réu supostamente invadiu uma casa e roubou um computador. Contudo, parte do público viu um réu cujo rosto apresentava as características do estereótipo de um criminoso: o nariz era quebrado e os olhos muito juntos. A outra metade viu um réu cujo rosto correspondia ao estereótipo do inocente: uma fisionomia de criança e olhos muito azuis. Para garantir que o experimento fosse tão controlado quanto possível, ambos os réus usavam ternos idênticos, estavam de pé na mesma posição e tinham no rosto a mesma expressão neutra.

Elaboramos cuidadosamente o roteiro do discurso do juiz, descrevendo como o réu fora acusado de roubo. As provas apresentadas não permitiam uma decisão clara de "culpado" ou "inocente". Por exemplo, a mulher do réu declarava que ele estava num bar na hora do crime, mas outra testemunha vira o acusado sair 30 minutos antes do roubo. Uma pegada na cena do crime combinava com o sapato do réu, mas tratava-se de um tipo de calçado bastante comum, usado por muitas pessoas.

Depois da transmissão, aguardamos ansiosamente ao lado do telefone, para ver quantas ligações receberíamos. Obviamente, o experimento caiu no gosto do público. Na experiência sobre a mentira, recebemos 30 mil telefonemas. Dessa vez, mais que o dobro de espectadores telefonaram. Um público justo e racional teria se concentrado apenas nas provas para decidir sobre a culpa ou inocência, mas a tendência inconsciente para sucumbir à atração da aparência se mostrou forte demais. O veredicto de aproximadamente 40 por cento dos espectadores condenou o homem que se encaixava no estereótipo de criminoso. Apenas 29 por cento consideraram culpado o rosto infantil de olhos azuis. O público ignorou a complexidade das provas e baseou a decisão na aparência dos réus.

Seria bom se pudéssemos pensar que esse resultado se limita ao ambiente relativamente artificial de um estúdio de televisão. No entanto, este não é o caso. O psicólogo John Stewart, do Mercyhurst College, no Arizona, passou horas em salas de tribunal avaliando a aparência de réus de verdade.[41] Ele descobriu que os homens de boa aparência recebiam sentenças significativamente mais leves que as dos homens igualmente culpados, porém menos atraentes.

Em seu livro *Influence*, o psicólogo Robert Cialdini estabelece uma ligação fascinante entre seu trabalho e uma experiência altamente insólita que explora o uso de cirurgia plástica nas prisões.[42] No final da década de 1960, um grupo de prisioneiros de um presídio da cidade de Nova York foi submetido a uma cirurgia plástica para corrigir diversos tipos de deformações. Os pesquisadores descobriram que a probabilidade de reincidência desses prisioneiros era significativamente menor que a de um grupo de controle composto por prisioneiros com desfiguração facial que não passaram por cirurgia. O grau de reabilitação, com atividades de formação e treinamento, não fez diferença. Pelo contrário, a aparência parecia ser o mais importante. Esse resultado fez alguns responsáveis pelas políticas sociais argumentarem que os estereótipos da sociedade estavam levando indivíduos de volta para o crime e que uma alteração em sua aparência seria um meio eficaz de prevenir a reincidência. Isso pode fazer sentido. No entanto, Cialdini usou os dados obtidos por James Stewart para propor outra interpretação dos resultados. É possível que a cirurgia corretiva tenha pouco efeito sobre a reincidência, fazendo simplesmente com que esses sujeitos tenham menos probabilidade de ser enviados para a prisão.

A influência oculta de Hollywood

As pesquisas mostram que associamos aparência à simpatia. Quando vemos um rosto atraente, inconscientemente o associamos a características como bondade, honestidade e inteligência. Pessoas bonitas têm mais probabilidade de conseguir emprego do que os concorrentes feios. Da mesma forma, elas obtêm salários mais altos que os dos colegas igualmente competentes.

Mas de onde vêm esses efeitos irracionais e por que eles persistem? Alguns pesquisadores atribuem a culpa a Hollywood. Stephen Smith e seus colegas, do North Georgia College, decidiram descobrir se isso era verdade. No primeiro de dois experimentos altamente reveladores, os pesquisadores reuniram vinte dos filmes de maior bilheteria em cada década entre 1940 e 1989.[43] Então eles pediram a um grupo de voluntários para ver os filmes e atribuir notas a todos os personagens identificados pelo nome, pontuando vários fatores: se os personagens eram atraentes, honestos, inteligentes, amigáveis e se haviam sido felizes para sempre. Depois de passar por *A felicidade não se compra*, *A volta ao mundo em 80 dias* (versão de 1956), *O último tango em Paris* e até *Os fantasmas se divertem*, os participantes avaliaram 833 personagens. Os pesquisadores descobriram que os personagens fisicamente atraentes eram considerados mais ativos romanticamente, de boa moral, inteligentes e muito mais capazes de serem felizes para sempre.

Embora interessante, esse resultado não prova que essas representações realmente causam um pensamento estereotipado. Para investigar a questão, os pesquisadores realizaram um segundo estudo. Escolheram alguns filmes que mostravam ou deixavam de mostrar pessoas atraentes de forma estereotipada. Por exemplo, o filme *Ídolo, amante e herói* conta a história verídica do famoso jogador de beisebol, Lou Gehrig. O bonitão Gary Cooper interpreta Gehrig, mostrando o sucesso do jogador no esporte e como, no auge de sua vida, ele começou a ter sérios problemas de saúde, mas lidou com a doença com incrível dignidade. No extremo oposto do espectro, vinham filmes como *Subindo por onde se desce*, no qual uma jovem e intrépida professora tenta mudar a realidade de uma conturbada escola pública freqüentada por alunos de baixa renda. Sandy Dennis, a protagonista do filme, era uma atriz muito popular. No entanto, diferente de estrelas como Gary Cooper, ela não tinha a aparência de um clássico ídolo de Hollywood e costumava pronunciar suas falas de modo hesitante.

Pediu-se aos grupos para verem um dos filmes, atribuindo notas a vários aspectos. Então perguntou-se aos participantes se eles poderiam colaborar com um segundo estudo. Foi-lhes dito que uma universidade próxima queria que as qualificações de diversos estudantes fossem avaliadas. Cada membro do grupo recebeu uma pasta com o currículo e uma fotografia. Na realidade, todos os currículos eram idênticos, mas eram acompanhados por uma de duas fotografias. A primeira mostrava uma pessoa atraente e a segunda, uma pessoa sem beleza. Os participantes que haviam acabado de ver um filme como *Ídolo, amante e herói* atribuíam notas especialmente elevadas ao candidato atraente e especialmente baixas ao outro candidato. Esse efeito desapareceu quando os pesquisadores examinaram os dados dos participantes que tinham visto um filme como *Subindo por onde se desce*. Com uma única apresentação de um filme, a percepção das pessoas mudava significativamente. Embora elas não estivessem conscientes disso, os estereótipos mostrados no filme penetraram seu cérebro, afetando sua forma de ver os outros. O experimento envolveu apenas um filme. Não é difícil imaginar os efeitos de uma vida inteira vendo milhares de programas de televisão, peças publicitárias e filmes igualmente preconceituosos.

Se você fosse um recheio de pizza, qual seria?

O fato de saber que seus pensamentos, sentimentos e comportamentos são influenciados por fatores sutis lhe permite fazer um bom uso dessa informação.

Neste exato momento, milhões de solteiros em todo mundo estão desesperados para encontrar o parceiro ideal (ou, em muitos casos, qualquer parceiro). A boa notícia é que a ajuda está a caminho. Durante vários anos, pesquisadores vêm investigando como o conhecimento da psicologia da atração pode ajudar os candidatos a Casanova a causar boa impressão. Como tantas outras aplicações estranhas da ciência descritas aqui, esses trabalhos não eram realizados no laboratório. Na verdade, eles ocorriam no "mundo real", como por exemplo, durante as sessões de encontros-relâmpago, por meio de anúncios pessoais, ou, como em nosso ponto de partida, bem acima do rio Capilano, na Colúmbia britânica.

Em 1974, os professores de psicologia Donald Dutton e Arthur Aron conduziram um estudo inusitado nas duas pontes sobre o rio Capilano, na Colúmbia Britânica.[44] A primeira era uma ponte suspensa, de 60 metros de altura, destinada ao uso de pedestres sobre as pedras do rio, ao passo que a outra era muito mais baixa e sólida. Homens jovens que atravessavam cada uma dessas pontes eram interpelados por uma entrevistadora que declarava estar fazendo uma pesquisa de mercado. A mulher pedia ao homem para responder um questionário simples e oferecia o número do próprio telefone caso ele quisesse saber mais sobre a pesquisa. Como os cientistas previram, a oferta do número de telefone não só foi aceita por um número significativamente maior de homens na ponte alta, em comparação com os da ponte baixa; como também uma proporção muito maior desse grupo telefonou posteriormente para a pesquisadora.

Por que a altura da ponte sobre o rio Capilano teria alguma relação com o fato de alguém aceitar o número de telefone de uma mulher e depois telefonar para conversar com ela?

Antes desse estudo nas pontes, os pesquisadores confirmaram a suspeita centenária dos poetas. Quando alguém vê uma pessoa atraente, seu coração começa a bater mais rápido e o corpo se prepara para uma possível ação. Dutton e Aron se perguntaram se o contrário aconteceria – se alguém cujo coração estivesse batendo mais rápido poderia se sentir mais inclinado a achar alguém atraente. Daí o experimento nas duas pontes. A natureza precária da ponte suspensa e elevada fazia com que seus usuários tivessem o coração mais acelerado que os da ponte mais baixa. Quando os homens se aproximavam da pesquisadora na ponte alta, inconscientemente atribuíam o coração acelerado a ela, e não à ponte. Como resultado, o corpo enganava o cérebro, fazendo-o pensar que achava a mulher atraente, aumentando assim a probabilidade de que quisessem seu telefone e a ligassem posteriormente. Além de mostrar como o corpo pode enganar o cérebro, os resultados têm uma importante implicação sobre nossa vida. Por essa razão, alguns estudiosos acreditam que, quando queremos que alguém se apaixone por nós, devemos evitar as músicas calmantes do *New Age*, os passeios no campo e os sinos de vento. Por outro lado, as chances de sucesso podem aumentar em um concerto de rock, uma montanha-russa ou um filme de terror.

O trabalho realizado por Dutton e Aron é apenas um dos muitos experimentos estranhos que estudam a psicologia do amor e da atração. Outra pesquisa tratou do assunto bastante espinhoso das cantadas.

Se você realmente deseja impressionar alguém com quem queira sair, qual é a melhor forma de se apresentar? Procurar uma sugestão na internet com certeza não vai ajudar, já que as frases comuns têm mais chance de deixar alguém mais deprimido do que impressionado ("Está fazendo calor, ou é você?", "Se eu pudesse alterar o alfabeto, colocaria juntos V e C com E e U", e "Perdi meu número de telefone, me empresta o seu?"). Para ajudar a descobrir as cantadas mais poderosas para atrair um parceiro, os pesquisadores da Edinburgh University pediram a voluntários que dessem nota a vários tipos de cantadas clássicas.[45]

Os resultados mostraram que os apelos diretos ao sexo ("Vamos tomar alguma coisa juntos? Que tal um banho?") e as frases elogiosas ("Ah, então você está aqui! Passei minha vida toda procurando por VOCÊ, mulher dos meus sonhos!") não trazem grandes resultados. Na verdade, essas cantadas fracassaram de tal forma que os pesquisadores se perguntaram por que foram inventadas. Depois de muito quebrar a cabeça, eles concluíram que elas podem "ser usadas pelos homens para identificar mulheres sem restrições de ordem social e sexual" (ou seja, prostitutas). Por outro lado, cantadas que indicam agilidade mental, personalidade agradável, riqueza e gosto pela cultura foram muito mais eficazes. O estudo foi muito bom, mas, como admitem os próprios autores, uma coisa é marcar no questionário a resposta "Sim, essa é uma boa cantada" e outra bem diferente é aceitá-la na vida real.

Recentemente formei uma associação com o Edinburgh International Science Festival e os colegas de magistério James Houran e Caroline Watt para procurar as melhores cantadas e tópicos de conversação quando alguém está à procura do amor de sua vida. O projeto foi estruturado em torno de um grande evento experimental de encontros-relâmpago.

Alguns meses antes do evento, publicamos na mídia um apelo a solteiros que quisessem participar de um estudo sobre a ciência da sedução. Recebemos em torno de 500 respostas e convidamos para comparecerem ao nosso laboratório do amor cem participantes selecionados ao acaso (50 homens e 50 mulheres).

O evento aconteceu num amplo e bonito salão de baile num dos hotéis mais antigos e suntuosos de Edimburgo. No início da noite, nossos cem participantes chegaram e foram distribuídos aleatoriamente em cinco longas mesas. Em cada mesa, os homens se sentavam de um lado e as mulheres do outro. Em quatro das mesas, pedimos que durante o encontro-relâmpago os participantes conversassem sobre um assunto específico. Escolhemos quatro dos assuntos mais freqüentemente utilizados: passatempos, cinema, viagens e livros. A quinta mesa funcionava como "controle", e deixamos que ali os participantes conversassem sobre o que quisessem. Quando começamos a tocar uma melodia romântica de Carole King, pedimos a cada participante para conversar com a pessoa à sua frente. Três minutos mais tarde, o encontro terminava e todos deviam avaliar os parceiros. Tinham achado o parceiro fisicamente atraente? Qual o nível de "química" entre os dois? De quanto tempo precisaram para formar uma opinião? E o mais importante: gostariam de tornar a ver aquela pessoa? Alguns momentos depois todos eram emparelhados com outro participante e o procedimento era repetido. Depois de duas horas e dez encontros, o experimento foi encerrado. Ele se revelou um grande sucesso e muitos participantes continuaram no bar depois do final. Alguns trocaram telefones, enquanto outros trocaram algo mais.

No dia seguinte, criamos uma planilha com mais de 1.500 páginas de dados. Sempre que duas pessoas indicavam que gostariam de tornar a se ver, enviávamos a elas os respectivos números de telefone. Aproximadamente 60 por cento dos participantes foram embora com informações de contato de pelo menos uma pessoa. Alguns se saíram realmente bem: mais ou menos 20 por cento conseguiram os dados de quatro outras pessoas. As mulheres se mostraram duas vezes mais seletivas que os homens. Porém, o homem e a mulher mais bem avaliados da noite tiveram um índice de sucesso de cem por cento, com todos os parceiros desejando tornar a vê-los.

Os diversos tópicos de conversação produziram índices de sucesso diferentes. Menos de nove por cento dos pares que falaram sobre cinema quiseram tornar a se encontrar, em comparação com 18 por cento dos pares que conversaram sobre o assunto mais popular: viagens. Uma pista sobre por que os candidatos a amantes devem evitar conversar sobre filmes veio dos dados adicionais do estudo. No início da noite, pedimos que todos indicassem seu gênero favorito de filme. Os resultados revelaram que homens e mulheres têm gostos diferentes. Por exemplo, 49 por cento dos homens gostam de filmes de ação, dos quais apenas 18 por cento das mulheres gostam. Por outro lado, 29 por cento das mulheres gostam de musicais, apreciados por apenas quatro por cento dos homens. Sempre que eu passava pela mesa onde se falava de filmes, só se ouviam discussões. No entanto, as conversações sobre viagens podem abordar ótimas férias ou lugares dos sonhos, o que faz as pessoas se sentirem bem e parecerem mutuamente mais atraentes.

Os dados também revelaram outras surpresas. Embora os homens tradicionalmente sejam considerados criaturas superficiais que fazem um julgamento rápido das mulheres, nossas descobertas mostraram que as mulheres chegaram a uma conclusão muito mais depressa que os homens: 45 por cento das decisões das mulheres foram tomadas em menos de 30 segundos, o que só ocorreu em 22 por cento das decisões masculinas. Fica evidente que os homens só dispõem de alguns segundos para impressionar uma mulher, o que enfatiza a importância dos primeiros comentários.

Para descobrir o melhor tipo de cantada, comparamos as conversas dos participantes considerados muito desejáveis com as daqueles vistos como especialmente indesejáveis. Os Casanova fracassados tenderam a empregar fórmulas batidas como "Você vem sempre aqui?" ou tentaram causar boa impressão por meio de comentários como "tenho um doutorado em computação" ou "meu amigo é piloto de helicóptero". Os mais experientes em sedução usaram maneiras diferentes, engraçadas ou estranhas para estimular as parceiras a falar de si mesmas. As falas mais memoráveis do homem e da mulher campeões do estudo ilustram essa questão. A melhor frase do homem mais bem avaliado foi: "Se você fosse se apresentar no programa *Stars in Their Eyes**, quem você seria?" A mulher de nota mais alta perguntou: "Se você fosse um recheio de pizza, qual seria?"

Por que esse tipo de pergunta faz tanto sucesso? A resposta vem de um experimento bem fora do comum que envolve canudinhos e vozes engraçadas.

Em 2004, os psicólogos Arthur Aron (aquele do estudo de 1974 sobre as pontes) e Barbara Fraley, da State University of New York, em Stony Brook, formaram pares de estranhos e pediram a eles que adotassem um de dois comportamentos ligeiramente insólitos.[46] Em

---

*Programa de talentos da tevê britânica em que os participantes fazem imitações de estrelas da música. (*N. da T.*)

uma das condições, um dos estranhos tinha os olhos vendados, enquanto o outro era solicitado a segurar um canudinho entre os dentes (o que faz a voz soar engraçada). Os dois então executavam uma série de tarefas calculadas para fazê-los rir. O de olhos vendados devia aprender uma série de passos de dança seguindo instruções do parceiro que mordia o canudinho. Em outro exemplo de hilaridade produzida em laboratório, pedia-se a eles que interpretassem seu comercial de televisão favorito utilizando uma linguagem inventada. A outra condição, menos engraçada, não envolvia canudinhos. Nela, os passos de dança eram ensinados sem venda ou voz de comédia, e os comerciais eram interpretados em inglês. Então, todos deviam responder a um questionário sobre quanto haviam se divertido. Os resultados confirmaram que a venda, o canudinho e a linguagem idiota tinham sido muito mais engraçados. Então veio a questão crucial. Solicitou-se a todos os participantes que desenhassem dois círculos superpostos para indicar o grau de proximidade que haviam sentido com o parceiro. O resultado mostrou que as pessoas com uma experiência engraçada em comum se sentiram significativamente mais próximas de seus parceiros e os acharam mais atraentes.

As cantadas bem-sucedidas em nosso estúdio eram, no universo dos encontros-relâmpago, o equivalente a colocar um canudinho na boca para fazer a voz soar engraçada. Ao fazer isso, elas traziam à tona uma experiência de riso compartilhado que promovia um sentimento de proximidade e atração.

"Minimalista procura mulher": a psicologia dos anúncios pessoais

Imagine que você vai escrever um anúncio pessoal. Que palavras você acha que trarão melhores resultados e atrairão o maior número de respostas? Foi exatamente essa a pergunta trabalhada em outro aspecto de nossa viagem pela ciência da sedução.

Pedimos a todos os envolvidos na experiência dos encontros que escrevessem um pequeno anúncio pessoal com aproximadamente vinte palavras. Então mostramos esses anúncios a mais de cem homens e mulheres, pedindo-lhes para indicar aqueles aos quais provavelmente responderiam. Os resultados nos deram pistas importantes para um aspecto dos Classificados que ainda não havia sido explorado.

Um trabalho prévio sobre anúncios pessoais examinou que tipo de pessoa é o mais procurado por homens e mulheres.[47] O resultado não trouxe grandes surpresas. Os homens tendem a procurar mulheres fisicamente atraentes, compreensivas e atléticas. Por outro lado, as mulheres buscam alguém compreensivo, bem-humorado e emocionalmente saudável. Decidi adotar uma abordagem diferente.

Examinando os anúncios que recebemos, observei algo de estranho: havia uma grande variação no número de palavras usadas na própria descrição em comparação com o número de palavras usadas para descrever a pessoa procurada. Que tipo de anúncio atrairia o maior número de respostas – o que descreve você em detalhes ou o que descreve a pessoa que você está procurando?

Para resolver a questão, contei o número de palavras empregadas pelo participante para se descrever e para descrever a pessoa desejada. Então usei esses dois números para derivar um percentual de "eu x ele/ela". Em um extremo estavam as pessoas do tipo "tudo sobre o outro", que receberam uma nota próxima de zero por cento, porque falavam pouco de si mesmas, concentrando o foco quase totalmente na lista de desejos:

> Morena, 27 anos, procura homem generoso, romântico, espontâneo, atencioso e disposto a assumir riscos. Sempre podemos dizer que nos conhecemos no supermercado!

No meio da faixa estavam as pessoas do tipo “tudo sobre nós”, que dividiam o texto de modo mais equilibrado, descrevendo tanto a si mesmos quanto ao potencial parceiro, e que obtiveram uma pontuação de 50 por cento.

> Homem tranqüilo, bem-humorado, esportivo, viajado, viciado em café e em restaurantes procura garota criativa, divertida, calorosa, feliz e carismática com quem compartilhar longas noites de verão.

Finalmente, do outro lado do espectro, estavam os indivíduos do tipo “tudo eu”, que obtiveram uma pontuação de cem por cento por se focalizarem inteiramente em si mesmos:

> Brilhante, divertido, adoro ginástica, não fumo, canto e componho, gosto de romances policiais, filmes engraçados, séries americanas de comédia e longas caminhadas em praias ensolaradas.

A partir daí, analisei a relação entre a nota atribuída a cada anúncio e o número de pessoas que pretendiam responder a elas. Os resultados foram reveladores. Um número muito pequeno indicou que responderia aos anúncios do tipo “tudo sobre o outro”. Os anúncios do tipo “tudo eu” se saíram um pouco melhor, mas ainda não atraíram muitas respostas. Um equilíbrio entre os dois extremos se revelou a fórmula vencedora. Os resultados mostraram que uma proporção de 70 por cento de “eu sou isso” *versus* 30 por cento de “isso é o que estou procurando” atraiu o maior número de respostas. Aparentemente, se você dedicar mais de 70 por cento do anúncio à própria descrição, parecerá egocêntrico. Menos do que 70 por cento fará você parecer suspeito.

Nossos dois anúncios mais votados obedeceram a esse padrão e continham essa divisão 70:30. Um pouco mais de 45 por cento dos homens afirmaram que responderiam ao anúncio feminino vencedor:

> Mulher profissional, genuína, atraente, bom senso de humor. Gosta de atividade física, de vida social, música e viagens. Procura um homem amável, com as mesmas idéias, para compartilhar bons momentos.

Da mesma forma, quase 60 por cento das mulheres indicaram ter sido atraídas pelo anúncio masculino vencedor:

> Homem, bom senso de humor, aventureiro, atlético, gosto de cozinhar, de comédias, cultura e filmes. Procuro mulher esportiva, divertida, para diálogo e possível relacionamento romântico.

Nosso estudo também dá outra dica para os que querem escrever anúncios eficazes. Pedimos a nosso grupo de cem pessoas para indicar a que anúncios elas achavam que os membros do sexo oposto responderiam. Os resultados mostraram uma notável diferença entre os gêneros.

Para começar, vamos ver os anúncios escritos por homens. Comparamos o percentual de mulheres que afirmaram ter a intenção de responder a cada anúncio com o percentual de homens que *pensavam* que as mulheres responderiam. Dessa forma, um dos anúncios era:

> Homem alto, esbelto, atlético, elegante, bom senso de humor, procura garota magra ou mediana, também com bom senso de humor, interessada em carros, música, roupas e carinhos.

Aproximadamente 11 por cento das mulheres disseram que responderiam a esse anúncio. O interessante é que os homens disseram pensar que 15 por cento das mulheres responderiam – uma previsão surpreendentemente precisa. Outro anúncio declarava:

> Homem alto, cheio de energia, com a cabeça nas nuvens e os pés no chão. Gostaria de encontrar mulher divertida, positiva e sem medo de desafios.

Dessa vez, 39 por cento das mulheres marcaram a opção "sim". Mais uma vez, a previsão dos homens foi notavelmente precisa, imaginando que 32 por cento das mulheres responderiam a esse anúncio. E assim por diante. Para cada anúncio, os homens foram capazes de prever com exatidão se as mulheres o considerariam atraente ou se fugiriam dele como o diabo da cruz. No total, as previsões masculinas foram, em média, 90 por cento corretas.

A história foi muito diferente quando se tratou da previsão das mulheres sobre o comportamento masculino. Veja o anúncio a seguir, escrito por uma mulher:

> Profissional bonita e diferente, apaixonada por boa comida, bons vinhos e boa companhia, procura um modelo alto e moreno, esperto e sarado.

Na realidade, isso não foi atraente para os homens. Apenas cinco por cento disseram que responderiam a esse anúncio. No entanto, as mulheres estavam convencidas de que seria um verdadeiro ímã, prevendo que 44 por cento dos homens iriam responder. E o anúncio:

> Mulher tranqüila, otimista, amiga, que gosta de relaxar, rir, explorar o mundo, e dançar a noite toda!

Mais uma vez, as mulheres pensaram que isso atrairia a maioria dos homens, mas estavam erradas. Apenas 22 por cento dos homens indicaram que responderiam a esse anúncio.

O padrão se repetiu com todos os anúncios. As mulheres simplesmente não faziam idéia do que seria atraente para os homens. Por que as mulheres erram tanto? Talvez a resposta esteja nos comentários não-solicitados rabiscados nos questionários. A julgar por esses comentários, as mulheres pensam que os homens só estão interessados nos atributos físicos. Várias vezes encontramos observações como "eles só estão interessados em uma coisa" ou "Eles só estão interessados em duas coisas". Nossa pesquisa leva a crer que talvez os homens não sejam tão superficiais assim. Contudo, as implicações para as mulheres que escrevem anúncios pessoais são simples: se quiserem atrair milhares de potenciais admiradores, peçam a um homem para escrever o anúncio.

5

A BUSCA CIENTIFÍCA PELA PIADA MAIS ENGRAÇADA DO MUNDO: INVESTIGAÇÕES NA PSICOLOGIA DO HUMOR

Como uma busca internacional surrealista revelou por que homens e mulheres riem de piadas diferentes; a ligação entre riso e longevidade; o que mobiliza os profissionais cômicos; e se a doninha é o bicho mais engraçado do mundo.

Na década de 1970, o *Monthy Python's Flying Circus,* um programa *cult* de comédia da tevê britânica, criou um esquete inteiramente centrado na idéia de encontrar a piada mais engraçada do mundo. Nos anos 1940 um homem chamado Ernest Scribbler pensa em uma piada e, imediatamente depois de escrevê-la, morre de tanto rir. A piada é tão engraçada que mata de riso quem a lê. Por fim, o Exército percebe que ela pode ser usada como arma letal, e monta uma equipe para traduzi-la para o alemão. Cada tradutor se encarrega de uma palavra de cada vez, para não ser afetado pela piada. Esta, ao ser lida então para as forças alemãs, é tão engraçada que impede os soldados de lutar porque estão rindo demais. O esquete termina com cenas de uma sessão especial da Convenção de Genebra, na qual os delegados determinam que seja banido o uso bélico de piadas.

Num estranho caso de imitação da arte pela vida, em 2001, dirigi uma equipe na realização de uma pesquisa científica que durou um ano e buscava encontrar a piada mais engraçada do mundo. Em vez de explorar a potencial aplicação militar de piadas, queríamos observar o riso de uma forma científica.

Além de encontrar a piada que exercesse o máximo apelo popular, meu projeto Pythonesco resultou em uma série de experiências surreais envolvendo o humorista norte-americano Dave Barry, uma gigantesca fantasia de galinha, o ator hollywoodiano Robin Williams e mais de 500 piadas que terminavam com a frase "tem uma doninha mastigando minhas partes íntimas".

No entanto, o principal é que o projeto também oferecia *insights* substanciais sobre muitas questões que os pesquisadores de humor da época moderna enfrentam. Homens e mulheres acham graça em tipos diferentes de piadas? Pessoas de países distintos acham engraçadas as mesmas coisas? Nosso senso de humor vai mudando com o tempo? E, ao contar uma piada de animal, você terá mais sucesso se o protagonista for um pato, um cavalo, uma vaca ou uma doninha?

Por que a galinha atravessou a estrada?

Em junho de 2001, fui procurado pela mesma venerável instituição científica que havia contratado meu estudo sobre astrologia financeira, a British Association for the Advancement of Science. A BAAS estava ansiosa para criar um projeto sobre o qual centrar uma celebração nacional da ciência, de um ano de duração. A instituição desejava um experimento de larga escala capaz de atrair a atenção do público. Queriam saber se me interessaria criá-lo e, em caso positivo, o que eu escolheria para objeto de investigação?

Depois de alguns momentos de inspiração infrutífera, acabei assistindo a uma reprise do esquete do *Monty Python* sobre Ernest Scribbler, e comecei a pensar na possibilidade de *realmente* pesquisar a piada mais engraçada do mundo. Sabia que haveria uma sólida fundamentação científica para o projeto, porque alguns dos maiores pensadores do mundo, inclusive Freud, Platão e Aristóteles haviam escrito extensamente sobre o humor. Na verdade, o filósofo alemão Ludwig Wittgenstein ficou tão interessado no assunto que certa vez afirmou que se poderia escrever um sério tratado filosófico inteiramente composto de piadas. Então descobri que toda menção à idéia provocava muita discussão entre as pessoas. Alguns questionavam se realmente haveria a piada mais engraçada do mundo. Outros achavam impossível analisar cientificamente o humor. Quase todos tinham a gentileza de me contar sua piada favorita. A rara mistura de ciência sólida e apelo popular significava que a idéia era boa.

Apresentei à BAAS meus planos para um projeto internacional sediado na internet e chamado "LaughLab" [laboratório do riso]. Eu criaria um site com duas seções. Numa delas, era possível contribuir com sua piada favorita e arquivá-la. Na segunda seção, os voluntários podiam responder a algumas perguntas simples de cunho pessoal (como sexo, idade, nacionalidade), e depois avaliar até que ponto eles achavam engraçadas várias piadas selecionadas aleatoriamente do arquivo, atribuindo-lhes uma cotação. No decorrer do ano, construiríamos aos poucos uma grande coleção de piadas e classificações provenientes do mundo todo, e conseguiríamos descobrir cientificamente o que era engraçado para diferentes grupos e que piada fazia o mundo inteiro sorrir. Aprovado por todos na BAAS, o projeto LaughLab recebeu sinal verde.

O sucesso do projeto se articulava na capacidade de persuadir milhares de pessoas no mundo inteiro a entrarem na internet e participarem. Para ajudar na divulgação, lançamos o projeto montando uma encenação que atraísse a atenção, inspirada na mais famosa (e, como iríamos provar cientificamente, menos engraçada) piada do mundo: "Por que a galinha atravessou a estrada? Para chegar ao outro lado." Era setembro de 2001 e lá estava eu parado no meio da rua, vestido num jaleco branco de laboratório e segurando uma prancheta. Ao meu lado havia um estudante vestido numa gigantesca fantasia de galinha. Diversos fotógrafos de jornais nacionais estavam enfileirados diante de nós, tirando fotos, e ainda me lembro muito bem que um deles olhou para a cena e gritou: "O cara que faz o papel de cientista pode chegar mais para a esquerda?" Gritei de volta: "Eu *sou* um cientista" e então olhei encabulado para a gigantesca galinha a meu lado. Era o tipo de experiência surreal destinada a ocorrer com demasiada freqüência durante os 12 meses seguintes.

O lançamento foi um sucesso, e o LaughLab virou notícia em jornais e revistas pelo mundo afora. Algumas horas depois de abrirmos os trabalhos na internet, recebemos mais de 500 piadas e 10 mil avaliações. Então chegamos a um problema relevante: muitas das piadas eram um tanto grosseiras. Na verdade, estou minimizando a questão – elas eram absolutamente indecentes. Uma contribuição especialmente memorável envolvia duas freiras, uma enorme penca de bananas, um elefante e Yoko Ono. Não podíamos permitir que essas contribuições entrassem no arquivo, porque não podíamos controlar quem visitaria o site para avaliar as piadas. Com um acúmulo de mais de 300 piadas só no primeiro dia, obviamente precisávamos de que alguém trabalhasse em tempo integral para filtrá-las. Minha assistente de pesquisa, Emma Greening, veio em meu socorro. A cada dia, durante os próximos meses, ela examinava com atenção cada piada e excluía as impróprias para famílias. Muitas vezes Emma sentia-se frustrada ao ver as mesmas piadas se repetirem (a piada "O que é marrom e pegajoso?" "Chocolate" foi inscrita mais de 300 vezes), mas, por outro lado, ela agora conta com um saldo positivo: uma das maiores coleções mundiais de piadas grosseiras.

Pedia-se aos participantes que, numa escala de um a cinco, dessem uma nota a cada piada, indo da classificação "Não muito engraçada" até "Muito engraçada". Para simplificar nossa análise, combinamos as notas quatro e cinco para formar uma categoria genérica "Sim, esta é uma piada muito engraçada". Podíamos então organizar as piadas com base na percentagem de respostas que recaíssem nessa categoria. Se a piada não fosse realmente muito boa, então poderia ter apenas um a dois por cento dos participantes a lhe atribuírem uma classificação "quatro" ou "cinco". Em contrapartida, as piadas realmente engraçadas teriam uma percentagem muito mais alta de nota máxima. No final da primeira semana fizemos uma análise crítica de algumas das principais piadas inscritas. A maioria era bastante fraca, e a tendência foi obter baixas percentagens. Mesmo as melhores piadas não alcançaram sequer a marca dos 50 por cento. Entre 25 e 35 por cento dos participantes acharam engraçadas as seguintes piadas, empurrando-as para o topo da lista:

Uma professora resolveu descontar o mau humor nas crianças da turma e então ordenou:

– Todo mundo que acha que é burro, fique de pé!

Depois de alguns segundos, uma criança se levantou. A professora virou-se para ela e disse:

– Você acha que é burra?

– Não – respondeu a menina –, mas tive pena de ver a senhora em pé aí sozinha.

Já ouviu aquela do cara que ficou todo feliz porque resolveu um quebra-cabeça em 30 minutos, e na caixa dizia "5 a 6 anos"?

Um idiota estava caminhando ao longo do rio quando avistou outro idiota na margem oposta. O primeiro gritou para o segundo:

– Como faço para chegar ao outro lado?

O segundo respondeu imediatamente:

– Você já *está* do outro lado!

As melhores piadas tinham uma coisa em comum – criavam um senso de superioridade no leitor. O sentimento surge porque o protagonista da piada parece pouco inteligente (como o homem do quebra-cabeça), não consegue entender uma situação óbvia (como os idiotas na margem do rio), ou expõe ao ridículo alguém investido de poder (como a professora e a criança). Essas descobertas deram embasamento empírico ao provérbio que faz alusão à diferença entre comédia e tragédia: "Se você cair no bueiro, isto é comédia; mas se *eu* cair no mesmo bueiro..."

Não fomos os primeiros a notar que o ser humano ri quando se sente superior aos semelhantes. Essa teoria remonta a 400 a. C., e foi descrita pelo intelectual grego Platão no famoso texto *A república*. Defensores dessa teoria da "superioridade" acreditam que o riso tem como origem o ato de mostrar os dentes, gesto relacionado ao "rugido de triunfo em um duelo ancestral na selva". Por causa dessas associações animalescas e primitivas, Platão não era fã do riso. Ele achava que rir da desgraça alheia era um erro, e que uma gargalhada gostosa acarretava numa perda de controle cujo resultado era fazer a pessoa parecer menos que plenamente humana. De fato, o pai da filosofia moderna se preocupava tanto com os supostos danos morais que podiam ser causados pelo riso que aconselhava os cidadãos a limitarem sua presença em comédias, jamais comparecendo a essa forma mais baixa das artes dramáticas.

A visão de Platão encontrou ressonância nos escritos posteriores do pensador grego Aristóteles, seu contemporâneo. Infelizmente, só dispomos de referências indiretas ao pensamento aristotélico sobre o assunto, porque seu tratado original sobre o tema perdeu-se nas brumas do tempo (é o manuscrito em torno do qual gira o romance *O nome da rosa*, de Umberto Eco). Segundo consta, Aristóteles sustentava que muitos palhaços e comediantes bem-sucedidos nos levam ao riso ao provocar o senso de superioridade. É fácil encontrar apoio para essa teoria. Na Idade Média, anões e corcundas causavam muita hilaridade. Na época vitoriana, ria-se dos doentes mentais internados em instituições psiquiátricas e também dos portadores de deficiências físicas exibidos em feiras e shows de aberrações. Também um estudo de 1976 mostra que, quando solicitado a fornecer adjetivos descritivos de comediantes, o público tende a oferecer as palavras "gordo", "deformado" e "idiota".[1]

A teoria da superioridade também é usada para ridicularizar grupos inteiros. Os ingleses tradicionalmente contam piadas sobre os irlandeses; os americanos gostam de rir dos poloneses; os canadenses, de zombar dos nativos da Terra Nova; os franceses, dos belgas; e os alemães, dos frísios orientais.[2] Em cada um desses casos, trata-se de um grupo tentando se sentir bem às custas do outro.

Em 1934 o professor Wolff e seus colegas publicaram o primeiro estudo experimental da teoria da superioridade.[3] Os pesquisadores pediram a grupos de judeus e não-judeus que avaliassem o quanto achavam várias piadas engraçadas. Para garantir que a apresentação das piadas fosse tão controlada quanto possível, os pesquisadores mandaram imprimi-las em faixas de tecido de 10 centímetros de largura e 42 metros de comprimento, que eram exibidas, a uma velocidade constante, por uma abertura na parede do laboratório, e lida, palavra, por palavra pelos participantes. Ao verem impressa uma estrela no final de cada faixa, eles deviam gritar o teor de comicidade encontrado em cada uma, segundo uma escala de -2 (muito irritante) a +4 (muito divertida). Conforme previsto por Aristóteles e Platão, os não-judeus costumavam rir mais das piadas que ridicularizavam os judeus, enquanto estes preferiam aquelas que humilhavam os não-judeus. Outra parte da experiência investigava se um grupo de controle – os escoceses – se mostraria igualmente engraçado aos olhos de judeus e não-judeus. Os pesquisadores apresentaram aos participantes uma série de piadas antiescocesas, como a clássica "Por que os escoceses são bons jogadores de golfe? Porque quanto menos baterem na bola, mais ela vai durar", e descobriram surpresos que, para os não-judeus, elas eram muito mais engraçadas que para os judeus. Inicialmente, a equipe acreditou que os não-judeus tivessem melhor senso de humor que os judeus, mas depois percebeu que aquele tipo de piada fora uma péssima escolha de controle. Igualmente retratados nas piadas como "avarentos", os judeus sentiram-se solidários com os escoceses e não consideraram engraçadas as piadas contra estes. Pelo visto, a participação nesse estudo revolucionário não foi tarefa fácil – alguns voluntários se queixaram de já terem ouvido muitas das piadas antes, e um homem assinalou que preferia ser submetido a choques elétricos a ouvir outras anedotas.

Os pesquisadores modernos trabalharam arduamente para superar esses problemas, e suas descobertas ajudaram a expandir e refinar a teoria da superioridade.

Agora sabemos que, quanto maior a sensação de superioridade causada por uma piada, mais ela provoca o riso. A maioria não acha engraçado um deficiente escorregar numa casca de banana, mas, se substituirmos o deficiente por um guarda de trânsito, de repente todo mundo rola de rir. Essa simples idéia explica por que tantas piadas atacam os poderosos, tais como políticos (daí o famoso gracejo de David Letterman: "O trânsito estava tão ruim que tive de passar por brechas mais estreitas que a definição de sexo do presidente Clinton"), e juízes e advogados ("Como se chama um advogado com dez de QI? Doutor. Como se chama um advogado com QI de 15? Meritíssimo"). Freqüentemente os ocupantes de posições de poder não enxergam o lado cômico das piadas, tratando-as como verdadeira ameaça à sua autoridade. Hitler se preocupava tanto com o uso potencial do humor que estabeleceu "Tribunais de piadas do Terceiro Reich" especiais, para punir a população por atos impróprios de humor, inclusive chamar seus cachorros pelo nome "Adolf".

Algumas pesquisas indicam que piadas desse tipo podem ter conseqüências surpreendentemente sérias. Em 1997 o psicólogo Gregory Maio, da Cardiff University, no País de Gales, e seus colegas examinaram os efeitos que a leitura de piadas de superioridade exerciam na percepção do público em relação aos grupos visados pelos gracejos.[5] O estudo foi realizado no Canadá, e por isso se centrou no grupo retratado com mais freqüência como pouco inteligente pelos canadenses, ou seja, o dos nativos da Terra Nova. Antes do experimento, os participantes eram alocados aleatoriamente para um de dois grupos. Aos membros de cada grupo era pedido que lessem um conjunto de piadas num gravador, supostamente para determinar as qualidades que tornam uma voz engraçada ou não. Os membros de um grupo leram piadas que não envolviam ridicularizar os terra-novenses (como material do programa humorístico *Seinfeld*), enquanto os outros liam anedotas depreciativas dos terra-novenses (como a clássica: "Um amigo meu da Terra Nova ouviu dizer que a cada minuto uma mulher dá à luz uma criança. Ele acha que alguém devia fazê-la parar."). Depois disso, todos eram solicitados a expor sua opinião sobre os traços de personalidade dos nativos da Terra Nova. Os que haviam lido as piadas dos terra-novenses qualificavam aqueles nativos como significativamente mais ineptos, tolos, broncos e lentos do que os que haviam lido o material de *Seinfeld*.

Igualmente preocupante foi outra pesquisa revelar que as piadas de superioridade exercem um efeito surpreendentemente dramático sobre a visão que as pessoas têm de si mesmas.[6] O professor Jens Förster, da International University Bremen, na Alemanha, testou recentemente a inteligência de oitenta mulheres de cabelos de variadas tonalidades. A metade delas leu piadas em que as louras são representadas como burras. Então, todos os participantes passaram por testes de inteligência. As louras que haviam lido as piadas obtiveram índices significativamente mais baixos no teste de QI do que suas correspondentes louras do grupo de controle, numa indicação de que as piadas têm o poder de influenciar a confiança e o comportamento das pessoas e, dessa forma, criar concretamente um mundo em que os estereótipos retratados nas piadas se tornam realidade.

Na fase inicial da experiência do LaughLab, foi possível ver a teoria da superioridade aflorar em virtude da eterna guerra dos sexos. A piada a seguir recebeu cotação de muito engraçada de 25 por cento das mulheres, mas só de dez por cento dos homens:

> O marido subiu numa dessas balanças que dizem sorte e peso, e colocou uma moeda.
>
> – Olhe só – disse ele à esposa, mostrando a ela um cartãozinho branco. – Aqui diz que sou vigoroso, inteligente, cheio de recursos e ótima pessoa.
>
> – Pois é – disse a esposa balançando a cabeça –, e erraram também no peso.

Uma possibilidade óbvia para a diferença na votação registrada entre os sexos é que o alvo da piada é um homem, e assim exerce mais atração para as mulheres. Contudo, esta não é a única interpretação possível do resultado. Poderia ser, por exemplo, que as mulheres geralmente achem mais graça em piadas do que os homens. Um estudo de um ano de duração, que reuniu 1.200 exemplos de risadas na conversação diária revelou que 71 por cento das mulheres riem quando um homem conta uma piada, mas só 39 por cento dos homens riem quando uma mulher o faz.[7] Na tentativa de elucidar essas interpretações conflituosas, estudamos o arquivo do LaughLab para encontrar piadas que depreciam as mulheres, tais como:

> Um homem que está dirigindo numa rodovia é interceptado por um guarda rodoviário. O policial pergunta:
>
> – Você sabia que a uns 2 quilômetros atrás sua mulher e seus filhos caíram do carro?
>
> Um sorriso se espalha no rosto do homem e ele exclama:
>
> – Graças a Deus! Achei que eu tinha ficado surdo!

Na média, 15 por cento das mulheres avaliaram como engraçadas as piadas depreciativas de mulheres, em comparação com 50 por cento dos homens. A pontuação atribuída a essas piadas revelou que a teoria da superioridade realmente explica as diferenças entre o que parece cômico às mulheres e aos homens. Mas isso não quer dizer que em, matéria de humor e piadas, não haja diferença entre os sexos. A pesquisa indica que os homens contam muito mais piadas que as mulheres. Em um estudo, mais de 200 estudantes universitários foram solicitados a registrar todas as piadas ouvidas no período de uma semana, e a anotar o sexo do narrador. O grupo registrou 604 piadas, com 60 por cento contadas por homens.[8] Essa diferença em contar piadas, observada em muitos países distintos, está presente até quando as crianças começam a contar piadas umas às outras.[9]

Alguns estudiosos acreditam que a diferença pode ser atribuída ao fato de que as mulheres evitam piadas porque estas podem ter natureza sexual, ou envolver atos de agressão ("Como se chama um macaco num campo minado? Bab...BUM!...íno!"). Outros opinam que a diferença tem raízes na ligação entre riso, piadas e condição social. Os indivíduos de nível social mais alto costumam contar mais piadas que os ocupantes dos níveis mais baixos. Tradicionalmente, as mulheres têm ocupado uma posição mais baixa que os homens, e assim talvez tenham aprendido a rir das piadas, em vez de contá-las. O interessante é que a única exceção a essa relação entre o nível social e o ato de contar piadas se refere ao humor auto-depreciativo: as pessoas de baixo status social contam mais piadas desse gênero que as de alto status. Em consonância com essa idéia, os pesquisadores que examinavam o volume de humor auto-depreciativo produzido por comediantes profissionais de ambos os sexos constataram que 12 por cento dos roteiros masculinos continham humor autodepreciativo, em comparação com 63 por cento dos roteiros femininos.[10]

Quando o projeto completou três meses, fizemos nossa primeira análise minuciosa. O guru técnico do projeto, Jed Everitt, baixou as 10 mil piadas e as avaliações de 100 mil pessoas que tiveram a gentileza de nos dizer o grau de comicidade encontrado em cada uma delas. Naquela fase inicial, a piada mais cotada recebera o aval de engraçada de 46 por cento dos participantes. Enviada por Geoff Anandappa, de Blackpool, no nordeste da Inglaterra, envolvia o famoso personagem de ficção Sherlock Holmes e seu abnegado parceiro, o Dr. Watson:

Sherlock Holmes e o Dr. Watson estavam acampando. Armaram a barraca sob as estrelas e foram dormir. No meio da noite Holmes acordou Watson e disse:

– Watson, olhe para as estrelas e me diga o que está vendo.

O outro respondeu:

– Estou vendo milhões e milhões de estrelas.

Holmes perguntou:

– E o que você deduz disso?

Watson respondeu:

– Ora, se existem milhões de estrelas, e algumas delas tiverem planetas, é bastante provável existirem por aí alguns planetas como a Terra. E se houver outros como a Terra, também é possível que haja vida.

E Holmes disse:

– Watson, seu idiota, isso quer dizer que alguém roubou nossa barraca.

É um clássico exemplo da teoria de superioridade em dois níveis. Damos risada à custa de Watson por não ter visto que a barraca sumiu, e também rimos da forma pedante de Holmes dar a notícia a Watson.

Dois milênios antes, na Grécia Antiga, o filósofo Platão especulava que o senso de superioridade desempenha um papel importante na criação do humor. Nossos resultados indicam que ele não apenas estava correto, como também que em pleno século XXI ainda é costume soltar um triunfante rugido animalesco diante da desgraça alheia.

"Um charuto pode ser só um charuto, mas uma piada nunca é só uma piada"

Embora os estágios iniciais do experimento tenham sido um enorme sucesso, ainda queríamos que nosso laboratório virtual recebesse mais visitas. Por causa disso, anunciamos na mídia nossas descobertas iniciais. Depois do sucesso da encenação "Por que o frango cruzou a estrada?", montamos mais um cenário surpreendente envolvendo um ator vestido de palhaço e deitado no verdadeiro divã usado pelo famoso psicólogo Sigmund Freud. Por que Freud? Ora, ele era fascinado pelo humor, e produziu em 1905 seu tratado clássico sobre o tema, *Os chistes e sua relação com o inconsciente.*

O modelo mental freudiano básico gira em torno da noção de que todos temos pensamentos sexuais e agressivos, mas que a sociedade não nos permite a plena expressão dessas idéias. Em conseqüência disso, elas acabam reprimidas nas profundezas de nosso inconsciente e só emergem por meio do esporádico ato falho (o "lapso freudiano"), dos sonhos e de certas formas de psicanálise.

Segundo Freud, as piadas funcionam como uma espécie de válvula de escape psicológica para evitar que a pressão do material reprimido se torne excessiva – ou seja, são uma forma de lidar com o que nos deixa ansiosos. O simples ato de contar uma piada, ou de rir da piada de outra pessoa, revela muito sobre o inconsciente, o que o levou a gracejar: "Um charuto pode ser só um charuto, mas uma piada nunca é só uma piada." Dado que, em termos freudianos, um charuto é com freqüência visto como símbolo do pênis, sempre achei curiosa a escolha de imagens de Freud para seu famoso gracejo.

Existe muita polêmica quanto à contribuição de Freud para a psicologia do humor, e um grupo de acadêmicos observa que "... seria extremamente difícil encontrar alguém de inteligência no mínimo mediana que saiba menos que Freud sobre o humor".[11] Por outro lado, isso veio de um grupo de pesquisadores que descreveu a teoria da superioridade do humor com o seguinte parágrafo:

> Seja um S que acredita que J é uma piada, na qual A lhe parece vitorioso e/ou B parece alvo de ridículo. Assim, quanto mais positiva for a atitude de S para com A e/ou para com o "comportamento" de A, e/ou quanto mais negativa for a atitude de S para com B e/ou para com o "comportamento" de B, maior será o grau de divertimento experimentado por S em relação a J.

O Museu Freud tem sua sede na casa ao norte de Londres onde o grande médico da mente trabalhou durante a fase final de sua vida. O imóvel contém uma maravilhosa coleção de livros e artefatos e, naturalmente, seu famoso divã. Consta que essa *chaise-longue* de 1,50 metro de comprimento lhe foi presenteada por um paciente agradecido nos anos 1890. Durante uma típica sessão terapêutica, o paciente se reclinava no divã e Freud se sentava numa poltrona espaçosa. Ele criou várias técnicas para ter acesso às atividades do inconsciente. Por vezes, pedia ao paciente que lhe falasse dos próprios sonhos. Em outras ocasiões, Freud dizia uma palavra e pedia ao paciente para dizer a primeira palavra que lhe viesse à mente. O divã passou a simbolizar a abordagem freudiana da compreensão da mente humana, e assim proporcionou o pano de fundo perfeito para a segunda encenação do LaughLab. A BAAS fez contato com o museu, e recebeu, encantada, a permissão especial de colocar um palhaço reclinado no mais famoso dos divãs.

Numa fria manhã de dezembro, em 2001, a equipe do LaughLab (junto com o palhaço) chegou ao museu e foi admitida no consultório de Freud. Era um cômodo impressionante. Uma das paredes estava forrada de estantes que continham a extensa coleção de livros e manuscritos de Freud. Espalhada pelo recinto, havia uma admirável coleção de antiguidades egípcias, gregas e romanas. O divã está situado num dos cantos da sala, ao lado da espaçosa poltrona de Freud.

Os fotógrafos chegaram e nós tomamos posição. Nosso palhaço recostou-se com cuidado no divã, e eu, apanhando uma prancheta, tomei meu lugar na poltrona. Ficar sentado na poltrona que havia sido ocupada pelo mais famoso psicólogo do mundo, sendo encarado de seu divã por um homem que usava uma enorme peruca azul-berrante, careta pintada exageradamente e enormes sapatos vermelhos, revelou-se mais um momento surrealista do LaughLab. Os fotógrafos gostaram da composição e começaram a clicar alegremente. Para induzir um sentido de realismo nas fotos, um deles me perguntou se eu poderia conduzir uma sessão informal de terapia com o palhaço. Mesmo sem ser um terapeuta freudiano, fiquei feliz em tentar. Perguntei a "meu paciente" qual era o problema, e o ágil palhaço disse que estava angustiado porque ninguém o levava a sério.

Embora Freud se proclamasse um cientista, muitas de suas idéias são completamente impossíveis de testar. Mesmo assim, muitas das piadas enviadas ao LaughLab certamente apoiavam suas idéias. O tempo todo recebíamos piadas sobre o estresse do casamento sem amor, do desempenho sexual inadequado e, naturalmente, da morte:

Há 40 anos estou apaixonado pela mesma mulher. Se minha esposa descobrir, vai me matar.

Um paciente diz ao psiquiatra:

– Ontem à noite cometi um lapso freudiano. Eu estava jantando com minha sogra e quis dizer: "Quer passar a manteiga, por favor?" Mas em vez disso eu disse: "Sua vaca imbecil, você arruinou minha vida."

Um homem vai ao hospital fazer um check-up. Depois de semanas de exames, um médico vem examiná-lo e anuncia que tem notícias boas e notícias ruins.

– Qual é a notícia ruim? – perguntou o homem.

– Sinto muito, mas achamos que o senhor tem uma doença muito rara e incurável – diz o médico.

– Ah, meu Deus, isso é terrível – diz o homem. – E qual é a notícia boa?

– Bem – responde o médico –, vamos batizar a doença com seu nome.

Algumas das piadas inscritas nos permitiram explorar as teorias de Freud. Como os idosos costumam ficar especialmente angustiados com os efeitos da velhice, será que eles ririam mais que os jovens com as anedotas sobre perda de memória e coisas do gênero? Na visão de Freud, tal seria o caso, mas será que nossos dados confirmavam isso? Pinçamos criteriosamente do acervo de piadas uma seleção de exemplares centrados nas dificuldades associadas ao envelhecimento, como a seguinte:

Um casal de idosos estava jantando na casa de outro casal. Terminada a refeição, as mulheres saíram da mesa e foram para a cozinha.

Os maridos ficaram conversando e um deles disse:

– Ontem à noite fomos a um restaurante novo, e foi muito bom. Eu o recomendaria com entusiasmo.

O outro homem perguntou:

– Qual é o nome do restaurante?

O primeiro pensou, pensou, e finalmente disse:

– Como é mesmo o nome daquela flor que a gente dá a alguém que ama? Você sabe... aquela vermelha, com espinhos.

– Você quer dizer uma rosa?

– Isso mesmo – disse o homem. Então se virou para a cozinha e gritou: – Rosa, como se chama o restaurante de ontem à noite?

E:

Um homem de 60 e muitos anos, desconfiado de que a esposa estava ficando surda, resolveu testar a audição dela. Foi para o outro lado da sala de visitas e perguntou:

– Você está me escutando?

Nenhuma resposta.

Ele caminha para ela, pára no meio da sala e pergunta:

– Você está me escutando agora?

Nenhuma resposta.

Ele caminha, pára bem ao lado dela e pergunta:

– Você está me escutando agora?

E ela responde:

– Pela terceira vez, sim!

Os resultados corresponderam à previsão de Freud. Os jovens não gostam desse gênero de piada. Na média, quase 20 por cento dos consultados abaixo de 30 anos acharam graça nessas piadas, contra 50 por cento dos consultados na categoria "60 ou mais". A mensagem é clara. Nós rimos dos aspectos da vida que nos causam uma sensação mais forte de ansiedade.

Inadvertidamente, também realizamos uma segunda experiência para testar essa idéia. Emma Greening, nossa especialista em garimpo de piadas, tinha feito um ótimo trabalho ao manter fora do site o material grosseiro. Porém, deixou passar por engano uma piada desse tipo:

> Um homem procura um padre e diz:
>
> – Eu estou muito mal. Sou médico e dormi com uma de minhas pacientes.
>
> O padre parece preocupado e tenta consolar o homem dizendo:
>
> – Você não é o primeiro médico a dormir com pacientes, e nem será o último. Talvez não devesse se sentir tão culpado.
>
> – O senhor não entende – diz o homem. – Eu sou veterinário.

É uma clássica piada freudiana e trata de um dos tabus sociais mais básicos: sexo com animais. O interessante é que recebeu uma cotação muito alta: 55 por cento consideraram-na engraçada. Tire suas próprias conclusões do fato de que, para os homens, ela é mais engraçada que para as mulheres, e que foi considerada a mais engraçada de todas pelos votantes da Dinamarca.

O humor dos hemisférios

Os cientistas não se destacam pelo senso de humor. Entretanto, como estávamos realizando um experimento, julgamos adequado abordar alguns dos mais conhecidos cientistas e autores científicos da Grã-Bretanha e lhes pedir que apresentassem suas piadas favoritas ao LaughLab. Todos se mostraram solícitos, e acabamos recebendo material de alguns dos principais pensadores do Reino Unido, inclusive a diretora da Royal Institution of Great Britain, a baronesa Susan Greenfield; o cientista planetário e principal investigador do Beagle 2, o malfadado projeto de exploração de Marte, professor Colin Pillinger; o biólogo evolucionista professor Steve Jones e o Dr. Simon Singh, autor de best sellers científicos.

A piada que venceu a categoria "Melhor piada inscrita por conhecido cientista ou autor científico" foi apresentada pelo prêmio Nobel e professor de química Sir Harry Kroto. Kroto é mais célebre por integrar a equipe que descobriu uma nova forma de carbono conhecido como buckminsterfulereno C60, e menos célebre por se descrever como adepto de quatro religiões: humanismo, ateísmo, anistia-internacionalismo e humorismo. Talvez este último interesse tenha lhe dado vantagem sobre seus colegas cientistas, e sua contribuição vencedora foi a surrada anedota que reúne dois homens e um cachorro:

> Um homem vem caminhando pela rua e vê outro homem com um cachorro enorme. O primeiro pergunta:
>
> – Seu cachorro morde?
>
> – Não, meu cachorro não morde – responde o outro.
>
> Então o primeiro faz um carinho no cachorro, que morde sua mão. E ele grita:
>
> – Mas você disse que seu cachorro não mordia!
>
> – Este não é o meu cachorro – replica o outro.

No geral, as piadas encaminhadas por cientistas não tiveram bom desempenho. De fato, ficaram no terço inferior de todas as piadas apresentadas, e até a vitoriosa participação de Sir Harry Kroto derrotou só 45 por cento das outras piadas.[12]

Também examinamos outra fonte de humor: os computadores. O LaughLab atraiu muitas piadas sobre esse assunto. Entretanto, também recebeu algumas piadas escritas de fato por um computador.

Há alguns anos, o Dr. Graham Ritchie e a Dra. Kim Binsted criaram um programa de computador capaz de produzir piadas.[13] Desejando descobrir se os computadores eram mais engraçados que os humanos, inscrevemos no projeto as melhores piadas do computador. A maioria delas recebeu algumas das avaliações mais baixas do acervo. Um exemplo de comédia de computador foi, entretanto, surpreendentemente bem-sucedido, e derrotou cerca de 250 piadas humanas: "Que tipo de assassino tem fibra? Um assassino *cereal*."

É um exemplo de piada básica: o trocadilho simples. A teoria mais popular sobre a razão de acharmos graça nesse tipo de piada se relaciona ao conceito de "incongruência". A idéia é que rimos de coisas que nos surpreendem porque elas parecem fora de lugar. Achamos graça de palhaços usarem sapatos escandalosamente grandes (principalmente quando fora de cena), de pessoas terem narizes especialmente grandes, ou de políticos dizerem a verdade. Da mesma forma, muitas piadas são engraçadas porque envolvem idéias que contrariam nossas expectativas. Um urso entra num bar. Animais e plantas falam. Mas a teoria vai além das formas simples de incongruência. Em muitas piadas existe uma incongruência entre a abertura e o desfecho. Por exemplo:

Dois peixes dentro de um tanque. Um se vira para o outro e diz:
– Você sabe como dirigir isso?

A frase de abertura nos leva a pensar em dois peixes num tanque de água. Mas o desfecho nos surpreende – por que um peixe teria que ser capaz de dirigir um tanque de água? Então, passada uma fração de segundo, percebemos que, como a palavra tanque tem dois significados, os peixes na verdade estão num tanque de guerra. Os cientistas chamam isso de teoria da "solução de incongruência". Resolvemos a incongruência causada pelo desfecho, e a conseqüente e súbita sensação de surpresa nos provoca riso.

A equipe do LaughLab resolveu descobrir o que estava acontecendo no cérebro das pessoas enquanto elas riam desse tipo de piada. Para ajudar, entrei em contato com o Dr. Adrian Owen, neurocientista da Cambridge University. Escolhi-o por dois motivos. Primeiro, por ele ser um dos líderes mundiais em processamento de imagens cerebrais. Segundo, porque na faculdade nós dois estudamos psicologia juntos, criamos o show de mágica *Captain Fearless*, em que atuávamos durante as férias de verão e, apesar de tudo isso, continuamos bons amigos. Adrian formou uma equipe com seu colega, o professor Steve Williams, do Instituto de Psiquiatria, e usou a técnica conhecida como ressonância magnética funcional (RMF), para examinar o que acontecia no cérebro dos voluntários quando estes riam de alguns dos melhores trocadilhos do projeto.

A tomografia cerebral é usada para estudar todos os tipos de fenômenos psicológicos. Um de meus experimentos favoritos foi realizado pelo professor Gert Holstege, na University of Groningen, e examinava o modo como as mulheres simulam o orgasmo.[14] No estudo, as voluntárias, cuja cabeça estava colocada dentro de um *scanner*, recebiam estimulação manual de seus parceiros para alcançarem um orgasmo de verdade. Também se pedia a elas que simulassem um orgasmo. A comparação das duas tomografias revelou que a simulação estava associada a certas partes do cérebro, proporcionando uma forma muito dispendiosa de saber se o orgasmo era genuíno. Os pesquisadores também descobriram que muitos casais ficaram desestimulados porque estavam com os pés gelados. Quando lhes deram meias para calçar, 80 por cento conseguiram alcançar o orgasmo, comparados a 50 por cento na condição sem meias.

Nossas tomografias foram mais fáceis de se obter, mas não menos surreais. A tarefa consistia em colocar cuidadosamente a cabeça dos voluntários dentro de um *scanner* de 1 milhão de libras e lhes pedir que lessem alguns trocadilhos de cotação máxima. Os resultados revelaram que o lado esquerdo do cérebro desempenha um papel preponderante em estabelecer o contexto inicial da piada ("Dois peixes estão em um tanque"), enquanto uma pequena área do hemisfério direito oferece a capacidade criativa necessária para entender que a situação pode ser vista de uma forma completamente diversa, e por vezes surreal ("Um se vira para outro e diz: 'Você sabe como dirigir isso?'"). Uma das tomografias resultantes é apresentada a seguir. Ela mostra duas áreas do hemisfério esquerdo sendo ativadas, depois que foram lidas ao voluntário algumas frases iniciais de piadas do LaughLab.

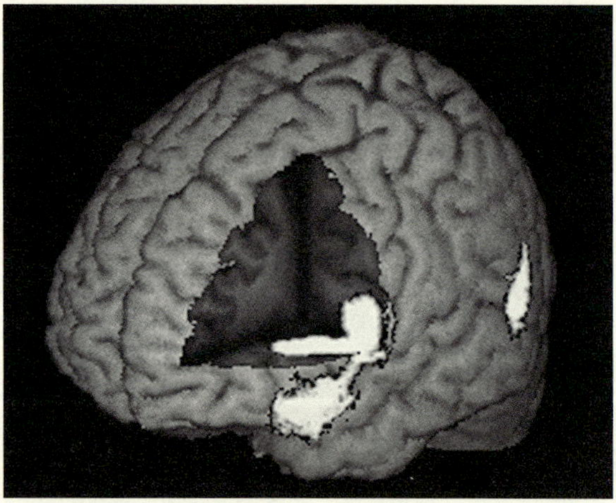

Imagem de scanner 3D mostrando as partes do cérebro envolvidas em achar graça nas piadas

Esse trabalho apoiava outras pesquisas que mostravam que vítimas de lesão no hemisfério direito são menos capazes de entender piadas e, portanto, não vêem o lado engraçado da vida.[15] Dê uma olhada nas seguintes frases de abertura e depois nos três desfechos possíveis e verifique se consegue escolher o final correto.

Um homem se aproxima de uma mulher numa praça movimentada.

– Com licença – ele diz –, mas por acaso a senhora viu algum policial aqui nas imediações?

– Desculpe – responde a mulher –, mas não vejo um policial há horas.

Potenciais desfechos:

a) Tudo bem, então pode ir passando o relógio e o colar.

b) Tudo bem, só que tem meia hora que eu procuro um guarda.

c) Beisebol é meu esporte favorito.

O primeiro desfecho é obviamente correto. O segundo tem lógica, mas não tem graça. E o terceiro não tem lógica nem graça. Entre as vítimas de lesão no lado direito do cérebro, a tendência a escolher a terceira frase foi muito mais recorrente que entre os ilesos. Tudo indica que essas pessoas sabiam que o final da piada deveria surpreender, mas não tinham como saber que um dos desfechos podia ser reinterpretado para fazer sentido. O interessante é que eles ainda conseguem achar graça em comédias-pastelão. Eles não perderam o senso de humor, mas a capacidade de se perguntar por que certas incongruências são engraçadas e outras não. Alguns pesquisadores que participaram desse trabalho resumiram a situação observando que: "Embora o hemisfério esquerdo possa apreciar alguns dos trocadilhos de Groucho e o hemisfério direito possa se divertir com as palhaçadas de Harpo, só os dois hemisférios reunidos podem apreciar um número completo dos irmãos Marx.*" Conforme observou secamente o jornalista Tad Friend em seu artigo sobre o LaughLab publicado no *New Yorker*, nenhum dos dois hemisférios parece achar graça em Chico.[16]

*Os Irmãos Marx (Groucho, Harpo, Gummo, Chico e Leppo) foram comediantes norte-americanos que atuaram no teatro, cinema e televisão entre 1920 e 1950. (*N. do R.*)

Doninhas e o K da comédia

Em janeiro de 2002, Emma Greening entrou em meu escritório e disse que não entendia o que estava acontecendo. Estávamos recebendo uma piada por minuto, e todas elas terminam com o mesmo desfecho: "Tem uma doninha mordendo minhas partes íntimas." Cinco meses depois de iniciado o projeto, e sem nosso conhecimento, Dave Barry, colunista de humor norte-americano que publica na imprensa internacional, havia dedicado uma coluna inteira à nossa pesquisa, no *International Herald Tribune*.[17] Numa coluna anterior, Barry alegava que qualquer frase pode se tornar muito mais engraçada pela inserção da palavra "doninha".[18] Na coluna em que falava do projeto LaughLab, Barry repetiu sua teoria e recomendou a seus leitores que enviassem para nosso estudo piadas que tivessem o desfecho: "Tem uma doninha mordendo minhas partes íntimas." Além disso, pedia às pessoas que atribuíssem a nota máxima de cinco pontos a qualquer piada com doninha, sempre que fosse escolhida do arquivo. Em poucos dias havíamos recebido mais de 1.500 piadas do tipo "doninha".

Barry não é o único humorista a criar uma teoria sobre quais são as palavras e os sons que causam riso. O resultado de um dos miniexperimentos realizados durante o LaughLab apoiava a mais citada dessas teorias: o misterioso potencial de comicidade da letra "K".

No começo da experiência recebemos a seguinte contribuição:

> Duas vacas estavam no pasto. Uma delas disse: "Muuu." A outra respondeu: "Isso é exatamente o que eu ia dizer!"

Decidimos usar a piada como base de uma pequena experiência. Tornamos a fazê-la entrar no arquivo diversas vezes, usando animais e vozes diferentes. Tínhamos dois tigres dizendo "Gggrrrr", dois pássaros dizendo "piiu", dois ratos fazendo "iiiiiiik", e dois cachorros dizendo "au", e por aí vai. No final do estudo examinamos o efeito causado por diversos animais no grau de comicidade da piada. Em terceiro lugar ficou a piada original da vaca; em segundo, dois gatos dizendo "miau"; mas a piada vencedora foi:

> Dois patos estavam nadando no lago. Um deles disse: "Quack." O outro respondeu: "Isso é exatamente o que eu ia dizer!"

O interessante é que o som do "K", associado com as palavras "quack" e "duck" [*pato* em inglês], há muito tempo já era visto como especialmente engraçado por comediantes e redatores de textos cômicos.

A idéia do "K da comédia" com certeza penetrou na cultura popular. No episódio *O audacioso Okona*, da série *Jornada nas estrelas: a nova geração*, um comediante se refere à idéia quando tenta explicar o conceito de humor ao andróide Data. Também há um episódio do desenho *Os Simpsons* em que o palhaço Krusty (observe o K) vai procurar um curandeiro porque ficou com as cordas vocais paralisadas de tanto introduzir "Ks da comédia" em suas apresentações. Depois da cura, Krusty se proclama contentíssimo em recuperar seus "Ks da comédia". e comemora gritando "King Kong", "Kato Kaelin", e beija o curandeiro em sinal de gratidão.

Por que o som do "K" produz tanto prazer? Talvez se deva a um fenômeno psicológico bastante estranho conhecido como "feedback facial". Quando estamos alegres, sorrimos, mas há indícios de que o mecanismo também funciona no sentido inverso – ou seja, que ficamos alegres simplesmente por termos sorrido.

Em 1988 o professor Fritz Strack e seus colegas pediram a voluntários que julgassem a hilaridade da série de cartuns *The Far Side*, de Gary Larson.[19] Um grupo de participantes foi solicitado a segurar um lápis entre os dentes, mas evitar que o objeto tocasse os lábios. Sem que o indivíduo percebesse, isso forçava a parte inferior do rosto a sorrir. Outro grupo deveria segurar a ponta do lápis somente com os lábios, sem usar os dentes. Isso forçava o rosto a fazer uma careta. Os resultados revelaram que os voluntários de fato vivenciaram a emoção associada à expressão facial. Aqueles que haviam ficado com um sorriso forçado se sentiam mais alegres, e acharam os cartuns muito mais engraçados do que os que foram forçados a franzir o rosto.

O interessante é que muitas palavras com "K" forçam o rosto a dar um sorriso (pense em "quack" e "duck"), e podem explicar por que associamos esse som com alegria. Independente do fato de explicar ou não o efeito "K da comédia", a explicação certamente desempenha um papel fundamental em outro aspecto do humor: a natureza contagiosa do riso.

Em 1991 os psicólogos norte-americanos Verlin Hinsz e Judith Tomhave, da North Dakota State University, visitaram diversos centros comerciais para examinar o sorriso.[20] Um integrante da equipe sorria para uma seleção aleatória de pessoas, enquanto o outro pesquisador, escondido em um falso quiosque de alimentos, observava cuidadosamente se a pessoa correspondia ao sorriso. Depois de horas de sorrisos e observações, descobriram que metade das pessoas retribuía o sorriso do pesquisador. Esse resultado levou o grupo a sugerir que o antigo ditado "Sorria e o mundo todo vai sorrir com você" devia ser alterado para a versão cientificamente mais exata: "Sorria, e *metade* do mundo vai sorrir com você."

A capacidade de imitar automática e inconscientemente as expressões faciais das pessoas ao redor desempenha um papel crucial na sobrevivência, coesão e vinculação do grupo. Ao copiar as expressões dos outros, prontamente nos sentimos do jeito como eles se sentem, e assim temos mais facilidade de criar empatia com a situação deles e nos comunicar. Uma pessoa do grupo sorri, e os outros automaticamente copiam sua expressão facial e se animam. Outra pessoa está triste, ou assustada, ou em pânico e, novamente, a emoção que ela sente pode se propagar de uma pessoa para outra. Isso, combinado com os resultados da experiência do lápis, explica por que o riso é contagioso. Quando alguém vê ou escuta o riso de outra pessoa, torna-se muito mais propenso a copiar o comportamento, e começar a rir também, e daí acabar achando a situação engraçada. Essa é a razão pela qual tantos programas humorísticos de televisão utilizam uma gravação de risadas, e por que os produtores teatrais do século XIX contratavam um espectador "profissional" (conhecido como *rieur*) dono de uma risada especialmente contagiosa, para estimular a platéia inteira a dar risadinhas e gargalhadas.

Embora esse contágio geralmente tivesse efeitos limitados, por vezes podia fugir ao controle, e uma epidemia de riso, inexplicável de outra forma, podia varrer milhares de pessoas. Em janeiro de 1962, três adolescentes que freqüentavam um internato dirigido por missionários na Tanzânia começaram a rir.[21] A hilaridade das meninas se espalhou rapidamente a 95 das 159 alunas da escola, que no mês de março foi obrigada a fechar. Informa-se que os ataques de riso duravam de minutos a horas, e, embora debilitantes, não chegaram a causar mortes. A escola reabriu em maio, mas dentro de semanas foi obrigada a fechar de novo, quando outras sessenta alunas foram atacadas pela "peste da risada". O fechamento causou problemas, com diversas meninas voltando à cidade natal de Nshamba, e prontamente levando ao riso incontrolável mais de 200 dos 10 mil habitantes da cidade. Não se sabe se a professora tinha uma letra K no nome.

Comedientes no divã

Depois de alguns meses, havíamos recebido mais de 25 mil piadas, cerca de 1 milhão de avaliações e grande quantidade de publicidade internacional. Foi a essa altura que entrou em contato comigo o documentarista canadense John Zaritsky, ganhador de um Oscar, perguntando se eu gostaria de ajudá-lo a fazer um filme baseado no LaughLab, examinando o humor pelo mundo afora. Concordei rapidamente e viajamos juntos pelo mundo analisando o que provoca gargalhadas, risos contidos e gemidos em diferentes partes do globo.

Como parte do filme, John me convidou a ir a Los Angeles para testar uma parte do material que estava conseguindo boas avaliações. Cuidadosamente pesquisei a base de dados e identifiquei dois tipos de piadas – aquelas consideradas especialmente engraçadas na Grã-Bretanha, e aquelas que faziam sucesso nos Estados Unidos. Em junho de 2002, eu estava nos bastidores da Ice House, um clube de comédia em Pasadena, Califórnia. Minha comparsa, uma jovem petulante chamada Debi Gutierrez, estava de pé no palco explicando o que aconteceria. Ela descreveu o projeto LaughLab, e disse que eu viria ao palco contar algumas das piadas que se mostraram extremamente populares no Reino Unido, e ela contaria as piadas que haviam recebido notas altas dos votantes dos Estados Unidos. Pouco depois eu comecei. Foi mais um daqueles momentos surreais. Debi abriu com um clássico:

> *Mulher para farmacêutico*: Você tem aquele remédio, o Viagra?
> *Farmacêutico*: Tenho.
> *Mulher*: Você pode me dar dez?
> *Farmacêutico*: Sim, mas só se eu tomar uns três comprimidos.

Debi conseguiu se atrapalhar no desfecho e a piada ficou sem graça. Nem sequer uma risadinha. Então chegou minha vez. Decidi abrir com uma piada de médico, muito popular entre o público britânico que visitou nosso laboratório virtual:

> Um homem vai ao médico fazer um check-up. No final do exame, vira-se para o médico e pergunta quanto tempo ainda vai viver. O médico responde:
>
> – Dez.
>
> O sujeito parece confuso e pergunta:
>
> – Mas dez o quê? Anos? Meses? Semanas?
>
> – Nove, oito, sete...

Novamente, um momento de silêncio desconfortável. Podia-se ouvir uma mosca voar. Ou uma cacatua cair, se isso for mais engraçado. Depois que mais algumas anedotas obtiveram exatamente a mesma resposta negativa, Debi produziu o único riso da sessão com a improvisada abertura de uma piada inexistente:

– Duas bichas e um anão entraram no botequim e...

De acordo com nossos dados, pelo menos um terço da platéia deveria ter rido daquelas piadas. Na realidade, o número de risonhos ficou constrangedoramente próximo de zero. Ora, o que não deu certo? O perfil da platéia não combinou com o do repertório. As pessoas que votaram em nossa experiência representavam uma amostragem muito ampla do público, ao passo que os freqüentadores do clube gostavam de um certo tipo de comédia – ousada, impetuosa, ofensiva e agressiva. Quando se trata de comédia, não existe uma fórmula mágica – não há uma piada individual que todos considerem realmente engraçada. É tudo uma questão de combinar a piada com a pessoa, e tínhamos errado grosseiramente o alvo. Essa foi uma questão que surgiu muitas vezes, quando anunciamos a piada vencedora no final do experimento.

Embora não tenha sido engraçado estar em cena na Ice House, a espera nos bastidores com os outros atores se mostrou muito mais interessante. Os comediantes profissionais são, se vocês me desculpam o trocadilho, muito engraçados. Eles escolheram ganhar a vida de uma forma difícil e altamente estressante. Noite após noite, são obrigados a entrar em cena e fazer um grupo de completos estranhos rir às gargalhadas. Não importa como eles se sintam, ou o que esteja acontecendo em suas próprias vidas, sua obrigação é fazer graça. Diante disso, um pequeno número de psicólogos se interessou em analisar suas mentes.

Woody Allen disse uma vez: "Na maior parte do tempo eu não me divirto muito, e no restante do tempo eu não me divirto de jeito nenhum." Mas que dose de verdade há no popular estereótipo do palhaço triste? Certamente é fácil pensar nos exemplos mais notórios, inclusive no comediante britânico Spike Milligan (que foi maníaco-depressivo a vida inteira), e os atores americanos Lenny Bruce e John Belushi (que se acredita terem cometido suicídio).

Em 1975, o psiquiatra americano Samuel Janus publicou um artigo revolucionário sobre a psicologia dos comediantes. Janus estava ansioso para investigar a verdade por trás da noção popular do palhaço triste, e para isso entrevistou 55 comediantes profissionais renomados sobre as próprias vidas.[22] Janus reuniu alguns dos maiores nomes da comédia, trabalhando apenas com aqueles que tinham renda anual de pelo menos seis dígitos, além de fama nacional. Os resultados revelaram que a grande maioria do grupo tinha inteligência acima da média (com alguns chegando à classificação de "gênio"), 80 por cento tinha buscado psicoterapia em alguma altura da vida e praticamente todos ficavam extremamente ansiosos quanto à possibilidade do declínio de sua condição de estrelas. Essa última constatação levou Janus a concluir que "vários eram capazes de desfrutar a vida e colher os benefícios de sua fama e fortuna, porém estavam em minoria extrema". Seu relatório também mostra os problemas de trabalhar com comediantes profissionais altamente bem-sucedidos, porém atormentados pela angústia. Embora quase todos se desempenhassem bem nos testes de inteligência, Janus notou que "o problema não era fazê-los reagir, mas afastar continuamente sua ansiedade, e lhes garantir que estavam de fato se saindo bem". Também, quando indagados sobre as próprias experiências com psicoterapia, diversos deles, relata Janus, disseram que o terapeuta lhes havia pedido que "...se deitassem no divã e contassem tudo que sabiam", imediatamente seguido pelo comentário: "E agora ele está fazendo meu número na Filadélfia."

Finja que o mundo é engraçado e para sempre

A imagem criada por Janus do "comediante como palhaço triste" não encontrou apoio em trabalhos publicados em 1981 pelos psicanalistas Seymour e Rhoda Fisher, da State University of New York em Syracuse.[23] Os Fisher realizaram uma investigação extensa sobre mais de quarenta comediantes e palhaços famosos, inclusive Sid Caesar, Jackie Mason e Blinko, o palhaço, e publicaram suas conclusões num livro maravilhoso intitulado *Pretend the World is Funny and Forever* [Finja que o mundo é engraçado e para sempre].

Como parte da pesquisa, administraram um clássico teste freudiano conhecido como o teste de Rorschach, no qual se pede aos participantes que examinem uma mancha de tinta ambígua e digam o que ela lhes traz à lembrança. O teste tem sido usado extensivamente em pesquisas e até aparece numa conhecida piada freudiana:

Um homem vai ao psicanalista. Este puxa um conjunto de cartões com manchas de tinta, que vai mostrando um a um, e pergunta ao seu paciente o que as manchas lhe fazem lembrar. O homem olha a primeira mancha e diz: "Sexo." Então, olha a segunda mancha e torna a dizer: "Sexo." Na verdade, percorre a pilha inteira de imagens dizendo a palavra "sexo" em reação a cada uma. O psiquiatra parece preocupado e diz: "Eu não quero preocupá-lo mas você parece ter sexo na mente." O homem faz cara de surpresa e responde:

– Não posso acreditar que você disse isso – é você quem tem todas essas figuras pornográficas.

A maior parte dos testes se realizou em restaurantes e em vestiários de circos, e os Fisher descrevem que muitas vezes foi difícil administrar os experimentos por causa das constantes interrupções por parte do público e dos colegas atores.

Ao contrário da concepção popular de "palhaço triste" e dos resultados anteriores de Janus, os Fisher encontraram poucos indícios de psicopatologia. Diante da natureza estressante de trabalhar como comediante profissional, os Fisher ficaram surpresos ao descobrir que seus entrevistados pareciam notavelmente resistentes e bem ajustados.

Outro aspecto do estudo examinou as experiências da infância de comediantes e palhaços. Eles observaram que a maioria dos entrevistados começou bem jovem, e com freqüência eram considerados "o palhaço da turma". Em consonância com a teoria da "superioridade", muitos relataram instâncias em que usaram o humor para se vingar de seus professores. Um comediante lembrou que um professor havia pedido que fosse ao quadro escrever a palavra "petroleum". Ele prontamente caminhou até a frente da turma, apanhou um giz e escreveu a palavra "oil". Os comediantes profissionais geralmente vêm de famílias de renda baixa, e talvez tenham vivenciado uma infância infeliz. Assim, seus números talvez representem uma tentativa de compensação por ganhar o afeto do público. Há muitos indícios anedóticos que dão sustentação a essa idéia. Woody Allen declarou certa vez que "a necessidade de aceitação" era uma de suas principais motivações para ser engraçado; Jack Benny não curtiu as férias em Cuba porque ninguém o reconheceu; e W.C. Fields explicou que gostava de fazer as pessoas rirem porque "... pelo menos por um breve momento elas me amam".

Um terceiro elemento da pesquisa dos Fisher examinou as qualidades psicológicas associadas à característica de ser engraçado. Vários comediantes admitiram sentir uma intensa curiosidade sobre pessoas e comportamentos, informando que observam constantemente os outros, até conseguirem encontrar alguma pequena idiossincrasia para formar a base de uma nova piada ou número cômico. Os Fisher notaram que havia muitos paralelos entre os comediantes e os cientistas sociais. Alegaram que os dois grupos estão constantemente à caça de perspectivas diferentes sobre a conduta humana, com a única importante diferença de que os primeiros usam suas conclusões para fazer rir, enquanto os últimos as utilizam como base de ensaios acadêmicos. Por ter passado minha carreira lendo essas últimas publicações, atrevo-me a dizer que essa alegada distinção não consegue separar os dois grupos de forma inequívoca.

Os Fisher também se dispuseram a examinar a relação entre a comédia e a ansiedade. Confrontadas com as manchas de tinta, é comum as pessoas verem uma imagem e depois perceberem que a mancha pode ser vista de outra forma. Depois de analisar cuidadosamente os tipos de imagem que os comediantes disseram ter visto nas manchas aleatórias de tinta, os Fisher concluíram que seus participantes produziam com freqüência uma classe exclusiva de imagens de "monstros bonzinhos", em que as figuras ameaçadoras se transformavam em algo mais agradável. Um "dragão cuspindo fogo pela boca" se transformava numa figura nobre e incompreendida, e uma "hiena asquerosa" se transformava em um bichinho de estimação adorável e fofo. Os Fisher interpretaram aquilo como indício de que os comediantes e palhaços estavam sendo inconscientemente motivados a usar o humor como forma de lidar com ocorrências que poderiam de outra forma causar uma angústia considerável.

Eles não são os únicos a questionar a idéia de que, no fundo, a comédia está associada à tristeza e à psicopatologia. James Rotton, da Florida International University, examinou um exemplar da obra de Hoffman *Entertainment Personalities of the Past*, em busca das datas de nascimento e de morte de comediantes conhecidos, e os comparou com um grupo de controle de atores não-comediantes nascidos nos mesmos anos. (Rotton informa que restringiu sua lista aos indivíduos de sexo masculino, depois de descobrir que a idade das comediantes não era confiável, pois não combinava com outras fontes biográficas, sugerindo uma possível cronopsicologia da comédia.)[24] Descrevendo suas descobertas num artigo intitulado: *Trait Humor and Longevity: Do Comics Have the Last Laugh?* [Tumor e longevidade: os cômicos riem por último.] Rotton argumentou que a probabilidade de morrer cedo não era maior para comediantes que para outros artistas cênicos. Uma análise posterior da causa da morte de comediantes (extraída do exame de obituários de artistas cênicos, publicados nas revistas *Time* e *Newsweek* entre 1980 e 1989) não mostrou sinal de quantidades excessivas de infartos, câncer, pneumonias, acidentes ou suicídios. Ou seja, não há indicação de que as óbvias pressões associadas com a obrigação de fazer graça noite após noite levem alguém à morte prematura.

As descobertas de Rotton estão em consonância com outras pesquisas segundo as quais a capacidade de rir reduz a ansiedade, e que a comédia pode realmente trazer benefício à saúde. No século XIII o cirurgião Henri de Mondeville especulava que o riso poderia promover a recuperação de doenças, escrevendo: "O cirurgião deve proibir a raiva, o ódio e a tristeza no paciente, e lembrar a este que o corpo engorda por causa da alegria e emagrece por causa da tristeza." Séculos depois, William Shakespeare ecoava o mesmo sentimento, observando: "Emoldure sua mente em júbilo e regozijo, que excluem mil males e prolongam a vida."

Ensaios recentes têm apoiado a existência de um vínculo entre o riso, a capacidade de lidar com o estresse e o bem-estar psicológico e físico. Segundo essas pesquisas, quem usa espontaneamente o humor para lidar com o estresse tem o sistema imune especialmente saudável, reduz em 40 por cento a probabilidade de sofrer infartos e derrames, sente menos dor durante tratamentos dentários e vive 4,5 anos a mais que a maioria.[25]

Em 1990, pesquisadores descobriram que assistir a um vídeo de Bill Cosby fazendo seu número de comédia resulta em aumento de produção da imunoglobulina A – um composto químico que desempenha papel preponderante em evitar infecções do trato respiratório superior (ao que tudo indica, esses efeitos benéficos se mostraram significativamente reduzidos quando os participantes assistiram ao número cômico *The 2000 Year Old Man*, um clássico de Mel Brooks e Carl Reiner).[26] Este não é o único trabalho que explora os efeitos fisiológicos do riso. Em 2005, Michael Miller e seus colegas da University of Maryland estudaram a relação entre achar o mundo engraçado e o endotélio dos vasos sanguíneos. Quando esses vasos se expandem, aumentam o fluxo de sangue em circulação no corpo e promovem bem-estar cardiovascular. Foram mostradas aos participantes cenas de filmes destinadas a deixá-los angustiados (como os 30 minutos iniciais de *O resgate do soldado Ryan*) ou fazê-los rir (como a cena do "orgasmo" em *Harry e Sally – feitos um para outro*). Em geral, o fluxo sanguíneo dos participantes caiu uns 35 por cento depois da sessão de filmes estressantes, mas subiu 22 por cento depois do material mais cômico. Com base nos resultados, os pesquisadores recomendaram que as pessoas rissem pelo menos 15 minutos por dia.

Numa vertente semelhante, James Rotton examinou os efeitos causados por diferentes tipos de vídeo a pacientes hospitalares em recuperação de cirurgias ortopédicas.[27] Um grupo de pacientes foi convidado a selecionar filmes engraçados de uma lista que incluía *Bananas*, *Corra que a polícia vem aí* e *Os produtores*. Outro grupo teve acesso negado a qualquer material que pudesse induzir ao sorriso e, em vez disso, teve de selecionar material de uma lista "de filmes sérios", que incluiu títulos como *A lenda dos beijos perdidos, Casablanca* e *007 contra o satânico Dr. No*. Os pesquisadores monitoraram secretamente a quantidade de analgésicos que os pacientes consumiram por meio de uma bomba autocontrolada. Os espectadores dos filmes engraçados usaram quantidades 60 por cento menores de analgésicos que os espectadores de filmes sérios. Numa variação interessante do experimento, eles também incluíram outro grupo de pacientes que não foi autorizado a escolher as comédias a que assistiriam, recebendo filmes selecionados por terceiros. Esse grupo teve a administração de drogas em quantidades significativamente maiores que as de qualquer um dos outros grupos, prova científica de que nada pode ser tão doloroso quanto assistir a uma comédia que não nos faça rir.

Finalmente, uma equipe de pesquisadores pediu aos participantes que refletissem sobre a própria mortalidade, redigindo um testamento de brincadeira, preenchendo o próprio atestado de óbito (inclusive a data estimada e a *causa mortis*) e escrevendo um discurso fúnebre para o enterro.[28] Os pesquisadores descobriram que as pessoas que haviam demonstrado anteriormente a tendência a rir dos absurdos da vida não acharam as tarefas tão estressantes quanto os participantes mais sombrios. Exatamente o mesmo efeito emergiu em um ambiente mais realista. Terapeutas do luto entrevistaram pessoas seis meses depois da perda do cônjuge e descobriram que quem conseguia rir da perda era mais capaz de se reconciliar com a situação e prosseguir sua vida.[29] Entretanto, conforme ilustra uma das piadas inscritas no LaughLab, é possível levar demasiado longe esse conceito:

> Um homem morreu e a viúva telefonou para o jornal local:
>
> – Eu gostaria de publicar um aviso fúnebre dizendo: "O Bernie morreu."
>
> O funcionário do jornal fez uma pausa e disse:
>
> – Na verdade, pelo mesmo preço a senhora pode publicar seis palavras.
>
> Ao que a mulher respondeu:
>
> – Ah, legal, então pode escrever: "O Bernie morreu. Toyota à venda."

Já ouviu a última sobre os fundamentalistas religiosos?

Em vista dos benefícios físicos e psicológicos do riso, talvez não surpreenda o fato de alguns cientistas terem investigado as características de gente que vê, ou que não vê, o lado engraçado da vida. Parte da pesquisa mais instigante nessa área foi realizada pelo psicólogo Vassilis Saroglou, da Université Catholique de Louvain, na Bélgica, que estudou a relação entre riso e fundamentalismo religioso.

Saroglou afirma que há uma incompatibilidade natural entre fundamentalismo religioso e humor.[30] A criação e a apreciação do humor exigem um sentido de ludicidade, uma fruição da incongruência ("Dois peixes num tanque...") e muita tolerância em relação à incerteza. O humor também envolve com freqüência a mistura de elementos desconexos e a ameaça à autoridade, além de conter material sexualmente explícito. Ademais, o ato de rir envolve perda de autocontrole e autodisciplina. Todos esses elementos, segundo Saroglou, são antíteses do fundamentalismo religioso. Segundo mostra a pesquisa, seus adeptos costumam valorizar atividades sérias em vez de lúdicas, a certeza em vez da incerteza, a sensatez em vez da insensatez, o autocontrole em vez da impulsividade, a autoridade em vez do caos e a rigidez mental em vez da flexibilidade. Saroglou fundamenta sua argumentação assinalando que muitos intelectuais escreveram sobre a profunda desconfiança que existe entre o humor e a religião, citando comprovações de vários textos religiosos. Ao discutir exemplos do humor bíblico, Saroglou observa:

> Pode-se indagar, por exemplo, por que Cristo não se limitou a dizer "Bem-aventurados vós, os que agora chorais, porque haveis de rir" (Lucas 6:21), mas prosseguiu e acrescentou "Ai de vós, os que agora rides, porque haveis de lamentar e chorar" (Lucas 6:25).

Mais indicações provêm de uma norma dos mosteiros referente aos padres brincarem com crianças:

> Se um irmão rir ou brincar voluntariamente com crianças... ele será advertido três vezes; se não parar, será corrigido com a punição mais severa possível.

No intuito de testar empiricamente sua hipótese, Saroglou realizou um experimento bastante incomum.[31] Em uma parte do estudo, os participantes preencheram um questionário para medir seu nível de fundamentalismo religioso, avaliando em que grau endossavam diversas idéias, entre as quais a de que um conjunto específico de ensinamentos pode conter verdades fundamentais, que essas verdades são antagonizadas por forças malignas e que elas devem ser seguidas por meio de um conjunto de práticas históricas bem definidas. Em outra parte do experimento, exibia-se aos participantes um conjunto de 24 figuras que mostravam diversas situações frustrantes do cotidiano, e pedia-se que anotassem sua reação potencial. Completada a tarefa das figuras, os pesquisadores avaliaram o grau de humor das respostas. Por exemplo, um dos cartões mostrava alguém caindo no chão diante de dois amigos, um dos quais perguntava: "Você se machucou?" Uma resposta séria àquele cartão seria algo do tipo "Não, estou bem", ao passo que a resposta "Não sei, ainda não cheguei ao chão" constituiria uma abordagem muito mais bem-humorada. Tal como havia previsto, Saroglou encontrou uma forte relação entre fundamentalismo religioso e humor, pois os fundamentalistas produziram muito mais respostas de cunho sério que os outros.

Como quase sempre acontece na pesquisa que mostra uma relação entre dois fatores, é difícil separar causa e efeito. Talvez o fato de ter pouco senso de humor leve à crença religiosa fundamentalista. Ou talvez, conforme postulou Saroglou, o fato de ser fundamentalista impeça o indivíduo de ver o lado cômico da vida. Para ajudar a desenredar essas duas possibilidades, Saroglou realizou um segundo estudo.[32] Dessa vez ele dividiu os participantes em três grupos, dois dos quais assistiram a trechos de filmagens muito distintas. Um grupo viu partes engraçadas de famosos programas humorísticos franceses. Um segundo grupo viu trechos de cunho religioso, inclusive um documentário sobre uma peregrinação a Lourdes, cenas de *Jesus de Montreal* e uma discussão entre um jornalista e um monge a respeito de valores espirituais. Um terceiro grupo não viu filme algum, e assim funcionou como controle. Então os participantes foram solicitados a completar as mesmas tarefas humorísticas de antes. No geral, os voluntários que haviam visto os trechos cômicos produziram o dobro de respostas engraçadas do grupo de controle, e os que tinham visto material religioso ficaram em terceiro lugar. O formato engenhoso da experiência ajudou Saroglou a diferenciar correlação e causalidade, e revela que a exposição a material religioso impede concretamente as pessoas de recorrerem ao humor para aliviar os efeitos estressantes das pressões do dia-a-dia.

A relação entre produção de humor e fundamentalismo religioso não impediu o público de enviar ao projeto LaughLab piadas sobre várias divindades. Muitas delas jogavam com a idéia incongruente de um Deus onipotente e amoroso se comportar da maneira oposta:

> Um náufrago vai parar na praia de uma ilha, levado pelas ondas, e se vê cercado por um grupo de guerreiros.
>
> – Estou perdido – grita o homem em desespero.
>
> – Não, não está – diz uma voz trovejante, vinda do céu. – Ouça com atenção e faça exatamente o que digo. Agarre uma lança e enterre no coração do chefe guerreiro.
>
> O homem obedece, volta-se para os céus e pergunta:
>
> – E agora?
>
> – *Agora sim*, você está perdido – responde a voz trovejante.

Robin Williams, Spike Milligan e a piada do "au au"

Numa edição de 1939 do *New York Times Magazine*, o humorista canadense Stephen Leacock observou: "Conte-me as piadas de uma nação e eu lhe direi como é seu povo, como ele está se relacionando e o que vai acontecer a ele." Nossos dados nos permitiram lançar um olhar científico à idéia de Leacock pelo exame das diferenças nacionais em humor. Não fomos os primeiros pesquisadores a lidar com esse assunto.

No Capítulo 1, descrevi uma pesquisa revolucionária sobre astrologia e personalidade realizada pelo prolífico psicólogo britânico professor Hans Eysenck. Durante a Segunda Guerra Mundial, ele se interessou pela psicologia do humor e realizou uma sondagem insólita aos cartuns de revistas britânicas, americanas e alemãs. A obtenção do material foi problemática. Grandes carregamentos de revistas americanas haviam sido perdidos em naufrágios no Oceano Atlântico, grande parte do material britânico potencial fora destruída nos bombardeios ao Museu Britânico e a escolha de material alemão se restringia a revistas publicadas antes do início das hostilidades. Apesar dos problemas, Eysenck permaneceu firme e acabou conseguindo encontrar 75 cartuns retirados de várias revistas, inclusive a *Punch*, na Grã-Bretanha, *New Yorker*, nos EUA, e *Berliner Illustrierte*, na Alemanha.

Eysenck então traduziu as legendas do alemão para o inglês, e mostrou todos os cartuns a grupos de ingleses. Os voluntários foram solicitados primeiramente a avaliar o quanto os desenhos eram engraçados. Eysenck descobriu que as imagens satíricas provenientes dos três países obtiveram aproximadamente as mesmas cotações em termos de comicidade. A seguir, os participantes eram solicitados a tentar adivinhar se cada um dos desenhos tinha origem britânica, americana ou alemã, o que permitia aos pesquisadores analisar a pontuação dada a cada peça em função da origem que lhe era *atribuída* pelos participantes. Os desenhos supostamente originários da Alemanha receberam cotações muito mais baixas que os atribuídos aos Estados Unidos e à Grã-Bretanha. O prosseguimento da análise revelou mais indícios de estereótipos nacionais. Quando Eysenck analisou os desenhos caricatos supostamente alemães, descobriu a presença de grande quantidade de elementos negativos, inclusive mulheres gordas, moças malvestidas e mobiliário antiquado.

Na segunda etapa do estudo, Eysenck pediu a voluntários da Grã-Bretanha, dos Estados Unidos e da Alemanha (na verdade, refugiados que abandonaram o país natal por causa da guerra) que avaliassem os mesmos conjuntos de piadas e versos satíricos. O resultado revelou que, no geral, os americanos acharam o material mais engraçado do que os outros grupos de voluntários, mas havia algumas diferenças no tipo de piadas consideradas engraçadas pelos nativos dos diversos países.

Os dados de nosso LaughLab em geral confirmam as constatações de Eysenck. Houve grandes diferenças no grau de comicidade das piadas para pessoas de diferentes países. Os que menos riram das piadas foram os canadenses. Isso poderia ser visto de duas formas: como as piadas não eram muito boas, pode-se alegar que os canadenses têm um senso de humor afiado. Ou, ao contrário, eles talvez não tenham nenhum senso de humor, e não achem nada engraçado. Os que mais acharam as piadas engraçadas foram os alemães. A validade dessas descobertas foi questionada nas páginas de quase todos os jornais e revistas não-alemães que noticiaram nossas conclusões. Um jornal britânico contou ao porta-voz da embaixada alemã em Londres a piada alemã mais cotada ("Por que a televisão é chamada de meio? Porque não é nem bem nem malpassada").*

Consta que ele riu tanto que derrubou o telefone e cortou a ligação. Algumas outras diferenças emergiram. No todo, pessoas do mesmo país coincidiram em suas avaliações das piadas como sem graça ou engraçadas. O comediante e músico Victor Borge descreveu certa vez o humor como a distância mais curta entre dois povos. Se ele está certo, então o conhecimento de que diversos grupos acham graça nas mesmas piadas pode ajudar a uni-los.

No final do projeto tínhamos recebido 40 mil piadas e conseguido a avaliação de mais de 350 mil pessoas de 70 países. O *Guinness Book* nos premiou com um recorde, por coordenar uma

---

*No original: "Why is television called a medium? Because it is neither rare nor well done." Jogo de palavras com os termos usados em inglês para graus de fritura do bife: *medium, rare* e *well done;* em português: ao *ponto, malpassado* e *bem-passado.* (*N. da T.*)

das maiores experiências na história, e fomos a matéria de capa do *New Yorker*. A piada vencedora, segundo a votação dos Estados Unidos, foi a seguinte:

> Na parada militar, o coronel percebeu que alguma coisa esquisita estava acontecendo e perguntou ao major:
>
> – Major Barry, que diabo está acontecendo com o pelotão do sargento Jones? Estão todos se contorcendo e dando pulinhos.
>
> – Bem, Coronel – responde o major depois de observar um momento –, pelo jeito tem uma doninha mordendo suas partes íntimas.

Dave Barry havia conseguido transformar a doninha no foco da piada mais votada dos Estados Unidos. Ainda bem que era menor sua influência sobre os votos dos participantes de fora dos EUA. Percorrendo criteriosamente o imenso arquivo, encontramos nossa piada campeã. Tinha sido avaliada como engraçada por 55 por cento dos participantes do experimento:

> Dois caçadores estão na floresta quando um deles cai no chão. Pelo jeito, não está respirando e seus olhos estão vidrados. O outro pega o celular e liga para a emergência. Engasgado, ele diz:
>
> – Meu amigo está morto! O que posso fazer?
>
> O operador responde:
>
> – Calma, eu vou ajudar. Primeiro tenha certeza de que ele está morto.
>
> Depois de um silêncio, ouve-se um tiro. De novo no telefone, o outro pergunta:
>
> – E agora, o que tenho de fazer?

A piada tinha desbancado do primeiro lugar a vencedora da etapa inicial, aquela sobre Holmes, Watson e o estranho caso da barraca desaparecida. Entramos em contato com Geoffrey Anandappa, o homem que enviou a piada de Holmes e Watson, para lhe dar a má notícia. Ele aceitou graciosamente a derrota, assinalando: "Não posso acreditar que fui derrotado no último *round*! Eu podia ter disputado...quero revanche, e dessa vez vou apelar pro golpe baixo. Já ouviu aquela da atriz e do bispo?"

A base de dados nos informou que a piada vencedora fora inscrita por Gurpal Gosall, um psiquiatra de Manchester, na Grã-Bretanha. Nós o contatamos e ele explicou que às vezes contava aquela piada para animar os pacientes, observando que: "... ela faz as pessoas se sentirem melhores, porque lembra que sempre existe alguém fazendo alguma burrice maior que a delas."

A BAAS e eu anunciamos nossas conclusões na terceira e derradeira entrevista coletiva. Pela última vez, alugamos uma fantasia de galinha, e pusemos um de meus afortunados doutorandos para vesti-la (ver foto a seguir).

Uma galinha gigantesca revela a piada mais engraçada do mundo

Nossa piada vencedora foi impressa numa faixa enorme, e descoberta na presença da imprensa. Os jornalistas sondaram a opinião do comediante Terry Jones, um dos membros do grupo Monty Python, responsável pelo esquete da piada mais engraçada do mundo.[34] Ele achou a piada muito engraçada, mas talvez um tanto óbvia. Outro jornalista entrevistou o astro de Hollywood Robin Williams sobre nossa contribuição vencedora. Como Jones, Williams achou a piada cômica, mas explicou que é provável que a piada mais engraçada do mundo seja absolutamente indecente, não podendo assim ser contada em ambientes educados.

A busca pela piada mais engraçada do mundo, que levou um ano, havia terminado. Nós realmente conseguimos encontrá-la? De fato, não acredito que ela exista. Se há algo que nossa pesquisa de humor nos ensinou é que o público acha engraçadas coisas muito diversas. As mulheres riem de piadas em que os homens parecem burros. Os idosos riem de piadas que falam de perda de memória e dificuldade de audição. Os que não têm poder riem dos poderosos. Não há uma piada que deixe todos às gargalhadas. O cérebro humano simplesmente não funciona assim. Em vários aspectos, acho que descobrimos a piada mais boba do mundo – aquela que faz todos sorrirem, e pouquíssimos darem risada. Mas, como em tantas buscas, o percurso foi mais importante que a chegada ao destino. Ao longo do caminho examinamos o que nos faz rir, como o riso pode prolongar a vida, como o humor pode unir nações diferentes, e descobrimos o animal mais engraçado.

Cinco anos depois do estudo, recebi uma ligação de meu amigo Adrian Owen, neurocientista especializado em mapeamento cerebral. Ele explicou que havia acabado de ver um documentário sobre Spike Milligan, comediante e co-fundador do grupo The Goons, e que o programa continha uma versão muito primitiva de nossa piada vencedora. O documentário (cujo título, *I Told You I Was Ill* se baseava no epitáfio de Spike) continha um trecho breve de um programa da BBC em 1951 chamado *London Entertains* com o seguinte esquete do grupo:

> *Michael Bentine:* Acabo de entrar e encontrá-lo caído no tapete.
> *Peter Sellers:* Tudo bem, mas ele está morto?
> *Michael Bentine:* Acho que sim.
> *Peter Sellers:* Não será melhor você ter certeza?
> *Michael Bentine:* Agüenta aí, me dá um minuto.
> (soam dois tiros)
> *Michael Bentine:* Ele está morto.

É extremamente incomum conseguir levantar a fonte de uma piada, porque suas origens costumam se perder no tempo. Spike Milligan morreu em 2002, mas com a ajuda dos documentaristas entrei em contato com sua filha Sile, e ela confirmou ser altamente provável que o pai tenha escrito o material. Anunciamos nossa convicção de haver identificado o autor da piada mais engraçada do mundo, e o LaughLab tornou a virar manchete.

Durante as entrevistas que se seguiram, diversos jornalistas me fizeram uma pergunta que freqüentemente ocorre sempre que falo sobre o LaughLab: das milhares de piadas que inundaram o projeto durante o ano inteiro, qual foi minha favorita? E sempre dou a mesma resposta:

> Um cachorro entra numa agência de correios, pega um formulário de telegrama e escreve:
>
> – Au, au, au. Au, au. Au. Au, au, au.
>
> O funcionário examina o papel e diz educadamente ao cachorro:

– Aqui só tem nove palavras. Você pode mandar mais um "au" pelo mesmo preço.

Confuso, o cachorro responde:

– Mas isso não faria sentido algum.

Na verdade, não sei por que gosto dessa piada – mas ela me faz rir.

6

SANTO OU PECADOR? A PSICOLOGIA DE QUANDO SE AJUDA E QUANDO SE ATRAPALHA

Por que próteses falsas foram usadas para medir o altruísmo em todo o mundo; como envelopes atirados sobre os Estados Unidos revelaram se os católicos são mais generosos que a maioria dos outros religiosos; a psicologia secreta usada para criar comunidades humanitárias; e o mistério das colheres de chá desaparecidas.

No início da década de 1930, Richard LaPiere, psicólogo de Stanford, passou vários meses dirigindo pela Costa Oeste dos EUA com um de seus estudantes chineses e a esposa dele.[1] O casal havia nascido e crescido na China, tendo só recentemente chegado aos Estados Unidos. Para eles, LaPiere parecia ser um professor muito cordial que havia generosamente arranjado tempo para mostrar o país a eles. Na verdade, eles eram cobaias inconscientes de um experimento secreto que o professor estava realizando durante a viagem.

A idéia do experimento ocorreu a LaPiere assim que os dois chineses chegaram à universidade e ele os levou ao principal hotel da cidade. Nos anos 1930, os chineses eram relativamente raros no país, sendo freqüentemente objeto de uma considerável dose de preconceito explícito. De acordo com LaPiere, ele estava um tanto amedrontado quando se aproximou do hotel porque o lugar era "... famoso por suas atitudes intolerantes e preconceituosas com relação a orientais".

LaPiere dirigiu-se à recepção com os dois amigos e perguntou nervosamente se havia quartos disponíveis. Para surpresa do professor, o recepcionista não demonstrou o preconceito pelo qual o estabelecimento havia adquirido considerável reputação. Em vez disso, rapidamente localizou acomodações adequadas. Curioso quanto à discrepância entre o que tinha ouvido falar sobre o hotel e sua experiência com o recepcionista, o professor telefonou mais tarde para lá e perguntou se eles teriam um quarto disponível para "um importante cavalheiro chinês". Responderam-lhe em termos inequívocos que o hotel não forneceria acomodações.

LaPiere ficou admirado com a divergência entre o que as pessoas disseram que fariam e o que elas realmente fizeram. Mas percebeu que a experiência com o hotel poderia ser atípica. Para investigar adequadamente a questão, ele precisaria repetir a mesma situação com um número bem maior de hotéis e restaurantes, e foi aí que teve a idéia de levar os dois colegas chineses numa viagem experimental pelos Estados Unidos.

A viagem envolveu dirigir 16 mil quilômetros e visitar 66 hotéis e 184 restaurantes. Em cada hotel e restaurante, o professor fazia o aluno perguntar sobre a possibilidade de hospedagem e alimentação. LaPiere então anotava secretamente se o pedido fora bem-sucedido. O resultado dessa parte inicial do estudo repetiu sua experiência prévia. Seus dois acompanhantes receberam atendimento amável e solícito em quase todos os lugares aonde foram, o que levou o pesquisador a concluir que:

> ... a "atitude" do povo dos EUA, tal como manifestada pelo comportamento daqueles que, por razões pecuniárias, presumivelmente são mais sensíveis às antipatias de sua clientela branca, não é nada negativa para com os chineses.

Seis meses depois, LaPiere concretizou a segunda parte do estudo. Ele enviou questionários a cada um dos hotéis e restaurantes que haviam visitado, indagando: "Você aceita membros da raça chinesa como clientes em seu estabelecimento?" Para ajudar a ocultar o verdadeiro propósito do estudo, essa pergunta era acompanhada por muitas outras, inclusive se o estabelecimento recebia alemães, franceses, armênios e judeus. O resultado era perturbador. Mais de 90 por cento dos que responderam marcaram a resposta "Não, chineses não são bem-vindos aqui". Praticamente todos os dez por cento restantes optaram pela resposta "incerta". LaPiere recebeu apenas um "sim". Este veio de um hotel que o professor e seus alunos haviam visitado alguns meses antes. A proprietária fez um breve comentário, afirmando que receberia bem hóspedes da China por ter recentemente desfrutado da agradável visita de um chinês e sua gentil esposa.

No estudo de LaPiere, os pesquisados afirmavam que se comportariam de acordo com as normas vigentes na sociedade, mas na verdade se comportavam de maneira muito diferente. Em estudos mais recentes, os pesquisadores obtiveram evidências abundantes do mesmo efeito: pessoas afirmaram não ser racistas (em sintonia com as normas modernas da sociedade), mas se comportaram de modo preconceituoso.

Tudo isso se resume a uma simples questão. Quando se pede aos indivíduos que quantifiquem a própria bondade, é pouco provável que se tenha uma percepção genuína de qualquer coisa que não seja a capacidade deles de iludir a si e aos outros. Devido à relutância ou à incapacidade das pessoas para relatar precisamente se são bons ou maus, muitos pesquisadores interessados nesses tópicos fizeram exatamente o mesmo que LaPiere. Pararam de pedir aos pesquisados para marcar a caixinha de "santo" ou "pecador", despiram o jaleco de laboratório, vestiram o paletó e levaram seus estudos secretos para o mundo real.

Luvas desaparecidas, pastas de executivo e mulheres que dirigem utilitários

Durante os últimos 25 anos, o professor John Trinkaus, da City University de Nova York, dedicou a vida acadêmica à observação científica de pessoas comuns cuidando de seus assuntos do dia-a-dia. Tendo publicado suas descobertas em quase cem documentos acadêmicos, ele investigou uma ampla gama de assuntos. Trinkaus visitou estações ferroviárias e anotou a cor dos tênis usados por homens e mulheres (79 por cento dos homens preferem tênis brancos, em comparação com apenas 34 por cento das mulheres);[2] ele comparou o número de vezes que o locutor que anuncia a previsão do tempo declarou que a estimativa havia sido correta com o número de vezes em que ela fora realmente correta (somente 49 por cento das previsões supostamente corretas estavam certas);[3] percorreu condomínios de baixa renda para documentar o número decrescente de indivíduos que usam bonés de beisebol com a aba virada para trás (está diminuindo a uma taxa de dez por cento ao ano);[4] e registrou as tendências na expressão verbal de respostas afirmativas contando o número de vezes que os convidados de programas de entrevistas na televisão usavam a palavra "sim" em resposta a uma pergunta (das 419 perguntas analisadas, a palavra "sim" foi usada 53 vezes. A palavra "exatamente" foi usada 117 vezes e a palavra "completamente" foi usada 249 vezes).[5]

As pesquisas de Trinkaus sobre calçados esportivos, previsão do tempo, uso de bonés de beisebol e emprego da palavra "sim" foram todas brilhantemente obscuras. Algumas de suas outras pesquisas, porém, têm implicações graves, principalmente seu trabalho sobre a surpreendente previsibilidade da natureza humana.[6] Trinkaus pediu a centenas de alunos que pensassem em um número ímpar entre 10 e 50 e descobriu que a maioria escolheu 37. Quando solicitados a escolher um número par entre 50 e 100, a maioria escolheu 68. O professor então levou esse aspecto da pesquisa para o mundo real, perguntando a centenas de pessoas que possuíam pastas com fechadura de segredo qual a combinação que utilizavam.[7] Ele descobriu que quase 75 por cento dos proprietários não haviam trocado a senha original: as pastas podiam ser abertas com os números 0-0-0. (Em seu livro *O Senhor está brincando, Sr. Feynman?*,[8] o físico Richard Feynman descreve como fez uso desse mesmo tipo de previsibilidade para ter acesso a documentos ultra-secretos quando trabalhava no desenvolvimento da bomba atômica em uma base do exército dos EUA, em Los Alamos. Em uma ocasião, ele abriu o cofre de um colega testando várias combinações que achou que um físico poderia usar. Os números vencedores foram 27-18-28, da constante matemática e = 2,71828. Em outra ocasião, Feynman descobriu que ninguém havia se preocupado em mudar a combinação genérica de fábrica de um dos maiores cofres da base. Um ladrão inexperiente seria capaz de abri-lo em poucos minutos.)

Minha favorita entre as pesquisas de Trinkaus está descrita num artigo quase desconhecido de autoria dele, *Gloves as vanishing personal 'stuff': An informal look*. [Luvas enquanto objeto pessoal que desaparece: um olhar informal].[9] Nesse artigo, Trinkaus começa por observar como os pertences pessoais, inclusive pés de meia, guarda-chuvas e uma mão de luva de cada par sempre desaparecem. Então ele parte para explicar que conseguiu resolver o problema dos guarda-chuvas comprando diversas unidades baratas em um camelô (o qual, segundo as observações do pesquisador, cobrava 50 por cento a mais nos dias de chuva), mas que hesita em aplicar a mesma abordagem às luvas. Ansioso por solucionar o mistério das luvas desaparecidas, o professor monitorou essas peças do vestuário durante um período de dez anos, observando cuidadosamente se a luva desaparecida pertencia à mão direita ou à esquerda. Os resultados revelaram que se perdiam três vezes mais luvas esquerdas. Isso o levou a especular que se deveria estar tirando primeiro a luva direita, colocando-a no bolso, para depois remover a luva esquerda e colocá-la sobre a direita. Se isso fosse verdade, a luva esquerda estaria mais próxima da abertura do bolso, com maior probabilidade de cair durante o dia.

O trabalho de Trinkaus sobre luvas desaparecidas inspirou outros pesquisadores a investigarem temas similares. Em 2005, Megan Lim, Margareth Hellard e Campbell Aitken, do MacFarlane

Burnet Institute for Medical Research, em Melbourne, realizaram uma pesquisa para descobrir por que as colheres de chá das cozinhas comunitárias desaparecem com regularidade irritante (ou, como descrevem em seu artigo sobre o assunto, para responder à pergunta imemorial "Onde foram parar todas essas malditas colheres de chá?").[10] A equipe marcou secretamente setenta colheres de chá, espalhando-as pelas oito cozinhas comunitárias do Instituto. Eles acompanharam o movimento das colheres por um período de cinco meses. Oitenta por cento das colheres de chá desapareceram durante esse período, tendo a metade delas desaparecido nos primeiros 81 dias. Dados adicionais de um questionário revelaram que 36 por cento das pessoas afirmaram ter roubado uma colher de chá em algum momento de sua vida, tendo 18 por cento admitido que o delito fora cometido nos últimos 12 meses. Esse último resultado contradiz a idéia de que as colheres desaparecidas estão sendo sugadas para outra dimensão; pelo contrário, ele reforça uma explicação muito mais prosaica: elas estão sendo roubadas.

Os pesquisadores também comentam que o nível de desaparecimento das colheres de chá do Instituto multiplicado por toda a força de trabalho de Melbourne leva à conclusão de que 18 milhões de colheres de chá desaparecem por ano apenas naquela cidade. Se essas colheres fossem enfileiradas, contornariam toda a costa de Moçambique. Diferentemente da pesquisa de Trinkaus sobre as luvas, o estudo sobre as "colheres de chá desaparecidas" foi reproduzido por pesquisadores de outros pontos do planeta. Em um dos trabalhos similares mais recentes, acadêmicos franceses relataram que 1.800 colheres desapareceram num período de seis meses em uma grande lanchonete.[11]

O roubo de colheres de chá nos leva diretamente ao trabalho de Trinkaus sobre desonestidade e comportamento anti-social. Como veremos mais adiante neste capítulo, muitos dos outros pesquisadores interessados nesses comportamentos são atraídos por graves atos de furto ou egoísmo. Trinkaus conseguiu desenvolver a própria abordagem, focalizada em transgressões sociais relativamente pequenas, tais como passar com mais de dez artigos na fila do caixa rápido do supermercado ou estacionar o carro em local proibido. Suas descobertas revelaram uma percepção surpreendente de como essas ocorrências são freqüentes, como podem ser usadas para mapear o declínio moral da sociedade e como existe uma relação entre elas e as motoristas de automóveis utilitários.

Em 1993, Trinkaus e sua equipe de pesquisadores visitaram um grande supermercado no nordeste dos Estados Unidos e observaram secretamente os compradores em 75 ocasiões diferentes por períodos de 15 minutos de cada vez.[12] Eles contaram cuidadosamente quantas pessoas passavam com mais de dez artigos pela fila do caixa rápido. Para garantir a validade científica do estudo, eles observaram os compradores em diferentes horas do dia e durante várias semanas, registrando o comportamento dos clientes somente se mais do que duas outras caixas estivessem abertas (o que daria aos compradores a opção de passar com suas compras pelo caixa certo). Os resultados revelaram que em torno de 85 por cento dos clientes da fila do caixa rápido estavam violando regras por levarem mais que dez artigos na cesta de compras. Em 2002, Trinkaus repetiu a mesma experiência no mesmo supermercado e descobriu que o percentual de compradores desonestos havia aumentado para 93 por cento.[13] Uma projeção desses números leva à conclusão de que em 2011 ninguém na fila do caixa rápido terá até dez artigos na cesta de compras.

Trinkaus também observou uma nova forma de comportamento questionável surgido após o estudo de 1993. Diversos compradores na fila do caixa rápido colocaram as compras no balcão em grupos de dez artigos e disseram ao caixa que iam pagar cada grupo separadamente. Um comprador chegou a passar pelo caixa rápido com 29 artigos, usando essa abordagem sorrateira. Assim que descobriu essa nova forma de embuste, Trinkaus se deu conta de que ela poderia ser usada para identificar o tipo de pessoa mais capaz de transgredir as normas da sociedade. Em consonância com sua abordagem de pesquisa por observação, ele pediu à equipe para seguir essas pessoas até o estacionamento do supermercado e anotar-lhes o gênero e o tipo de veículo. O resultado: aproximadamente 80 por cento dos transgressores eram mulheres que dirigiam utilitários.

Essa não foi a primeira vez que Trinkaus descobriu indícios de que as mulheres motoristas de utilitários são especialmente propensas a comportamentos anti-sociais. Em 1999, ele contou e classificou o número de motoristas que passavam em alta velocidade em frente a uma escola e observou que 96 por cento das mulheres motoristas de utilitários ultrapassavam o limite de velocidade, em comparação com apenas 86 por cento dos homens motoristas de utilitários.[14] No mesmo ano, ele também contou o número de motoristas que não paravam completamente nos cruzamentos sinalizados como parada obrigatória.[15] No total, 94 por cento dos motoristas desobedeciam à sinalização, mas 99 por cento das mulheres motoristas de utilitários não paravam no cruzamento. Em 2001, Trinkaus passou 32 horas registrando 200 instâncias em que os motoristas deixaram de manter livre um cruzamento e descobriu que 40 por cento dos incidentes envolviam – sim, você pensou certo – mulheres dirigindo utilitários.[16] Um ano mais tarde, ele contou as ocorrências de pessoas que estacionavam os veículos na área de segurança de incêndio de um shopping.[17] Mais uma vez, as motoristas de utilitários foram as menos obedientes, respondendo por 35 por cento de todas as transgressões.

Trinkaus propôs duas explicações para esse aspecto dos seus dados. Primeiro, ele sugeriu que "as mulheres que dirigem utilitários estão inadvertidamente importando do ambiente de trabalho o conceito de empoderamento, atualmente na moda". De acordo com essa abordagem, as mulheres ainda estão se habituando com seu recém-descoberto poder na sociedade, e podem ter desenvolvido uma necessidade inconsciente de extrapolar comportamentos previamente associados aos homens, como ultrapassar o limite de velocidade, estacionar em local proibido e ignorar os sinais de trânsito. De forma alternativa, observa Trinkaus, essas motoristas talvez sejam precursoras de um processo de declínio moral da sociedade, comportando-se como um prognóstico do que está por vir.

Testando a honestidade de uma nação

Em 1997, a publicação *US News and World Report* realizou uma pesquisa na qual se perguntava aos norte-americanos quem "levava jeito" para ir para o céu.[18] Bill Clinton não se saiu muito mal, com 52 por cento dos entrevistados indicando que ele seria bem recebido nos portões celestiais. A princesa Diana obteve um resultado um pouco melhor, com 60 por cento dos votos. Em segundo lugar, veio a madre Teresa, com 79 por cento. Mas quem ganhou a eleição, registrando expressivos 87 por cento? A maioria das pessoas se colocou no topo da lista celestial. Será que realmente vivemos em comunidades e países habitados quase completamente por candidatos a santos?

Há alguns anos, o programa de televisão *World in Action* me pediu para estruturar diversos testes que examinassem a honestidade do país. Em vez de adotar a abordagem de Trinkaus e observar pessoas cometendo transgressões relativamente pequenas, decidi ir um pouco além e me focalizar em graves atos de egoísmo. Muitos dos testes foram realizados nos lugares mais inocentes e a maioria dos participantes ainda não faz idéia de que tomou parte de um estudo científico.

Imagine que você fosse a um caixa eletrônico e, ao colocar o cartão na máquina, saltasse uma nota de 10 libras. Você pegaria o dinheiro e iria embora ou devolveria a nota ao banco?

O primeiro experimento foi projetado para descobrir como uma amostra aleatória reagiria a essa situação. Os produtores do programa obtiveram uma permissão especial para manipular por um dia o caixa eletrônico de um conhecido banco britânico. Eles fizeram um engenheiro remover toda a maquinaria normal e substituí-la por um dispositivo que forneceria uma nota de 10 libras sempre que alguém parasse em frente à máquina. Nossa primeira cliente desavisada chegou em frente à máquina e, como esperado, apareceu uma nota de 10 libras. Câmeras ocultas registraram todos os movimentos da cliente. A mulher se mostrou notavelmente honesta: levou imediatamente a nota para a agência e entregou-a ao caixa confuso, explicando o que se passara. No entanto, essa honestidade foi a exceção, e não a regra. Mais de dois terços dos clientes ficaram com o dinheiro e alguns voltaram várias vezes para explorar ao máximo a oportunidade. Nosso participante mais desonesto voltou em vinte ocasiões diferentes.

Por que tantos se dispuseram a ficar com um dinheiro que não lhes pertencia? Talvez o uso de um caixa eletrônico tenha distorcido os dados. Talvez as pessoas pensem que ficar com dinheiro que lhes foi dado por uma máquina é muito diferente de efetivamente tirar dinheiro de alguém. E também havia o fato de que julgavam ficar com um dinheiro que pertencia ao banco. Talvez nossos participantes desprevenidos tenham visto o dinheiro cuspido por um caixa eletrônico como uma oportunidade de ajustar contas com uma organização que, em sua opinião, só erra em benefício próprio.

Para testar essas idéias, os produtores do programa prepararam um segundo experimento. Dessa vez, as pessoas recebiam dinheiro de alguém, e não de uma máquina. O banco impessoal foi substituído por uma loja amigável.

Imagine-se comprando uma revista numa loja e pagando com uma nota de 5 libras. Para sua surpresa, o caixa lhe dá troco para 10 libras. Você teria a honestidade de devolver o dinheiro?

Para descobrir o nível de honestidade do público nessa condição, os realizadores do programa ocuparam uma loja de revistas no norte da Inglaterra e a transformaram num laboratório por um dia. Na primeira parte do estudo, o caixa foi instruído a dar troco a mais aos compradores. Quando alguém pagasse com uma nota de 5 libras, o caixa deveria dar-lhe troco para 10 libras. Se alguém pagasse com uma nota de 10 libras, receberia troco para 20. Quando nossos primeiros clientes desavisados entraram na loja, a equipe esperou para ver se eles seriam suficientemente honestos para admitir a sorte inesperada. Todos ficaram com o dinheiro. Muitos saíram da loja com um sorriso maroto no rosto.

Tal como ocorre em toda pesquisa, era importante descartar outras possíveis interpretações dos resultados. Talvez as pessoas não fossem desonestas, era possível que (apesar do sorriso) elas não tivessem percebido que receberam troco a mais. O estudo foi repetido, porém dessa vez pediu-se ao caixa para contar o troco em voz alta. Quando os próximos clientes entraram na loja, o caixa contou cuidadosamente o excesso de troco na mão deles. Os que pagaram com uma nota de 5 libras receberam troco para 10 libras e os que entregaram uma nota de 10 libras receberam troco para 20. Todos os clientes levaram o troco sem dizer uma palavra sequer.

Para dar maior destaque ao engano, na penúltima parte do experimento pedimos ao caixa que contasse o troco a mais na mão do cliente, se mostrasse confuso e então perguntasse qual o valor da nota que fora dada. Certamente dessa vez as pessoas seriam bastante honestas para admitir o erro? Quase ninguém disse a verdade. O interessante é que os compradores não mentiram diretamente, mas verificaram se o caixa não teria meios de saber se eles tinham dado 10 ou 20 libras ("Você não pode ver na gaveta?"), antes de reverterem a situação em benefício próprio. Apenas uma pessoa assinalou o erro do caixa. Numa entrevista posterior, ele disse que era cristão e que Jesus não ficaria feliz se ele se apropriasse do troco. Por mais que tentássemos, ninguém na equipe conseguiu ver uma forma de testar essa teoria.

Na parte final do estudo, um membro da equipe ficou do lado de fora da loja, como se fizesse uma pesquisa de mercado. Quando alguém que acabara de receber troco em excesso saía da loja, o pesquisador fazia algumas perguntas sobre honestidade. Ele ou ela achava os jornalistas honestos? A rainha era digna de confiança? Finalmente, a pergunta mais importante de todas: "Se você recebesse troco a mais numa loja, devolveria o dinheiro?" Até ser feita a pergunta final, todas as respostas eram rápidas e claras. Não, eles não confiavam nos jornalistas. Sim, eles achavam a rainha honesta. Então, subitamente as pessoas assumiam uma atitude evasiva. Embora tivessem acabado de cometer a desonestidade em questão, elas produziam respostas muito mais longas e vagas: "Não consigo me lembrar qual foi a última vez em que isso me aconteceu", "Não costumo contar o troco", "Eu realmente nunca verifico o troco". As pessoas não eram honestas nem em uma pesquisa anônima.

Essas descobertas apresentavam uma visão fascinante, porém deprimente, da natureza humana. A falta de ética está viva e passa bem na Grã-Bretanha de hoje. Embora a vasta maioria dos cidadãos se declare honesta, muitos de nós somos totalmente capazes de agir com desonestidade se a situação for favorável.

Contudo, nem tudo foi trevas. Um terceiro e último conjunto de estudos revelou que, quando se trata de ser egoísta ou desprendido, mudanças pequenas e sutis fazem muita diferença. O primeiro estágio do experimento da loja de revistas foi repetido, porém, em vez de usar uma filial de uma grande cadeia de lojas, utilizamos uma lojinha de bairro. Tal como ao caixa da grande loja de revistas, pedimos ao dono da lojinha para dar excesso de troco aos clientes – se eles pagassem com uma nota de 5 libras, receberiam troco para 10 libras e se pagassem com uma nota de 10 libras, receberiam troco para 20. Dessa vez, os resultados foram bem diferentes. Enquanto na experiência anterior todos pegaram o dinheiro sem dizer nada, agora a metade dos compradores devolveu instantaneamente o excesso de troco. Aparentemente é aceitável tirar dinheiro de uma grande empresa, mas não de uma pequena loja de bairro. Quando entrevistados posteriormente, muitos dos clientes honestos disseram que simplesmente não era certo roubar de alguém que era como eles. Esses comentários amparam uma das principais teorias que influenciam nossa capacidade de dar e de tomar. Isso está relacionado com a psicologia da similaridade.

Nixon, buzinas e o monge louco da Rússia

Richard Nixon deu várias vezes uma contribuição involuntária para a psicologia. Em 1960, ele participou do primeiro debate presidencial a ser televisionado. Os ouvintes de rádio deram a vitória do debate a Nixon, ao passo que os telespectadores atribuíram-na a Kennedy. Por quê? Porque Nixon se recusou a usar maquiagem e seu rosto se mostrou suado e ansioso durante o debate. Os pesquisadores descobriram que os telespectadores se focalizam no que vêem, e não no que ouvem, portanto chegaram a uma decisão contrária à dos ouvintes de rádio.[19] Também temos o famoso "efeito Nixon".[20] Depois do escândalo de Watergate, ao fazer o discurso de renúncia, Nixon parecia calmo e seguro de si. Contudo, analisando as expressões faciais do ex-presidente, os pesquisadores perceberam que ele piscava numa "freqüência furiosa" (bem acima de cinqüenta piscadas por minuto), revelando um nível extremamente alto de ansiedade. Uma análise subseqüente da freqüência de piscadas durante oito debates presidenciais televisionados mostrou que o candidato que mais piscava perdeu a eleição em sete das oito ocasiões.[21]

A passagem de Nixon pela Casa Branca também se mostrou extremamente útil para os pesquisadores que examinavam a psicologia do altruísmo. A atitude dele em relação ao Vietnã resultou numa das maiores passeatas pela paz de nossa era. Em abril de 1970, mais de 200 mil manifestantes realizaram uma demonstração gigantesca em Washington. Enquanto a mídia se preocupava com o possível impacto do evento sobre a política internacional, o psicólogo Peter Suedfield e seus colegas da Rutgers University, em Nova Jersey, viram uma oportunidade de realizar um estudo secreto sobre similaridade e solidariedade. [22]

Alguns meses antes, os pesquisadores pediram a um ator que deixasse crescer o cabelo e o bigode. No início da marcha, eles deram ao ator um cartaz em que se lia "Fora Nixon" e cuidaram para que ele estivesse, conforme descreveram em artigo posterior, "vestido em trajes descolados". Uma pesquisadora levou o ator até a multidão. Num momento predeterminado, o ator subitamente sentava-se no chão e segurava a cabeça com as mãos, fingindo passar mal. A pesquisadora então se dirigia a um manifestante genuíno e dava início a um roteiro bem ensaiado.

Inicialmente, ela perguntava aos manifestantes se eles poderiam ajudar seu amigo, que se sentia mal. Se os manifestantes se dispusessem a ajudar, ela perguntava se eles se importariam de tirá-lo do meio da multidão. Aos que concordavam, ela pedia que ajudassem a levá-lo até um posto de primeiros socorros. Se os manifestantes colaborassem com esse pedido, o ator que interpretava o "amigo" pedia para ajudá-lo a fazer a viagem de 10 quilômetros até sua casa. Finalmente, aos manifestantes que se mostrassem preparados para fazer a viagem, pedia-se que fornecessem o dinheiro da passagem. Nesse momento, o ator supostamente doente passava por uma súbita e inesperada recuperação e os manifestantes recebiam os agradecimentos e a informação de que sua assistência já não era mais necessária.

Para descobrir a relação entre a ajuda prestada e a similaridade, os cientistas repetiram o estudo em circunstâncias diferentes. Dessa vez, o ator recebeu um cartaz em que se lia "Apóie Nixon", teve o cabelo cortado e o bigode raspado, trocou as "roupas descoladas" por trajes mais conservadores (camisa esporte, calça social e mocassins). O que não mudou foi o roteiro – a pesquisadora e o ator repetiram exatamente as mesmas solicitações de antes.

As duas condições resultaram em níveis de ajuda diferentes. Quando o ator tinha a aparência de um manifestante pela paz, os participantes da passeata se comportaram como bons samaritanos. Muitos deles ofereceram ajuda, tendo alguns chegado a se dispor a pagar a passagem do ator para casa. Alguns se ofereceram para dar uma carona ou, não tendo carro ou dinheiro, para acompanhar o ator na caminhada de 10 quilômetros até em casa. A situação foi muito diferente quando o falso manifestante estava barbeado e formalmente vestido. Subitamente, os generosos pacifistas se mostraram muito menos dispostos a ajudar. A necessidade de assistência era exatamente a mesma, mas agora o ator fazia parte "da oposição".

O estudo ilustra um conceito muito simples, mas poderoso. Nós ajudamos pessoas que se parecem conosco. Décadas de experimentos envolvendo estudantes cobertos de ketchup pedindo ajuda na rua mostraram repetidamente o mesmo efeito. As pessoas são mais altruístas quando o necessitado de ajuda é da mesma idade, meio e maneira de vestir. Quem se parece e se comporta como nós tem mais probabilidade de ser geneticamente relacionado, ou pelo menos de pertencer à mesma tribo, portanto, é visto como mais merecedor de nossa boa vontade.

Minha experiência favorita sobre esse efeito de similaridade foi realizada pelo professor Joseph Forgas, da Oxford University, e examinava a maneira como diferentes motoristas europeus usam a buzina do carro.[23] O projeto de Forgas combinava os três elementos que caracterizam muitas idéias peculiares: era brilhante, simples e ligeiramente estranho. Ele fez um homem e uma mulher dirigirem um fusquinha cinza pela Alemanha, França, Espanha e Itália. O casal cruzou várias cidades aproximadamente do mesmo tamanho, fazendo o possível para estar na primeira fila de carros quando um sinal ficava vermelho. Quando o sinal abria, para aborrecimento dos motoristas de trás, eles pareciam apenas ficar sentados dentro do carro. Na verdade, não era bem assim. Eles anotavam cuidadosamente como o motorista imediatamente atrás deles usava a buzina, registrando inclusive o tempo transcorrido antes da primeira buzinada e sua duração. Esse era um trabalho arriscado. Numa experiência similar realizada alguns anos antes, diversos motoristas descarregaram a frustração jogando o carro contra o veículo dos pesquisadores.[24] Forgas e seus colegas, porém, sobreviveram para contar a história e, o mais importante, para analisar os dados.

Os italianos se revelaram os mais impacientes, buzinando, em média, depois de cinco segundos. A seguir, vieram os espanhóis, com a marca de seis segundos. Os franceses alcançaram sete segundos e os alemães, os mais pacientes, esperaram aproximadamente 7,5 segundos.

Nessa parte inicial do estudo, o pesquisador fez o possível para garantir que os condutores não fossem influenciados pela nacionalidade dos motoristas parados no sinal. Por essa razão, o fusca exibia um emblema australiano bastante visível. De acordo com os pesquisadores, isso "satisfazia mais ou menos ao requisito de carro 'estrangeiro' genérico, representando um país cujo estereótipo nacional era presumivelmente neutro". Em um segundo estágio do estudo, a equipe substituiu furtivamente o emblema australiano por um alemão e repetiu o procedimento. Dessa vez, os italianos, espanhóis e franceses fizeram soar a buzina muito mais depressa: os italianos se contiveram por apenas três segundos; os espanhóis e franceses deram vazão à raiva na marca aproximada de quatro segundos. Na Alemanha, porém, a situação foi bem diferente. Aqui, o tempo transcorrido antes do soar da buzina se estendeu até quase oito segundos. Algo tão simples quanto um emblema havia instigado sentimentos de similaridade ou diferença, exercendo um impacto significativo sobre o tempo decorrido antes que os motoristas começassem a apertar as buzinas.

Esse não foi o único trabalho a utilizar adesivos no pára-choque para demonstrar o importante papel que a similaridade exerce em nossa vida.

O verão de 1969 testemunhou uma série de choques sangrentos entre a polícia dos Estados Unidos e os Panteras Negras, uma organização de direitos civis afro-americana. Nessa época, Frances Heussenstamm estava ministrando um curso de psicologia no California State College. Muitos dos alunos negros comentaram que estavam recebendo um grande número de multas de trânsito. Heussenstamm observou que todos eles tinham, no pára-choque dos automóveis, adesivos de apoio aos Panteras, e se perguntou se a causa da multa seria preconceito da polícia ou má direção.[25]

Para resolver essa questão, Heussenstamm pediu a outros 45 estudantes com prontuários de motoristas exemplares para participarem de um experimento bastante incomum. Os estudantes deviam colocar em seus carros um adesivo dos Panteras Negras. Todos os participantes assinaram um documento declarando que não fariam nada para atrair a atenção da polícia. Os carros foram cuidadosamente inspecionados para garantir que estivessem em perfeitas condições de circulação. Além disso, todas as manhãs os estudantes assumiam o compromisso de dirigir com segurança. Duas horas depois do início do experimento, o primeiro participante recebeu uma multa por "ultrapassagem incorreta". No dia seguinte, cinco outros participantes receberam multas por violações de baixa gravidade como "não manter a distância" ou "dirigir muito devagar". Os participantes pagaram as multas pessoalmente, tendo um deles recebido a segunda multa quando estava a caminho de pagar a primeira. Depois de três semanas, o grupo havia recebido um total de 33 multas e o experimento foi encerrado porque Heussenstamm ficou sem dinheiro para pagá-las. Ela relata que, quando anunciou o final do estudo, "os motoristas restantes ficaram aliviados e foram imediatamente até os carros para remover os adesivos". Embora a concepção do estudo não seja perfeita (Heussenstamm propõe que, num estudo futuro, um segundo grupo de participantes dirija com um adesivo onde se leia "América – ame-a ou deixe-a"), os resultados mostram como algo tão simples quanto um adesivo no pára-choque influencia expressivamente o fato de sermos ajudados ou estorvados, até mesmo por aqueles cujo trabalho é ser justo e imparcial.

O professor Jerry Burger e seus colegas da Santa Clara University, na Califórnia, procuraram saber se as pessoas levariam longe demais o princípio da similaridade. Poderiam elas, por exemplo, ser persuadidas a ajudar um estranho porque este compartilhava com elas um símbolo de similaridade completamente sem significado – a mesma data de nascimento?

Burger e sua equipe convidaram voluntários a visitarem seu laboratório a pretexto de participar de um experimento sobre astrologia.[26] O pesquisador apresentava o voluntário a um segundo participante (na verdade, um ator que fazia parte da equipe), entregando um formulário a cada um deles. A primeira página do formulário pedia vários dados pessoais, inclusive o nome e a data de nascimento. Em 50 por cento das ocasiões, quando o participante genuíno preenchia a data de nascimento, o ator sub-repticiamente preenchia a mesma data no próprio formulário. Nas outras ocasiões, o ator escrevia de propósito uma data diferente.

O pesquisador pedia então a cada "voluntário" para dizer em voz alta a data de nascimento como modo de garantir que todos recebessem o horóscopo correto para avaliar. Metade dos participantes descobria uma coincidência surpreendente: eles compartilhavam a mesma data de nascimento com a outra pessoa! (A outra metade dos participantes, naturalmente, descobria que os dois haviam nascido em datas diferentes.) O participante e o ator avaliavam a exatidão de seus respectivos horóscopos e saíam do laboratório. O voluntário pensava que o experimento havia terminado. Na verdade, estava apenas começando.

Quando os dois chegavam ao corredor, o ator puxava da pasta um ensaio de quatro páginas e perguntava ao voluntário se ele se importaria de ler o documento e escrever uma crítica indicando se os argumentos utilizados eram convincentes. Será que os voluntários que acreditavam compartilhar a data de nascimento com o autor se mostrariam mais obsequiosos? Aproximadamente um terço dos voluntários que não compartilhavam a data de nascimento com o ator concordou em ajudar. No grupo "Cara, temos a mesma data de nascimento, que coincidência!", quase dois terços aceitaram ajudar. O simples fato de acreditar num aniversário compartilhado foi suficiente para persuadir os voluntários a doarem a um completo estranho uma considerável parcela de seu valioso tempo.

Os professores Finch e Cialdini, da Arizona State University, demonstraram inclusive que o mesmo efeito leva as pessoas a fecharem os olhos para os crimes e delitos alheios.[27] Em seus estudos, os participantes liam um documento biográfico com a descrição dos terríveis crimes cometidos por Rasputin, o "monge louco da Rússia", e então avaliavam em que grau pensavam que Rasputin era uma boa pessoa. Sem que os participantes soubessem, os pesquisadores haviam previamente descoberto a data de nascimento de metade dos voluntários e manipulado o texto para indicar que a data de nascimento de Rasputin era igual à deles.

Quando os participantes pensavam compartilhar o aniversário com o monge louco, eles se dispunham a relevar-lhe as más ações e a considerá-lo muito mais agradável.

Tom Desmond, caixas de doação e *Medical Center*

O Capítulo 3 descreveu como as experiências inovadoras de Stanley Milgram sobre o fenômeno do "mundo pequeno" ajudaram a explicar por que as pessoas geralmente travam conhecimento com amigos de amigos. Quando não se dedicava a conduzir esses gigantescos jogos de "batata quente", Milgram também realizava uma quantidade considerável de pesquisa sobre a psicologia dos comportamentos pró e anti-sociais.[28] No final da década de 1960, ele voltou a atenção para uma das questões mais recentes: quando se trata de prejudicar ou ajudar a terceiros, até que ponto nosso comportamento é influenciado pela televisão? Em suma, os programas que vemos criam a sociedade em que vivemos?

Os resultados de diversas pesquisas sobre a quantidade de violência na televisão enfatizaram a necessidade de um trabalho desse tipo. Em 1971, um pesquisador descobriu que, no horário nobre, incidentes violentos eram mostrados a uma taxa de oito vezes por hora. Outra pesquisa, alguns anos depois, descobriu que a programação infantil estava "saturada de violência", e que 71 por cento dos programas continham pelo menos um ato violento.[29] Os tempos não mudaram. Uma pesquisa recente estimou que, ao saírem do ensino fundamental, as crianças terão testemunhado uma média de 8 mil assassinatos e mais de 100 mil outros atos de violência na televisão.[30]

Um trabalho prévio sobre esse tema envolveu estudos de pequena escala, em laboratório, nos quais os pesquisadores mostravam desenhos animados violentos a crianças e, em seguida, contavam cuidadosamente o número de socos que elas davam em um grande boneco inflável colocado atrás delas. Milgram estava determinado a realizar uma pesquisa altamente realista de participação em massa examinando o possível impacto da televisão sobre os Estados Unidos como um todo.

Financiado por uma grande doação da rede de televisão CBS, Milgram persuadiu os roteiristas a escreverem finais diferentes para um episódio de uma série dramática extremamente popular no horário nobre, chamada *Medical Center* (considerou-se usar a série *Missão Impossível*, mas esta foi rejeitada porque, segundo Milgram, "exibe regularmente tamanho grau de violência que nosso enredo experimental pareceria insignificante"). Durante o episódio, Tom Desmond, um servente do hospital, perdia o emprego e ficava sem condições de sustentar a mulher doente e o filho. Em um dos finais propostos, Desmond arrombava diversas caixas de coleta de doações, roubava o dinheiro e *não* era apanhado pela polícia. Em outra versão, ele roubava o dinheiro, mas era capturado. A título de controle, os pesquisadores usaram um episódio "neutro" da série, o qual, segundo Milgram, era "romântico, sentimental e totalmente desprovido de violência ou comportamento anti-social". Vincent Sherman, um conhecido diretor de cinema que havia realizado diversos filmes de grande sucesso com estrelas de Hollywood como Bette Davis e Errol Flynn, foi chamado para ajudar na elaboração das várias versões do episódio.

A CBS levou ao ar os três episódios em diferentes ocasiões do mês de abril de 1970. Milgram havia imaginado uma maneira elaborada e engenhosa de avaliar o impacto dos diferentes programas sobre o comportamento da população. Antes das transmissões, ele enviou cartas a milhares de moradores das cidades de Nova York e Saint Louis, afirmando que eles haviam sido selecionados para participar de uma pesquisa de mercado e pedindo-lhes para assistir a um episódio da série *Medical Center* num horário determinado. Eles também foram convidados a completar um questionário simples sobre os personagens do episódio e os comerciais exibidos nos intervalos do programa. Os que respondessem poderiam, após a transmissão, receber em troca da participação um rádio novo que deveriam buscar diretamente no "centro de distribuição de brindes", no centro da cidade.

Na verdade, o "centro de distribuição de brindes" era um armazém falso equipado com atores e câmeras ocultas. Quando os espectadores chegavam, entravam em um escritório vazio e encontravam um cartaz declarando:

Estamos em falta de rádios para distribuir.
Esse centro de distribuição está fechado até segunda ordem.

A aparente falta de rádios e a redação seca do aviso tinham como objetivo despertar nos participantes um sentimento de frustração. Presa a uma das paredes do escritório, também havia uma caixa de coleta de doações. A caixa estava transbordando de dinheiro e seria uma tentação para qualquer um com intenções desonestas. Os pesquisadores tiveram até o cuidado de deixar pendurada uma nota de um dólar como tentação para aqueles que não quisessem arrombar a caixa. Esse estratagema permitia a Milgram descobrir se os que tinham visto Desmond roubar dinheiro da caixa de coleta durante o programa de televisão tendiam mais a adotar um comportamento criminoso. Depois de alguns momentos, os participantes tentavam voltar atrás e sair do edifício. Então eles descobriram que a porta usada para entrar no escritório estava fechada e que precisavam seguir uma série de indicações de saída. Essas indicações levavam os participantes a uma pequena sala onde um funcionário lhes explicava que havia rádios disponíveis e lhes entregava o brinde.

Quase mil pessoas procuraram os centros. Na cidade de Nova York, a CBS transmitiu o episódio neutro da série *Medical Center* e o episódio em que Tom rouba dinheiro da caixa de coleta e é preso pela polícia. Nove por cento dos que viram o programa *neutro* pegaram a nota de 1 dólar ou arrombaram a caixa de coleta. Ver Tom roubar dinheiro e ser punido por seu crime tornou as pessoas mais honestas? Na verdade, parece que sim, já que somente quatro por cento desse grupo ou pegou a nota de 1 dólar ou arrombou a caixa. Em Saint Louis, a CBS transmitiu o episódio neutro e o episódio em que o crime de Tom fica sem punição. Apenas dois por cento dos que viram o programa neutro se comportaram de maneira desonesta, em comparação aos três por cento dos que viram Tom roubar e não ser punido pelo crime.

Preocupado com a possibilidade de algum efeito ter sido diluído pelo tempo relativamente longo entre ver os programas e chegar a um centro de distribuição de brindes, Milgram repetiu o experimento eliminando essa demora. Em um novo estudo, a população da área da Times Square, em Nova York, recebeu uma "entrada gratuita para uma pré-estréia em tevê a cores". Os que aceitaram a oferta foram levados para uma sala num prédio próximo onde havia apenas um aparelho de televisão, uma cadeira e a caixa de coleta. Os participantes ficaram sozinhos para ver um dos episódios especiais de *Medical Center*, sendo secretamente observados para ver se removiam dinheiro da caixa de coleta. O experimento não foi bem-sucedido. A maior parte dos que aceitaram as entradas grátis eram alcoólatras, dependentes de drogas ou sem-teto (vários perguntaram se era permitido dormir no laboratório), e foi necessário encerrar prematuramente a experiência por causa dos níveis subseqüentes de comportamento anti-social, tendo os participantes urinado no chão ou ameaçado a equipe. Até onde sei, esse foi o único experimento sobre a psicologia do comportamento anti-social a ser prematuramente encerrado por causa desse tipo de conduta.

Os estudos altamente elaborados, caros e abrangentes de Milgram revelaram que os programas de tevê exerciam pouco ou nenhum impacto sobre o comportamento público. As descobertas causaram alguma controvérsia. Alguns alegaram que eles representavam provas conclusivas contra qualquer legislação de controle da programação de televisão, enquanto outros criticaram os métodos e defenderam a necessidade de censura.

Esse experimento sobre a televisão com participação maciça não representou a única passagem de Milgram pelo mundo dos comportamentos pró e anti-sociais. Suas outras contribuições tiveram impacto muito maior e envolveram a concepção de um método que ainda é usado por psicólogos em todo o mundo. A idéia era extremamente simples, calcada sobre o ato inocente de, inadvertidamente, deixar cair um envelope na rua.[31]

Envelopes perdidos e os Amigos do Partido Nazista

Em 1963, Milgram e seus colaboradores de pesquisa percorreram secretamente dez distritos de New Haven, em Connecticut, deixando 300 envelopes em cabines telefônicas, calçadas e interior de lojas. Na primeira linha do endereçamento do envelope constava um dos seguintes destinatários: "Amigos do Partido Nazista", "Amigos do Partido Comunista" e "Associação de Pesquisa Médica". As linhas restantes do endereço em todos os envelopes eram idênticas: uma caixa postal em Connecticut. Milgram imaginou que seria muito mais provável alguém recolher o envelope e colocá-lo numa caixa de correio se tivesse algum tipo de simpatia pela organização mencionada no endereço. Ele estava certo. Cerca de 70 por cento dos envelopes endereçados à "Associação de Pesquisa Médica" retornaram, ao passo que apenas 25 por cento dos envelopes endereçados aos "Amigos do Partido Nazista" ou aos "Amigos do Partido Comunista" foram devolvidos.

Essas descobertas demonstraram que uma técnica tão simples quanto essa pode ser usada para avaliar a opinião pública, sem que seja preciso fazer uma única pergunta à população. Essa é uma maneira inteligente de descobrir o que as pessoas realmente pensam sobre um tema, em vez de utilizar questionários de pesquisas de opinião notoriamente pouco confiáveis.

No entanto, a técnica não estava livre de problemas. Milgram estava preocupado com a possibilidade de tantos envelopes espalhados por aí e endereçados a organizações associadas com comunistas e nazistas despertarem as suspeitas do público ou da polícia. Numa tentativa de evitar tal atenção indesejável e desnecessária, ele contatou previamente o FBI para informá-lo sobre o estudo. Isso não adiantou muito. Quando Milgram voltou a telefonar para o FBI, após encerrar a pesquisa, o agente disse que não se lembrava da chamada original e insinuou que um significativo número de policiais federais estava às voltas com o caso. Esse não foi o único problema. Milgram também relatou que os pesquisadores sempre se queixavam de dores nos pés depois de caminhar as longas distâncias necessárias para garantir uma distribuição satisfatória dos envelopes. A situação era agravada por "bons samaritanos" que viam o envelope assim que ele era largado e tratavam de recolhê-lo e devolvê-lo ao pesquisador.

Contudo, a técnica era suficientemente promissora para Milgram imaginar e testar diversas maneiras de superar esses problemas. Em uma ocasião, ele tentou distribuir os envelopes de um carro em movimento. Para evitar suspeitas, era preciso fazer isso à noite, com o resultado de diversos envelopes acabarem virados para baixo e em locais não-planejados e pouco apropriados. Milgram não se deixou intimidar e noutra ocasião alugou um aviãozinho e despejou centenas de envelopes sobre Worcester, em Massachusetts. Mais uma vez, o método se mostrou inadequado. Muitos dos envelopes acabaram presos em árvores ou caídos sobre telhados. Pior ainda foi o fato de outros terem sido sugados para dentro dos ailerons da aeronave, pondo em risco a segurança do piloto e do pesquisador.

Apesar desses reveses, Milgram usou o procedimento de espalhar envelopes em diversos outros estudos. Em uma ocasião, ele mediu o nível de preconceito racial em bairros predominantemente brancos ou negros da Carolina do Norte. Em outra, a técnica alcançou sucesso quando foi utilizada para prever o resultado da eleição presidencial de 1964, disputada por Goldwater e Johnson (embora tenha subestimado significativamente a margem da vitória de Johnson). Milgram também tentou exportar a técnica para o Extremo Oriente para investigar o percentual de partidários de Mao e de seguidores do Partido Nacionalista vivendo em Hong Kong, Cingapura e Bangkok. Infelizmente, esse projeto ambicioso também foi prejudicado por problemas imprevistos. O pesquisador enviado por Milgram para conduzir o estudo em Cingapura foi repatriado assim que chegou ao país em função de revoltas generalizadas, e o pesquisador contratado em Hong Kong desapareceu, levando os fundos de pesquisa.

A técnica ainda é usada por psicólogos sociais de nossos dias e foi empregada para examinar a opinião pública sobre uma vasta gama de temas, inclusive o *impeachment* de Clinton,[32] questões relacionadas a gays e lésbicas, aborto, a relação árabe-israelense,[33] e atitudes de católicos e protestantes na Irlanda do Norte. Em 1999, o estudante secundarista Lucas Hanft realizou um dos maiores estudos, espalhando em Manhattan e Nassau County 1.600 cartas dirigidas a diversas organizações fictícias que eram favoráveis ou contrárias ao casamento gay. Os resultados revelaram que os moradores da ilha eram mais liberais que os suburbanos. Hanft também vivenciou muitos dos problemas encontrados por Milgram, inclusive, por exemplo, ser ameaçado de prisão por jogar lixo nas ruas.

Ao longo dos anos, os psicólogos empregaram uma versão modificada da técnica de espalhar envelopes para medir os níveis de altruísmo em diferentes comunidades e países. O resultado desses estudos subseqüentes ajudou a identificar quem ajuda e quando. Alguns dos experimentos mais instigantes pesquisaram um grupo de indivíduos que costuma ser considerado altamente generoso: os muito religiosos.

A parábola do Bom Samaritano e outros mitos religiosos

Os resultados dos trabalhos que avaliam a religião e o altruísmo demonstram que, de um modo geral, os praticantes de religiões são generosos com os necessitados.[34] Algumas das pesquisas mais estranhas nessa área, porém, questionam se esse altruísmo se manifesta sempre.

Na década de 1970, o psicólogo Gordon Forbes e seus colegas da Millikin University, em Illinois, queriam descobrir quais grupos religiosos eram mais e menos prestativos.[35] Não parecia ser interessante perguntar a diferentes grupos de freqüentadores de igrejas se eram boas pessoas, já que todo mundo diria que sim. Em vez disso, os pesquisadores pediram a um teólogo experiente para identificar as dez igrejas mais liberais e as dez mais conservadoras da região. Durante os cultos dominicais, os pesquisadores se esgueiraram pelas imediações do edifício, espalhando cartas em portais e estacionamentos. Eles então repetiram esse procedimento durante a missa nas igrejas católicas.

Todas as cartas estavam fechadas e sem selo, endereçadas aos moradores da região "Sr. e Sra. Fred Guthrie". Com notável discrição, os pesquisadores garantiram a possibilidade de identificar as cartas deixadas nas igrejas liberais, conservadoras e católicas, mudando a inicial do meio do nome de Fred. Foram devolvidas aproximadamente 40 por cento das cartas deixadas em cada um dos três tipos de igreja. Nenhuma delas estava previamente selada, portanto as pessoas que recolhessem as cartas tinham uma escolha a fazer: poderiam colocar um selo na carta e depositá-la numa caixa de correio, ou poderiam enviar a carta pelo reembolso postal. O estudo mostrou que os católicos e os liberais são os mais generosos, colocando os selos em 89 por cento e 87 por cento dos envelopes, respectivamente. No entanto, apenas 42 por cento dos membros de igrejas conservadoras se permitiram esse ato de caridade, tendo as cartas restantes sido devolvidas pelo reembolso postal. Como observam os autores:

> Essas descobertas revelam que os membros das igrejas conservadoras têm a mesma disposição para ajudar estranhos que os membros das igrejas liberais ou católicas; no entanto, eles estão muito menos dispostos a gastar alguns centavos com esse objetivo.

Esse estudo não é o único a questionar as intenções altruistas daqueles que se consideram muito religiosos. Em 1973, os psicólogos John Darley e C. Daniel Batson, de Princeton, descreveram um estudo notável sobre religião e generosidade.[36] No início do estudo, um grupo de futuros ministros de uma das maiores instituições de formação teológica do mundo foi solicitado a preparar um sermão com base na parábola do Bom Samaritano. De acordo com essa conhecida história bíblica, um homem é espancado por ladrões e abandonado na rua para morrer. Diversos clérigos passam por ele, mas seguem adiante. Por fim, um bom samaritano sai de seu caminho para dar assistência e a parábola termina convocando todos a prestarem ajuda aos necessitados. Depois de se prepararem, os futuros ministros foram informados de que seus sermões seriam filmados em outro local, receberam o endereço do outro edifício e se dirigiram para lá. Embora não tivesse consciência disso, cada passo do caminho estava sendo secretamente observado pelos pesquisadores.

Na curta viagem entre os dois prédios, cada participante passou por um homem (na verdade, um ator) que estava evidentemente precisando de ajuda. Ele estava recostado em um portal, com a cabeça abaixada e os olhos fechados. Quando cada participante passava por ele, o ator emitia um gemido ensaiado e tossia duas vezes. Os pesquisadores queriam saber se os futuros ministros praticariam o que pregavam e ajudariam o homem. Embora estivessem a caminho de fazer um sermão sobre a importância de ser um bom samaritano, mais da metade dos participantes passou pelo homem sem parar. Alguns, na verdade, saltaram sobre ele. Em uma versão ligeiramente modificada desse estudo, os pesquisadores disseram ao outro grupo de futuros ministros que eles precisavam chegar ao segundo edifício o mais depressa possível. Nessas circunstâncias, o nível de ajuda caiu para apenas 10 por cento. A experiência é muito reveladora da natureza humana, inclusive da expressiva diferença entre as palavras e os atos dos indivíduos e de como um ritmo acelerado de vida pode ajudar a criar uma cultura de indiferença.

No início deste capítulo descrevi uma série de estudos conduzidos pelo programa de televisão *World In Action*, investigando a honestidade do país. Os produtores do programa também fizeram estudo comparando a honestidade de dois grupos das criaturas mais e menos confiáveis da sociedade: os padres e os vendedores de carros usados. De acordo com os resultados de uma pesquisa recente do instituto Gallup, 59 por cento da população considera os religiosos honestos, mas apenas cinco por cento pensa o mesmo dos vendedores de automóveis. Mas essas opiniões realmente refletem a verdadeira honestidade? Para descobrir, a equipe criou uma empresa falsa de artigos para decoração chamada "Honestidade", e enviou a um grupo de padres e vendedores de automóveis uma carta da recém-criada organização. A carta agradecia por uma compra recente e continha um cheque de reembolso no valor de pouco mais que 10 libras. Todos os endereçados saberiam que não haviam comprado nada da empresa, mas quantos seriam desonestos a ponto de depositar o cheque? A diferença entre os dois grupos foi muito pequena: tanto os padres quanto os vendedores de automóveis depositaram 50 por cento dos cheques.

A vida urbana

Uma pequena variação da técnica de espalhar envelopes preconizada por Milgram também foi usada por Robert Levine, da California State University, para analisar a bondade pelo mundo afora.

O trabalho inicial de Levine investigou em 36 grandes cidades nos Estados Unidos se a população ajudava ou não.[37] Em vez de espalhar envelopes pelas ruas, Levine e sua equipe colocaram envelopes selados no pára-brisas de carros aleatoriamente selecionados nos estacionamentos de shoppings, acompanhados de uma nota manuscrita em que se lia: "Encontrei isso ao lado de seu carro." Eles queriam ver quantas cartas voltavam de cada área. Esse teste de prestimosidade foi complementado por diversos outros. Os pesquisadores deixavam cair canetas quando passavam em frente a pessoas escolhidas ao acaso e contavam quantos as apanhavam e devolviam. Um pesquisador bastante saudável colocava uma tala na perna e ficava de pé na rua tentando alcançar uma pilha de revistas que havia deixado cair. Outro pesquisador observava às escondidas a reação do público. O mesmo pesquisador também colocava óculos escuros, brandia uma bengala branca e tomava nota de quantos transeuntes o ajudavam a atravessar uma rua movimentada.

Levine investiu muito tempo e esforço para tornar esses testes tão científicos quanto possível. No teste da caneta perdida, por exemplo, os pesquisadores tinham o cuidado de caminhar sempre numa velocidade padronizada (1,5 passo por segundo) em direção a alguém que viesse em sentido contrário, ensaiavam o gesto de colocar naturalmente a mão no bolso e, aparentemente sem perceber, deixavam cair a caneta. Quando se faziam passar por cegos, os pesquisadores se colocavam em esquinas que tivessem "faixa de pedestres, sinal de trânsito e um fluxo moderado e constante de transeuntes". Chegando à esquina no momento em que o sinal ficava verde, o pesquisador media secretamente quanto tempo se passava até que alguém o ajudasse a atravessar a rua.

No total, eles descobriram que nas cidades pequenas do sudeste do país os moradores eram mais prestimosos, ao passo que os habitantes das grandes cidades no nordeste tinham menos probabilidade de ajudar. No topo da lista dos "solidários" está Rochester, no estado de Nova York; Houston, no Texas, ficou colado, no segundo lugar; Nashville, no Tennessee, ficou em terceiro; e Memphis, no Tennessee, ficou em quarto. Nos Estados Unidos, o lugar em que a população menos ajuda é Patterson, em Nova Jersey; o segundo e o terceiro piores lugares ficaram com Nova York e Los Angeles, respectivamente.

Os resultados do teste da carta perdida foram especialmente interessantes. Em Nova York, algumas cartas retornaram contendo comentários irritados e agressivos, rabiscados sobre elas. Como observa Levine ao descrever o experimento em seu livro *The Geography of Time*:

> Só mesmo de Nova York recebi um envelope cuja lateral foi completamente rasgada e deixada aberta. Nas costas da carta, o benfeitor havia rabiscado, em espanhol: "Hijo de puta iresponsable" – expressão cuja tradução faz uma acusação bastante desagradável à minha mãe. Embaixo disso estava uma palavra bastante direta: "F____-se."

Em Rochester foi diferente. Um bom samaritano anônimo escreveu uma nota muito simpática para acompanhar a carta perdida, com um pós-escrito que lembra o trabalho original de Milgram sobre mundos pequenos. No envelope havia uma pergunta para Levine: "Você por acaso é parente dos Levine de Nova Jersey ou Long Island?"

Entusiasmados com o sucesso de sua pesquisa de âmbito nacional, Levine e seus colegas decidiram tornar o estudo global.[38] Eles viajaram pelo mundo, visitando as capitais de 23 países diferentes. Deixaram cair mais de 400 canetas, usaram uma tala na perna mais de 500 vezes, e perderam mais ou menos 800 cartas. A técnica da carta perdida se tornou um pesadelo em matéria de choque cultural. Em Tel-Aviv, pacotes ou cartas deixados no chão ou no pára-brisas de carros são freqüentemente associados a bombas, portanto todo mundo fica à distância deles. Em El Salvador, as cartas geravam suspeita porque costumam fazer parte de um golpe bem conhecido no qual, se alguém pega a carta, é interpelado por um homem que se diz dono do objeto. O homem alega que a carta continha dinheiro e que ele não está mais lá, portanto o desavisado tem de dar um pouco de seu próprio dinheiro. Alguns outros países não têm caixas de correio ou, como é o caso da Albânia, não dispõem de um sistema postal confiável. Contudo, apesar das dificuldades, os pesquisadores perseveraram e acabaram por produzir uma pesquisa internacional sobre ajuda.

A pesquisa se mostrou favorável à imagem da América Latina, com o Rio de Janeiro (Brasil) e São José (Costa Rica) liderando a lista de cidades mais solidárias. Lilongwe (Maláui), na África, veio em terceiro lugar. Cingapura (Cingapura), Nova York (Estados Unidos) e Kuala Lumpur (Malásia) ocuparam os três piores lugares. As diferenças não foram nem um pouco insignificantes. No Rio de Janeiro e em Lilongwe, os pesquisadores "cegos" tinham ajuda para atravessar a rua em todas as ocasiões, ao passo que em Cingapura e Kuala Lumpur eles tiveram um índice de sucesso de 50 por cento. Em São José, 95 por cento dos transeuntes ajudaram o pesquisador com uma tala na perna a recolher as revistas que havia deixado cair. Em Nova York esse número caiu para apenas 28 por cento.

Ao fazerem um exame mais profundo desses dados sobre a solidariedade nas cidades dos Estados Unidos, Levine e seus colegas descobriram que a densidade populacional fornecia um dos melhores fatores para a previsão da disposição para ajudar. Por que a densidade populacional diminui essa disposição? De acordo com uma teoria desenvolvida por Milgram, os habitantes das cidades populosas tendem a passar por maior quantidade de "sobrecarga sensorial".[39] Eles são constantemente bombardeados com informação vinda de terceiros, de telefone celulares, do trânsito e da publicidade. Como resultado, eles fazem o que todo sistema tende a fazer quando recebe excesso de informação – estabelecem prioridades, dedicando menos tempo a lidar com as diversas fontes que competem por atenção. Milgram acreditava que o resultado disso era o indivíduo passar por alguém que precisa de ajuda e delegar a responsabilidade de assistência a terceiros. Tudo isso cria um paradoxo, segundo o qual quanto maior o número de ocupantes de um espaço, maior o sentimento de solidão e isolamento.

Mas a curiosidade de Levine não estava restrita à relação entre o tamanho de uma cidade e a ajuda que os cidadãos provêem. Ele se perguntava se o ato de ajudar ou não poderia ser determinado pela velocidade da vida na cidade.

Medindo o ritmo da vida

Desejosos de quantificar esses fatores aparentemente indefiníveis, Levine e seus colegas visitaram 31 países em todo o mundo, registrando três indicadores de velocidade da vida.[40]

Ele mediu a velocidade média com que pedestres escolhidos ao acaso caminhavam um trecho de calçada de 18 metros; foram a várias agências de correios e anotaram secretamente o tempo necessário para um cliente comprar um único selo; e tomaram nota da exatidão dos relógios em 15 bancos selecionados aleatoriamente no centro das cidades.

O trabalho foi muito metódico. Quando mediam a velocidade dos pedestres, os pesquisadores tinham o cuidado de escolher locais planos, sem obstruções e não muito populosos. Crianças, portadores de deficiências físicas evidentes e pessoas olhando vitrines eram excluídos da análise. Quando estavam medindo a velocidade do atendimento nos correios, os pesquisadores entregavam aos atendentes um bilhete escrito em língua local, para ajudar a minimizar qualquer possível confusão por questões culturais. As análises mostraram que as três medidas estavam relacionadas entre si, constituindo, de fato, indicadores da velocidade da vida na cidade.

Levine combinou os diferentes indicadores numa única medida de velocidade. Os resultados revelaram que a Suíça tem o ritmo de vida mais acelerado do mundo (os relógios de bancos mostravam uma discrepância de apenas 19 segundos), sendo a Irlanda o segundo colocado e a Alemanha o terceiro. O interessante é que oito dos nove países mais acelerados ficam na Europa Ocidental (o Japão quebrou o domínio total das primeiras posições, conquistando o quarto lugar). A Inglaterra é o quinto colocado e tem o quarto ritmo de caminhada mais acelerado da lista inteira. O único país da Europa Ocidental considerado no estudo que não ocupou uma das dez primeiras posições foi a França (que ficou em 11° lugar, logo depois de Hong Kong), um resultado que Levine atribui ao fato de terem feito as medições quando o país estava passando por um dos verões mais quentes de sua história. Os três países mais lentos foram o Brasil, a Indonésia e o México. As oito últimas posições foram todas ocupadas por países da África, Ásia, Oriente Médio e América latina. Dentro dos Estados Unidos, Boston foi a cidade mais veloz (tirando a primeira posição de Nova York por uma pequena margem), e Los Angeles, a mais lenta. O estudo também revelou mais provas da grosseria dos moradores de Nova York, pois essa foi uma das duas únicas cidades em que os pesquisadores foram insultados pelos agentes postais (a outra foi Budapeste).

Levine encontrou indícios de que as populações das cidades com menor ritmo de vida ajudam mais. Como foi previsto pela teoria de Milgram sobre a sobrecarga sensorial, quanto mais as pessoas correm, menos tempo devotam aos fatores externos a seus objetivos principais.

Essa não é a única desvantagem de viver numa sociedade com um ritmo mais acelerado. No final da década de 1980, Levine e sua equipe visitaram 36 cidades dos Estados Unidos e compararam o ritmo de vida de cada uma delas com o respectivo índice de óbitos por doença coronariana.[41] A hipótese era simples: os habitantes de cidades mais aceleradas provavelmente estão mais próximos da chamada personalidade tipo A. Indivíduos com esse conjunto de características atribuem grande ênfase à urgência, à competitividade e a uma tentativa de realizar muito em pouco tempo. Os indivíduos do tipo A tendem a falar depressa e concluir a frase dos interlocutores. Geralmente são os primeiros a terminar a refeição e olham para o relógio com mais freqüência que a maioria. Alguns pesquisadores acreditam que esse modo de vida sobrecarrega o corpo com muito estresse e tensão. O trabalho de Levine mostrou que as cidades que vivem em alta velocidade têm mais fumantes e índices mais elevados de doenças cardíacas. Uma análise posterior mostrou que, em cada cidade, a velocidade ao caminhar e o número de pessoas que usam relógios eram bons indicadores do problema. Por que existe essa relação doentia entre esses fatores? Talvez os tipos A sejam atraídos pelas cidades de ritmo acelerado. Talvez viver nesses lugares transforme as pessoas em tipo A. Talvez haja uma combinação dos dois fatores. Qualquer que seja a explicação, a mensagem é clara. Além de tornar as pessoas menos solidárias, a velocidade mata.

Todo mundo junto!

As medições globais de Levine com revistas, canetas e cartas levam a crer que a densidade populacional e a velocidade da vida não são os únicos fatores que influenciam o nível de solidariedade. Você se preocupa com os outros, ou apenas consigo mesmo? Alguns psicólogos acreditam que a resposta a essa pergunta é, em grande parte, culturalmente determinada. Algumas comunidades e países adotaram um conjunto de valores a que os pesquisadores denominam "individualismo". Essas sociedades dão ênfase às necessidades e aos direitos do indivíduo e se preocupam menos em recompensar as atividades que beneficiam grupos. No outro extremo do espectro está a abordagem coletivista, em que as pessoas se vêem como parte de um grupo mais amplo (seja a família, uma organização ou toda a sociedade), e que tende a recompensar comportamentos que beneficiam o coletivo. Os resultados de Levine contêm indícios incipientes de que as sociedades muito individualistas (como os Estados Unidos, a Grã-Bretanha e a Suíça) são menos solidárias que as coletivas (como a Indonésia, a Síria e a China). Outros trabalhos sugerem que esse efeito começa nos primeiros anos de vida. Quando os pesquisadores pediram a crianças de quatro anos para contarem histórias sobre suas bonecas, as narrativas produzidas pelos pequenos indonésios incluíam mais personagens amigáveis e solidários que as histórias criadas por crianças dos Estados Unidos, Alemanha ou Suécia.[42]

Um dos estudos mais expressivos que demonstrou o impacto de viver numa comunidade solícita foi realizado pelo psicólogo social Philip Zimbardo.[43] Da mesma forma que Stanley Milgram (que estudou a obediência, os mundos pequenos, os envelopes perdidos e a violência na televisão), Zimbardo também realizou diversas experiências que resistiram ao tempo. Ele talvez seja mais conhecido por seu estudo infame da "prisão". Durante esse experimento, estudantes universitários designados aleatoriamente para exercer o papel de carcereiros numa prisão simulada comportavam-se de forma altamente sádica para com os colegas estudantes que desempenhavam o papel de prisioneiros. Essa pesquisa de alta notoriedade não é a única ligação entre Zimbardo e Milgram. Quando crianças, os dois estudaram na James Monroe High School, no bairro do Bronx, em Nova York, e houve ocasião em que se sentaram lado a lado em diversas aulas.[44] Além disso, tal como Milgram, Zimbardo estava interessado na psicologia da solidariedade.

Sua contribuição mais destacada para a área examinou os efeitos da comunidade sobre o comportamento anti-social. Zimbardo filmou secretamente o que se passou quando deixou, numa rua em frente à New York University, um carro usado destrancado e com o capô aberto. Depois de apenas dez minutos, um carro que ia passando parou e dele saiu uma família. A mãe rapidamente removeu do interior do carro abandonado todos os objetos de valor e o pai utilizou uma serra para remover o radiador, enquanto as crianças investigavam o porta-malas. Aproximadamente 15 minutos depois, dois homens levantaram o carro e removeram os pneus. Durante as horas seguintes, outras pessoas saquearam o veículo até que nada de valor restasse, tendo a maior parte do comportamento anti-social ocorrido em plena luz do dia. Em apenas dois dias, Zimbardo filmou secretamente mais de vinte situações de vandalismo (a maior parte cometida com o dia claro por adultos brancos de classe média). O estrago resultante foi tamanho que foram necessários dois caminhões para remover da rua o carro saqueado.

Zimbardo deixou então um carro semelhante (também com o capô aberto) em um local com um senso comunitário muito maior – em frente à Stanford University, em Palo Alto, na Califórnia. Num contraste chocante com as ocorrências de Nova York, não se registrou nenhuma instância de vandalismo durante toda uma semana. Quando começou a chover, um transeunte fechou o capô do carro para proteger o motor. Quando Zimbardo voltou para remover o automóvel, três pessoas chamaram a polícia e denunciaram a tentativa de roubo de um carro abandonado.

Mas como se cria o senso de responsabilidade social? Como fazer as pessoas pararem de pensar sobre as próprias necessidades e preocupações e passarem a se ver como parte de uma comunidade maior? A boa notícia é que um trabalho dos psicólogos Jonathan Freedman e Scott Fraser, da Universidade de Stanford, mostra que para isso não é preciso muito.[45]

Na primeira parte do estudo, um pesquisador se fez passar por um trabalhador voluntário. Ele foi de porta em porta numa área residencial da Califórnia, perguntando se os moradores aceitariam colocar no jardim uma placa para ajudar a reduzir o excesso de velocidade na área. Havia apenas um pequeno problema. Era uma placa muito grande, que ia arruinar completamente a aparência da casa e do jardim. Para deixar essa questão bastante clara, o pesquisador mostrava aos moradores uma fotografia do gramado de alguém com uma grande placa mal pintada onde se lia "DIRIJA COM CUIDADO". Ela dominava completamente o espaço, ocultando a maior parte da frente da casa e bloqueando por completo a entrada. Não é surpresa que pouquíssimos moradores tenham aceitado a oferta.

No segundo estágio do experimento, o pesquisador procurava um segundo grupo de moradores e fazia um pedido quase exatamente igual. Dessa vez, porém, o aviso era muito menor. Tinha apenas 20 centímetros quadrados e dizia "DIRIJA DEFENSIVAMENTE". Era um pedido pequeno e quase todo mundo aceitou. Duas semanas depois, o pesquisador voltava e agora pedia ao morador que exibisse a placa maior. Dessa vez, 76 por cento dos consultados concordaram em colocar no jardim a placa grande e feia.

Qual o motivo dessa mudança drástica? Freedman e Fraser acreditam que a aceitação do primeiro aviso exercia um efeito poderoso sobre a forma de os moradores se verem. De repente, eles eram o tipo de pessoa que ajuda. Eram bons cidadãos, gente preparada para se sacrificar pelo bem maior. Portanto, quando foi preciso tomar uma decisão sobre o aviso grande e horroroso, eles estavam muito mais propensos a dizer sim. É um exemplo surpreendente de como criar cooperação. Leve as pessoas a aceitarem um pedido pequeno e fica muito mais fácil persuadi-las a não se incomodarem com um pedido grande.

Epílogo

Às 13h do dia 22 de agosto de 2006 eu estava de pé na porta do correio central da cidade de Dublin. A magnífica fachada do edifício ostenta seis grandes colunas de pedra. Desenrolei cuidadosamente uma fita métrica pela calçada e descobri que a distância da primeira à quinta coluna era de exatamente 18 metros. Apoiado na quinta coluna, fingi ser apenas mais um turista a desfrutar o sol de verão. Na realidade, em minha mão esquerda estava escondido um cronômetro e eu observava secretamente as pessoas que passavam em frente ao edifício. Estava à espera de pedestres que viessem sozinhos. Sempre que alguém passava pelo primeiro pilar, eu ligava o cronômetro. Alguns segundos e 18 metros depois, eles passavam por mim e eu desligava o relógio. Então olhava furtivamente para o marcador e, num bloco surrado que me acompanha na maioria de minhas pesquisas de campo, anotava o tempo transcorrido. Eu não era o único a realizar essa estranha atividade naquele dia. Uma grande equipe de pesquisadores estava fazendo exatamente as mesmas medições em 32 países pelo mundo afora.

No início deste livro, descrevi meu primeiro experimento em Esquisitologia. Realizado em 1985, o estudo consistia em abordar pessoas numa estação de trem com um cronômetro oculto e pedir-lhes para avaliar quantos segundos haviam se passado desde que eu me apresentara.[21] Anos depois, acabei de realizar minha pesquisa mais recente. Tal como o experimento da estação ferroviária, esse estudo também envolve transeuntes desavisados e um cronômetro escondido. Ao contrário de meu primeiro estudo, este não é um trabalho em pequena escala.

O Conselho Britânico tem escritórios em todo o mundo, dedicados a promover a Grã-Bretanha por meio das artes, da educação, da ciência, da tecnologia e dos esportes. No final de 2005, sugeri que nos juntássemos num grande experimento transcultural para estudar o ritmo de vida em todo o mundo. Dando continuidade à pesquisa inovadora de Robert Levine (descrita no Capítulo 6), queríamos medir em todo o mundo a velocidade de caminhada no século XXI e comparar nossos resultados com os dados de Levine, obtidos no início da década de 1990, para descobrir se as pessoas estão caminhando mais depressa que no passado.

No mesmo dia em que eu estava em Dublin, nossas equipes de pesquisa ao redor do mundo foram para os centros das cidades, armadas de cronômetro, fita métrica, papel e lápis.[1] Seguindo os passos de Levine, eles procuraram uma rua movimentada com uma calçada larga e plana, sem obstáculos, e com movimento suficiente para permitir às pessoas caminhar em sua velocidade máxima. Entre 11h30 e 14h, no horário local, eles registraram quanto tempo 35 homens e 35 mulheres levaram para percorrer 18 metros de calçada. Os pesquisadores só monitoravam adultos desacompanhados e ignoravam quem estivesse falando ao celular ou atrapalhado com bolsas de compras.

De Paris a Praga, de Cingapura a Estocolmo, os pesquisadores mediram o ritmo da vida nas grandes cidades. A pesquisa cobriu muitas das cidades documentadas por Levine e outras não incluídas no estudo de 1994. A classificação global das diversas cidades e países é mostrada a seguir.[2]

Mais acelerada

Classificação	*Cidade*	*País*
1	Cingapura	Cingapura
2	Copenhague	Dinamarca
3	Madri	Espanha
4	Guangzhou	China
5	Dublin	Irlanda
6	Curitiba	Brasil
7	Berlim	Alemanha
8	Nova York	Estados Unidos
9	Utrecht	Países Baixos
10	Viena	Áustria
11	Varsóvia	Polônia
12	Londres	Reino Unido
13	Zagreb	Croácia
14	Praga	República Tcheca
15	Wellington	Nova Zelândia
16	Paris	França
17	Estocolmo	Suécia
18	Ljubljana	Eslovênia
19	Tóquio	Japão
20	Ottawa	Canadá
21	Harare	Zimbábue
22	Sófia	Bulgária
23	Taipei	Taiwan
24	Cairo	Egito
25	Sana'a	Iêmen
26	Bucareste	Romênia
27	Dubai	Emirados Árabes
28	Damasco	Síria
29	Amã	Jordânia
30	Berna	Suíça
31	Manama	Bahrein
32	Blantyre	Maláui

Mais lenta

No mesmo dia, também enviamos nossas equipes a cada uma das principais cidades do Reino Unido. Os londrinos foram os mais acelerados, levando uma média de 12,17 segundos para cobrir 18 metros. A seguir vieram os moradores de Belfast, que cobriram a mesma distância em 12,98 segundos. O terceiro lugar coube a Edimburgo, com uma média de 13,29 segundos, e os caminhantes mais lentos foram os transeuntes de Cardiff, com um tempo médio de 16,81 segundos. Essas diferenças podem não parecer grandes, mas elas se somam. Enquanto um londrino levaria aproximadamente 11 dias de caminhada contínua para cobrir os 1.400 quilômetros entre Land's End (no extremo inferior da Cornuália) e John O'Groats (no extremo superior da Escócia), um morador de Cardiff faria a mesma viagem em quase 15 dias.

Comparando-se as 16 cidades do estudo de Levine com as nossas, pudemos determinar se o ritmo de vida estava aumentando. Fui para a Irlanda porque, no estudo de Levine, os moradores de Dublin foram os mais rápidos, levando uma média de 11,13 segundos para caminhar 18 metros. Em 2006, a situação era praticamente a mesma: meus resultados mostraram uma média de 11,03 segundos. Esse padrão se repetiu para algumas das outras cidades no topo da tabela de Levine, inclusive Tóquio, Nova York, Londres e Paris. Mas o que aconteceu com as cidades mais lentas da lista? Em 1994, os habitantes de Bucareste fizeram uma média de 16,72 segundos, ao passo que em 2006 eles completaram a distância numa média de 14,36 segundos. Os vienenses agora caminham dois segundos mais depressa, tendo seu tempo original de 14,08 segundos sido reduzido para 12,06. O mesmo padrão surgiu em Sófia, Praga, Varsóvia e Estocolmo. As maiores mudanças aconteceram em Guangzhou e Cingapura. Os moradores dessas duas cidades agora levam em média quatro segundos menos que no início dos anos 1990 para caminhar os 18 metros. Isso mostra que o ritmo de vida nesses locais está aumentando quatro vezes mais que em muitas partes do mundo. No início da década de 1990, a média geral da velocidade de caminhada nos 16 países foi igual a 13,76 segundos. Em 2006, esse número caiu para 12,49 segundos. Nosso experimento de caminhada global mostra que as pessoas ao redor do mundo estão de fato se movendo mais rápido do que nunca.

Esse aumento ocorreu em apenas dez anos. Projetado para o futuro, o resultado indica que em 2021 as pessoas estarão caminhando a mesma distância em um tempo praticamente nulo. Em 2040, elas chegarão ao destino vários segundos antes de terem saído. Considerando-se a hipótese de Milgram sobre a "sobrecarga sensorial" (descrita no Capítulo 6), a descoberta sugere que os indivíduos dessas cidades provavelmente serão menos solidários, mais focalizados nos próprios interesses e mais isolados que nunca. Dado o importante papel desses fatores na criação de comunidades solidárias, pode-se argumentar que a população urbana em todo o mundo agora se move mais rápido que a velocidade da vida. É um pensamento assustador, principalmente porque o relatório recente das Nações Unidas, *State of the World's Cities 2006/7*, concluiu que pela primeira vez na história há mais moradores nas cidades do que no campo.

Depois de completar minhas medições em Dublin, fechei meu bloco de notas, afastei-me do Correio Central (a uma velocidade de 1,5 metros por segundo) e refleti sobre 21 anos estudando o lado estranho da vida. Além dos diversos tópicos como testar a capacidade dos países para detectar mentiras e descobrir a psicologia das cantadas e dos anúncios pessoais, eles produziram diversos momentos maravilhosos e memoráveis, inclusive noites passadas em locais aparentemente assombrados, apresentações nada engraçadas em espetáculos cômicos em clubes, doutorandos vestidos como galinhas gigantes, crianças de 4 anos derrotando o mercado de ações, a sensação do calor emanado por 18 metros de carvões em brasa (não medimos a velocidade da caminhada naquele estudo, mas desconfio de que faria os moradores de Dublin parecerem lentos). No entanto, nenhuma pesquisa científica se sustenta no vácuo. Minha pesquisa foi estruturada sobre estudos realizados por catedráticos que também ousaram explorar as regiões inóspitas do comportamento humano. Pesquisadores que sofreram pela ciência, escondendo-se em supermercados e pistas de boliche; que aplicaram correntes elétricas aos cadáveres de assassinos; que deixaram os carros parados nos sinais de trânsito; e passaram horas incontáveis trabalhando sobre milhões de registros de óbito. Juntos, os esquisitologistas nos deram percepções importantes sobre muitas áreas da psicologia, entre as quais a trapaça, a superstição e o altruísmo. Esse trabalho também me ajudou a revelar a psicologia secreta que sustenta nossa vida diária e ilustrou como ela é realmente fascinante. Ou, como comenta com tanta eloqüência Sir Arthur Conan Doyle em sua obra *Um estudo em vermelho*: "A vida é infinitamente mais estranha que qualquer coisa que a mente humana possa inventar."

Por mais de 100 anos, um pequeno grupo de pesquisadores muito dedicados vem estudando gente como você. Até agora, o trabalho deles apenas arranhou a superfície do fenômeno fascinante que é a sua vida. Espero que este livro ajude a Esquisitologia a sair da periferia e que o estudo do inusitado se torne surpreendentemente comum. Espero que meus colegas docentes se sintam encorajados a realizar mais trabalhos interessantes e incomuns: que eles, por exemplo, descubram se as louras realmente se divertem mais; por que sonhamos de olhos abertos; qual a relação entre a personalidade do indivíduo e o toque de seu aparelho celular; por que algumas pessoas são mais fáceis de gostar que outras; se os ventríloquos têm múltiplas personalidades; se usar uniforme na escola torna as crianças menos criativas; e por que choramos quando estamos felizes. Para resumir, sonho com um mundo lotado de pesquisadores dedicados ao estudo dos aspectos mais obscuros e estranhos da vida. Da próxima vez que alguém pará-lo na rua e perguntar a hora certa, ou que você ficar preso atrás de um carro parado no sinal de trânsito, ou que achar uma nota de 20 libras no chão, atenção! Pode estar acontecendo muito mais do que você imagina.

Pela erradicação mundial da "Economite"

Pesquisas mostram que 87 por cento da população sofre de "economite" – o medo inteiramente racional de se ver aprisionado no meio de uma conversa chata durante um jantar. Para ajudar a aliviar esse sofrimento, promovi recentemente uma série de jantares "experimentais". Antes de ter acesso a qualquer alimento, cada um de meus convidados devia dar nota a uma quantidade de factóides retirados dos estudos descritos neste livro, atribuindo de um ("Não importa") a cinco ("É mesmo? Quando vai sair o livro?"). Então usei os dados para identificar os factóides com maior probabilidade de provocar bons papos até mesmo nas reuniões mais chatas.

Eis aqui os que se classificaram nos dez primeiros lugares:

1. 10 As pessoas que descreveram em poucas palavras um professor universitário conseguem responder corretamente a mais perguntas sobre conhecimentos gerais que as que descreveram um *hooligan*.

9 Os anúncios pessoais de mulheres atrairiam mais respostas se fossem escritos por um homem. A recíproca não é verdadeira.

8 A Mona Lisa parece enigmática porque Leonardo da Vinci pintou um sorriso que é mais surpreendente quando se olha para os olhos do retrato, em vez de olhar para a boca.

7 Mulheres que dirigem utilitários têm mais probabilidade de passar pela fila expressa do supermercado com mais de dez artigos, de ultrapassar o limite de velocidade e de estacionar em local proibido. (Este factóide se mostrou bastante popular entre as mulheres.)

6 Algumas experiências aparentemente fantasmagóricas, como sentir uma presença estranha, na verdade são causadas por ondas sonoras de baixa freqüência produzidas pelo vento ao passar por uma janela aberta. (Este recebeu pontuação máxima dos homens.)

5 As palavras contendo o som "K" – como cacatua ou quack – têm grande chance de fazer as pessoas rirem.

4 Os nascidos durante o verão têm mais sorte que os nascidos no inverno – as diferenças de temperatura na hora do nascimento tornam os nascidos no verão mais otimistas e abertos a oportunidades.

Em terceiro lugar, veio o trabalho relacionado com a linguagem da mentira:

> A melhor maneira de detectar uma mentira é ouvir, em vez de olhar. Os mentirosos falam menos, dão menos detalhes e usam a palavra "eu" com mais parcimônia do que quem fala a verdade.

O factóide que ganhou o segundo lugar também faz parte do tema da mentira e trata dos sorrisos falsos:

> A diferença entre o sorriso genuíno e o falso está nos olhos: no sorriso genuíno, a pele em torno dos olhos fica enrugada; no sorriso falso, ela permanece muito mais lisa.

O factóide campeão foi aquele fato curioso sobre o suéter e as fezes de cachorro:

> As pessoas preferem usar um suéter que caiu sobre fezes de cachorro e não foi lavado a usar uma peça de roupa que foi lavada, mas pertencia a um assassino em série.

Portanto, da próxima vez que for a um jantar, faça uso de uma ou mais dessas formas cientificamente comprovadas de criar uma conversação interessante.

Juntos, podemos erradicar a "economite".

O grande experimento secreto

No verdadeiro espírito da Esquisitologia, este livro traz embutido um estudo insólito em duas partes. Esse estudo, com o tempo, revelará muito sobre a personalidade dos leitores. Ao comprar o livro, você participou da primeira parte do estudo. A segunda parte consiste em preencher um curto questionário sobre sua personalidade no site *www.quirkology.com*.

Toda informação fornecida será confidencial e precisamos de tantos participantes quanto possível para que o estudo seja um sucesso.

Quando você estiver lendo essa nota, talvez o experimento já tenha sido completado. Se esse for o caso, os resultados estarão disponíveis em *www.quirkology.com*.

Agradecimentos

Este livro surgiu de uma conversa casual com o escritor de ciência e colunista da revista *Scientific American*, Michael Shermer. Em novembro de 2005, Michael gentilmente me convidou para fazer uma palestra no California Institute of Technology. Enquanto conversávamos no caminho de volta para meu hotel, surgiu a idéia de escrever um livro sobre meus experimentos insólitos. Obrigado, Michael. Sem aquela conversa, este livro poderia não ter acontecido.

Diversas organizações patrocinaram e ajudaram a realizar muitos dos estudos descritos aqui. Antes de tudo, quero agradecer à University of Hertfordshire por apoiar meu trabalho durante todos esses anos. Agradeço a Sue Hordijenko, Jill Nelson, Nick Hillier, Craig Brierley e Paul Briggs, da British Association for the Advancement of Science, pelo trabalho inestimável durante o experimento sobre astrologia financeira e o LaughLab. Agradeço também a Simon Gage, Tracy Foster e Pauline Mullin, do Edinburgh International Science Festival, pela ajuda na execução da pesquisa da Sorte Inata, e pela realização dos estudos explorando a ciência do sorriso e dos encontros-relâmpago. Agradeço também a Katie Smith e à equipe do Cheltenham Festival of Science, pela ajuda com o estudo sobre "mundo pequeno". Da mesma forma, agradeço a Karen Hartshorn, diretora do New Zealand International Science Festival, por ajudar na realização do Sorte Inata 2 e por promover a exposição de sorrisos na Dunedin Public Art Gallery. Obrigado ao British Council, por financiar minha viagem à Nova Zelândia, e a Felicity Connell, por cuidar tão bem de mim quando estava lá. Também gostaria de agradecer a Michael White, do British Council, por organizar o estudo sobre o "ritmo global da vida", e às equipes de pesquisadores que encontraram tempo para medir a velocidade com que se caminha pelo mundo afora.

Grande parte do trabalho descrito aqui envolveu os meios de comunicação, e tive a sorte de trabalhar ao longo dos anos com diversos jornalistas e produtores talentosos. Obrigado a Penny Park e Jay Ingram, do *Daily Planet*, por terem colaborado com tantos estudos e por persuadirem meu herói de infância, Leslie Nielsen, a participar de um de nossos experimentos. Obrigado também a John Zaritsky e sua equipe por criarem tantas boas recordações quando filmamos o documentário *No Kidding* sobre o LaughLab; e a Isobel Williams, do Bite Yer Legs, pela experiência surreal de ver pessoas se oferecerem para pagar várias libras por um aro de cortina sem valor. Devo um agradecimento especial a Roger Highfield, editor científico do *Daily Telegraph*, e ao escritor Simon Singh. Roger, obrigado por me apresentar ao brilhante mundo da comunicação científica e por transformar em realidade tantas de minhas idéias. Como você não se cansa de me lembrar, sem você eu não seria ninguém. Simon, obrigado pelo trabalho maravilhoso no experimento com Sir Robin Day, e pelos conselhos e conhecimentos inestimáveis em todos esses anos. Sem você, Roger não seria ninguém.

Devo agradecimentos também a meus colegas e colaboradores. A Matthew Smith, que conduziu o experimento sobre a loteria e passou muito tempo no escuro, fazendo coisas secretas durante as sessões espíritas simuladas. A Emma Greening, por enviar todos aqueles pacotes no estudo sobre "mundos pequenos" e por caçar fantasmas, explorar a psicologia da sugestão, vetar milhares de piadas e ainda ter energia para rir. A Sarah Woods, por ter tido o cérebro escaneado, por medir o ritmo da vida em Londres e por não tomar como pessoais as piadas sobre louras do LaughLab. A Ciarán O'Keeffe, por se vestir de galinha gigante e por explorar comigo alguns dos locais menos assombrados da Grã-Bretanha. A Adrian Owen, por ajudar com as tomografias e encontrar a origem da piada mais engraçada do mundo. A toda a equipe Infrasônica (Sarah Angliss, Ciarán O'Keeffe, Richard Lord, Dan Simmon e GéNIA), por conseguirem se divertir enquanto realizavam um estudo que inspirou a tantos. A Jim Houran e Jayanti Chotai, por compartilharem o conhecimento valioso sobre experiências espectrais, encontros-relâmpago e cronopsicologia. A Karen, por ajudar no experimento dos encontros-relâmpago. A Peter, por me permitir reproduzir seus sorrisos falso e genuíno, tão instrutivos. A Brian Fischbacher, pelas fotos maravilhosas de Karen e Peter. A Clive Jeffries, por passar tanto tempo no escuro durante os estudos de sessões espíritas e por nos dar uma opinião tão perceptiva sobre o livro. E a Andy Nyman, por falar com os mortos de forma tão convincente e por me causar tanto riso. Você merece todo o sucesso que lhe venha a acontecer.

Este livro não teria sido possível sem a orientação e a perícia de meus agentes Patrick Walsh e Emma Parry, e dos editores Jason Cooper, Richard Milner e Joann Miller. Um agradecimento especial também à minha maravilhosa colega e colaboradora, Caroline Watt. Você me ajudou a elaborar e realizar quase todos os estudos descritos aqui, deu o apoio muito necessário quando as coisas ficaram difíceis e dedicou-se muito além do exercício do dever. Muito obrigado.

Finalmente, minha gratidão aos pesquisadores que realizaram as centenas de estudos um tanto estranhos descritos aqui, e aos milhões de participantes que contribuíram para esse trabalho. Sem vocês, o livro teria sido completamente diferente e muito menor.

Notas

Introdução

1. M. Brookes – *Extreme measures: The Dark Visions and Bright Ideas of Francis Galton*. Bloomsbury: Londres, 2004.
2. F. Galton – "Statistical inquiries into the efficacy of prayer", *Fortnightly Review* #68, pp. 125-35, 1872.
3. id. – *The Art of Travel*, p. 209. John Murray: Londres, 1855.
4. I. Farkas, D. Helbing e T. Vicsek – "Mexican waves in an excitable medium", *Nature* # 419, pp. 131-2, 2002.
5. L. Standing – "Learning 10.000 pictures", *Quarterly Journal of Experimental Psychology* #25, pp. 207-22, 1973.
6. R. Sommer – "The personality of vegetables: Botanical metaphors for human characteristics", *Journal of Personality* #56(4), pp. 665-83, 1988.
7. J. Trinkaus – "Wearing baseball-type caps: An informal look", *Psychological Reports* #74(2), pp. 585-6, 1994.
8. R. B. Cialdini e D. A. Schroeder – "Increasing compliance by legitimizing paltry contributions: When even a penny helps", *Journal of Personality and Social Psychology* #34, pp. 599-604, 1976.
9. R. A. Craddick – "Size of Santa Claus drawings as a function of time before and after Christmas", *Journal of Psychological Studies* #12, pp. 121-5, 1961.

1. O que sua data de nascimento realmente revela sobre você?

1. G. Dean – "Astrology" em G. Stein (ed.), *The Encyclopedia of the Paranormal*, pp. 47-99. Prometheus Books: Amherst, 1996.
2. D. T. Regan – *For the Record: From Wall Street to Washington*. Harcourt Brace: Nova York, 1988.
   id. – *What Does Joan Say?: My Seven Years as White House Astrologer to Nancy and Ronald Reagan*. Carol Publishing Group: Nova York, 1990.
3. J. Chapman – "How a girl of four trounced a top investor and a stargazer at playing the stock market", *Daily Mail*, 21 de março de 2001, pp. 2-3.
4. M. Nichols – "An investor, an astrologer, and a girl, 4, played the market. Guess who won?", *Scotsman*, 24 de março de 2001, p. 5.
5. T. Teeman – "Girl shows money game is child's play", *The Times*, 24 de março de 2001.
6. G. Rollings – "McNuggets of wisdom from the shares ace aged four", *Sun*, 24 de março de 2001, p. 50.
7. Ibid.
8. T. Utton – "Girl of five beats the stock market experts (again)", *Daily Mail*, 14 de março de 2002, p. 43.
9. J. Mayo, O. White e H. J. Eysenck – "An empirical study of the relation between astrological factors and personality", *Journal of Social Psychology* #105, pp. 229-36, 1978.
10. Editorial – "British scientist proves basic astrology theory", *Phenomena*, 1 de abril de 1977, p. 1.
11. H. J. Eysenck e D. K. B. Nias – *Astrology: Science or Superstition?* Pelican: Londres, 1988.

12. H. B. Gibson – *Hans Eysenck: The Man and His Work*, p. 210. Peter Owen: Londres, 1981.
13. G. Jahoda – "A note on Ashanti names and their relationship to personality", *British Journal of Psychology* #45, pp. 192-5, 1954.
14. M. Gauquelin – *Dreams and Illusions of astrology*. Glover & Blair Ltd: Londres, 1979.
15. G. Dean & I. W. Kelly – "Is astrology relevant to consciousness and psi?", *Journal of Consciousness Studies* #10(6-7), pp. 175-98, 2003.
16. Para ter uma visão geral deste trabalho, ver: G. Dean, A. Mather e I. W. Kelly – "Astrology" em G. Stein (ed.), *The Encyclopedia of the Paranormal*, pp. 47-99. Prometheus Books: Amherst, 1966.
17. V. Muhrer – "Astrology on Death Row", *The Indian Skeptic* #11, pp. 13-19, 1989.
18. 18 B. R. Forer – "The fallacy of personal validation: A classroom demonstration of gullibility", *Journal of Abnormal Psychology* #44, pp. 118-21, 1949.
19. P. E. Meehl – "Wanted – A good cookbook", *American Psychologist* #11, pp. 263-72, 1956.
20. D. H. Dickson e I. W. Kelly – "The 'Barnum Effect' in personality assessment: A review of the literature", *Psychological Reports* #57, pp. 367-82, 1985.
21. M. Gauquelin – *Dreams and Illusions of astrology*. Glover & Blair Ltd: Londres, 1979.
22. S. J. Blackmore – "Probability misjudgment and belief in the paranormal: A newspaper survey", *British Journal of Psychology* #88, pp. 683-9, 1997.

23. M. Hamilton – "Who believes in astrology? Effects of favorableness of astrology derived personality descriptions on acceptance of astrology", *Personality and Individual Differences* #31, pp. 895-902, 2001.

24. M. Siffre – *A Margem do Tempo*. Europa – América, 1965.

25. S. S. Campbell e P. J. Murphy – "Extraocular circadian phototransduction in humans", *Science* #279, pp. 396, 1998. Essa descoberta foi contestada no seguinte artigo: K. P. Wright e C. A. Czeisler – "Absence of circadian phase resetting in response to bright light behind the knees", *Science* #297, p. 571, 2002.

26. A. Dudink – "Birth date and sporting success", *Nature* #368, p. 592, 1994.

27. R. H. Barnsley, A. H. Thompson e P. E. Barnsley – "Hockey success and birthdate: The relative age effect", *Canadian Association for Health, Physical Education, and Recreation Journal* #51, pp. 23-8, 1985.
S. Edwards – carta ao editor, "Born too late to win?", *Nature* #370, p. 186, 1994.
J. Musch e R. Hay – "The relative age effect in soccer: Cross-cultural evidence for a systematic discrimination against children born late in the competition year", *Sociology of Sport Journal* #16, pp. 54-64, 1999.
A. H. Thompson, R. H. Barnsley e G. Stebelsky – "Born to play ball: The relative age effect and major league baseball", *Sociology of Sport Journal* #8, pp. 146-51, 1991.

28. Este trabalho foi resumido em: R. Wiseman – *O Fator Sorte*. Record: Rio de Janeiro, 2003.

29. J. Chotai e R. Wiseman – "Born lucky? The relationship between feeling lucky and month of birth", *Personality and Individual Differences* #39, pp. 1451-60, 2005.

30. J. Chotai, T. Forsgren, L. G. Nilsson e R. Adolfsson – "Season of birth variations in the temperament and character inventory of personality in a general population", *Neuropsychobiology* #44, pp. 19-26, 2001.

31. S. Dickert-Conlin e A. Chandra – "Taxes and the timing of births", *Journal of Political Economy* #107(1), pp. 161-77, 1999.

32. A. A. Harrison, N. J. Struthers e M. Moore – "On the conjunction of National Holidays and reported birthdates: One more path to reflected glory?", *Social Psychology Quarterly* #51(4), pp. 365-70, 1988.

33. H. J. Eysenck e D. K. B. *Nias – Astrology: Science or Superstition?*. Pelican: Londres, 1998.

34. Para uma leitura agradável sobre essa controvérsia, ver: G. Dean – "Is the Mars Effect a social effect? A re-analysis of the Gauquelin data suggests that hitherto baffling planetary effects may be simple social effects in disguise," *Skeptical Inquirer* #26(3), pp. 33-8, 2002.
S. Ertel – "The Mars Effect cannot be pinned on cheating parents – Follow-up", *Skeptical Inquirer* #27(1), pp. 57-8, 2003.
G. Dean – "Response to Ertel", *Skeptical Inquirer* #27(1), pp. 57-60, 65, 2003.

35. D. P. Phillips e D. G. Smith – "Postponement of death until symbolically meaningful occasions", *Journal of the American Medical Association* #263, pp. 1947 51, 1990.

36. D. P. Phillips, C. A. Van Voorhees e T. E. Ruth – "The birthday: Lifeline or deadline?" *Psychosomatic Medicine* #54, pp. 532-42, 1992.

37. Para um sumário desses dados e debate, ver: J. A. Skala e K. E. Freedland – "Death takes a raincheck", *Psychosomatic Medicine* #66, pp. 382-6, 2004.

38. S. A. Everson, D. E. Goldberg, G. A. Kaplan, R. D. Cohen, E. Pukkala, J. Tuomilehto e J. T. Salonen – "Hopelessness and risk of mortality and incidence of myocardial infarction and cancer", *Psychosomatic Medicine* #58, pp. 113-21, 1996.
39. W. Kopczuk e J. Slemrod – "Dying to save taxes: Evidence from estate-tax returns on the death elasticity", *Review of Economics and Statistics* #85(2), pp. 256-65, 2003.

2. Confie em todo mundo, mas dê as cartas você mesmo

1. M. D. Morris – "Large scale deceit: Deception by captive elephants?", em R. W. Mitchell e N. S. Thompson (eds.), *Deception: Perspectives on human and nonhuman deceit*, pp. 183-92. State University of New York Press: Nova York, 1986.
2. Informações sobre Koko e Michael podem ser encontradas em *www.koko.org*.
3. Uma transcrição completa dessa conversa pode ser encontrada em: *www.koko.org/world/talk_aol.html*. Material do Provedor Online: Copyright 1998-2006 AOL LLC. Uso autorizado.
4. H. L. Miles – "How can I tell a lie? Apes, language, and the problems of deception" em R. W. Mitchell e N. S. Thompson (eds), *Deception: Perspectives on human and nonhuman deceit*, pp. 245-66. State University of New York Press: Nova York, 1986.
5. M. Lewis – "The development of deception" em M. Lewis e C. Saarni (eds), *Lying and deception in everyday life*, pp. 90-105. The Guilford Press: Nova York, 1993.

6. P. Ekman – *Telling lies: Clues to deceit in the marketplace, politics, and marriage*. W. W. Norton & Company: Nova York, 1985.
7. R. Highfield – "How age affects the way we lie", *Daily Telegraph*, p. 26, 25 de março de 1994.
8. Uma resenha desse trabalho pode ser encontrada em A. Vrij – *Detecting lies and deceit*. John Wiley & Sons: Chichester, 2000.
9. R. G. Hass – "Perspective-taking and self-awareness: Drawing an E on your forehead", *Journal of Personality and Social Psychology* #46, pp. 788-98, 1984.
10. R. Wiseman – The MegaLab truth test", *Nature* #373, p. 391, 1995.
11. Uma resenha desse trabalho pode ser encontrada em A. Vrij – *Detecting lies and deceit*. John Wiley & Sons: Chichester, 2000.
12. Citado em: B. M. DePaulo e W. L. Morris – "Discerning lies from truths: Behavioural cues to deception and the indirect pathway of intuition" em P.A Granhag e L. A. Stromwall (eds), *The Detection of Deception in Forensic Contexts*, pp. 15-40. Cambridge University Press: Cambridge, 2004.
13. P. Ekman e M. O"Sullivan – "Who can catch a liar?", *American Psychologist* #46(9), pp. 913-20. 1991.
14. Equipe global da pesquisa sobre a trapaça – "A world of lies", *Journal of Cross-Cultural Psychology* #37(1), pp. 60-74, 2006.
15. Uma resenha desse trabalho pode ser encontrada em A. Vrij – *Detecting lies and deceit*. John Wiley & Sons: Chichester, 2000.
    E em: B. M. DePaulo e W. L. Morris – "Discerning lies from truths: Behavioural cues to deception and the indirect pa-

thway of intuition" em P. A. Granhag e L. A. Stromwall (eds), *The Detection of Deception in Forensic Contexts*, p. 15-40. Cambridge University Press: Cambridge, 2004.

16. G. Littlepage e T. Pineault – "Verbal, facial, and paralinguistic cues to the detection of truth and lying", *Personality and Social Psychology* #4(3), pp. 461-4, 1978.
17. R. E. Kraut e R. E. Johnston – "Social and emotional messages of smiling: An ethological approach", *Journal of Personality and Social Psychology* #37, pp. 1539-53, 1979.
18. As fotografias utilizadas neste estudo foram produzidas originalmente para um experimento similar, on-line, realizado em colaboração com o Edinburgh International Science Festival.
19. C. Landis – "Studies of emotional reactions: II. General behavior and facial expression", *Journal of Comparative Psychology* #4, pp. 447-509, 1924.
20. M. S. Livingstone – "Is it warm? Is it real? Or just low spatial frequency?", *Science* #290, p. 1299, 2000.
21. A. Parent – "Giovanni Aldini: From animal electricity to human brain stimulation", *The Canadian Journal of Neurological Sciences* #31, pp. 576-84, 2004.
22. G. T. Crook – *The Complete Newgate Calendar, Volume Four*. The Navarre Society: Londres, 1926.
23. "Horrible phenomena! – Galvanism", *Scotsman*, 11 de fevereiro de 1819.
24. G. B. Duchenne de Boulogne – *The Mechanism of Human Facial Expression*. Cambridge University Press: Nova York, 1990. Reimpressão da edição original de 1862.
25. P. Ekman & W. V. Friesen – *The Facial Action Coding System*. Consulting Psychologists" Press: Palo Alto, 1978.

26. D. D. Danner, D. A. Snowdon e W. V. Friesen – "Positive emotions in early life and longevity: Findings from the nun study", *Journal of Personality and Social Psychology* #80, pp. 804-13, 2001.

27. L. A. Harker e D. Keltner – "Expressions of positive emotion in women"s college yearbook pictures and their relationship to personality and life outcomes across adulthood", *Journal of Personality and Social Psychology* #80, pp. 112-24, 2001.

28. E. F. Loftus – *Eyewitness Testimony*. Harvard University Press: Cambridge, 1979.

29. K. A. Wade, M. Garry, J. D. Read e D. S. Lindsay – "A picture is worth a thousand lies: Using false photographs to create false childhood memories", *Psychonomic Bulletin and Review* #9, pp. 597-603, 2002.

30. K. A. Braun, R. Ellis e E. F. Loftus – "Make my memory: How advertising can change our memories of the past", *Psychology and Marketing* #19, pp. 1-23, 2002.

31. E. F. Loftus e J. E. Pickrell – "The formation of false memories", *Psychiatric Annals* #25, pp. 720-5, 1995.

32. I. E. Hyman, T. H. Husband e F. J. Billings – "False memories of childhood experiences", *Applied Cognitive Psychology* #9, pp. 181-95, 1995.

33. J. Jastrow – "Psychological notes upon sleight-of-hand experts", *Science*, pp. 685-9, 8 de maio de 1896.

34. R. Wiseman e E. Greening – "It's still bending: Verbal suggestion and alleged psychokinetic metal bending". *British Journal of Psychology* #96(1), pp. 115-27, 2005.

35. R. Wiseman, E. Greening e M. Smith – "Belief in the paranormal and suggestion in the seance room", *British Journal of Psychology* #94(3),p p. 285-97, 2003.

3. Acreditar em seis impossibilidades antes do café-da-manhã

1. N. Lachenmeyer – *13: The World's Most Popular Superstition*. Profile Books: Londres, 2004.
2. J. McCallum – "Green cars, black cats, and lady luck", *Sports Illustrated* #68, pp. 86-94, 8 de fevereiro de 1988.
3. D. W. Moore – "One in four Americans superstitious", Gallup Poll News Service, 13 de outubro de 2000.
4. S. Epstein – "Cognitive-experiential self theory: Implications for developmental psychology" em M. Gunnar e L. A. Sroufe (eds), *Self-processes and development. Minnesota symposia on child psychology*, vol. 23, pp. 79-123. Erlbaum: Hillsdale, 1993.
5. T. Radford – "If you aren't born lucky, no amount of rabbits" feet will make a jot of difference", *Guardian*, p. 15. 18 de março de 2003.
6. S. E. Peckham e P. G. Bhagwat – *Number 13: Unlucky/Lucky for Some*. Peckwat Publications: New Milton, Hampshire, 1993.
7. D. P. Phillips, G. C. Liu, K. Kwok, J. R. Jarvinen, W. Zhang e I. S. Abramson – "The Hound of the Baskervilles effect: Natural experiment on the influence of psychological stress on timing of death", *British Medical Journal* #323, pp. 1443-6, 2001.
8. G. Smith – "Scared to death?", *British Medical Journal* #325, pp. 1442-3, 2002.

   N. S. Panesar, N. C. Y. Chan, S. N. Li, J. K. Y. Lo, V. W. Y. Wong, I. B. Yang e E. K. Y. Yip – "Is four a deadly number for the Chinese?", *Medical Journal of Australia* #179(11/12), pp. 656-8, 2003.

9. T. J. Scanlon, R. N. Luben, F. L. Scanlon e N. Singleton – "Is Friday the 13th bad for your health?", *British Medical Journal* #307, pp. 1584-6, 1993.

10. S. Näyhä – "Traffic deaths and superstition on Friday the 13th", *American Journal of Psychiatry* #159, pp. 2110-11, 2002.

    Este trabalho deu origem ao seguinte debate: I. Radun e H. Summala – "Females do not have more injury road accidents on Friday the 13th", *BMC Public Health* #4(1), p. 54, 2004.

    D. F. Smith – "Traffic accidents and Friday the 13th", *American Journal of Psychiatry* #161(11), p. 2140, 2004.

    S. Näyhä – "Dr Näyhä replies", *American Journal of Psychiatry* #161, p. 2140, 2004.

11. K. Kaku – "Increased induced abortion rate in 1966, an aspect of a Japanese folk superstition", *Annals of Human Biology* #2 (2), pp. 111-15, 1975.

12. K. Kaku & Y. S. Matsumoto – "Influence of a folk superstition on fertility of Japanese in California and Hawaii, 1966", *American Journal of Public Health*, #65(2), pp. 170-4, 1966.

13. K. Kaku – "Were girl babies sacrificed to a folk superstition in 1966 in Japan?", *Annals of Human Biology* #2(4), pp. 391-3, 1975.

14. K. Hira, T. Fukui, A. Endoh, M. Rahman, M. Maekawa – "Influence of superstition on the date of hospital discharge and medical cost in Japan: Retrospective and descriptive study", *British Medical Journal* #317, pp. 1680-3, 1998.

15. D. O'Reilly e M. Stevenson – "The effect of superstition on the day of discharge from maternity units in Northern Ireland: A Saturday flit is a short sit", *Journal of Obstetrics and Gynecology* #20, pp. 139-41, 2000.

E. M. Keane, P. O'Leary e J. B. Walsh – "Saturday flit, short sit: A strong influence of a superstition on the timing of hospital discharges?", *Irish Medical Journal* #90, p. 28, 1997.

16. P. Haining – *Superstitions*. Sidgwick & Jackson Ltd: Londres, 1979.

17. M. D. Smith, R. Wiseman e P. Harris – "Perceived luckiness and the UK National Lottery", *Proceedings of the 40th Annual Convention of the Parapsychological Association*, pp. 387-98. Reino Unido, 1997.

18. M. Levin – "Do Black Cats Cause Bad Luck?" Ganhador do concurso Joel Serebin Memorial Essay Contest, organizado pelos New York Area Skeptics. Pode ser visto em *www.petcaretips.net/black_cat_luck*.

19. W. Coates, D. Jehle e E. Cottington – "Trauma and the full moon: A waning theory", *Annals of Emergency Medicine* #18, pp. 763-5, 1989.
    Uma visão geral dos potenciais efeitos lunáticos pode ser encontrada em: J. Rotton e I. W. Kelly – "Much ado about the full moon: A meta-analysis of lunar-lunacy research", *Psychological Bulletin*, #97(2), pp. 286-306, 1985.

20. D. F. Danzl – "Lunacy", *Journal of Emergency Medicine* #5(2), pp. 91-5, 1987.

21. A. Ahn, B. K. Nallamothu & S. Saint – ""We're jinxed" – are residents" fears of being jinxed during an on-call day founded?", *American Journal of Medicine* #112(6), p. 504, 2002.

22. P. Davis e A. Fox – "Never say the "Q" word", *StudentBMJ* #10, pp. 353-96, 2002.

23. Grande parte da informação contida nesta seção é detalhada em:

N. Lachenmeyer – *13: The World's Most Popular Superstition*. Profile Books: Londres, 2004.

24. R. G. Ingersoll – "Toast: The superstitions of public men", Thirteen Club Dinner, 13 de dezembro de 1886.
25. B. Malinowski *Argonautas do Pacífico Ocidental; um relato do empreendimento e da aventura dos nativos nos Arquipélagos da Nova Guiné Melanésia*. São Paulo: Abril, 1976.
26. V. R. Padgett e D. O. Jorgenson – "Superstition and economic threat: Germany, 1918-1940", *Personality and Social Psychology Bulletin* #8, pp. 736-74, 1982.
27. G. Keinan – "Effects of stress and tolerance of ambiguity on magical thinking", *Journal of Personality and Social Psychology* #67(1), pp. 48-55l, 1994.
28. C. Nemeroff e P. Rozin – "The contagion concept in adult thinking in the United States: Transmission of germs and interpersonal influence", *Ethos* #22, pp. 158-86, 1994.
    Um trabalho similar está descrito no artigo de P. Rozin, L. Millman e C. Nemeroff – "Operation of the laws of sympathetic magic in disgust and other domains", *Journal of Personality and Social Psychology* #50, pp. 703-12, 1986.
29. J. Henry – "Coincidence experience survey", *Journal of the Society for Psychical Research*, #59(831), pp. 97-108, 1993.
30. S. Milgram – *Obediência à autoridade: uma visão experimental*. Rio de Janeiro: Francisco Alves, 1983]
31. C. L. Sheridan e R. G. King Jr. – "Obedience to authority with an authentic victim", *Proceedings of the 80th Annual Convention of the American Psychological Association*, pp. 165-6, 1972.

32. Descrito em T. Blass – *The man who shocked the world: The life and legacy of Stanley Milgram*. Basic Books: Nova York, 2004.

33. S. Milgram – "The small-world problem", *Psychology Today* #1, pp. 61-7, 1967.
J. Travers e S. Milgram – "An experimental study of the small world problem", *Sociometry* #32, pp. 425-43, 1969.

34. D. Watts – *Small Worlds: The Dynamics of Networks Between Order and Randomness*. Princeton University Press: Princeton, 1999.

35. J. A. Paulos – *A Mathematician Reads the Newspaper.* Penguin Books: Londres, 1995.

36. R. Wiseman – "It really is a small world that we live in", *Daily Telegraph*, p. 16, 4 de junho de 2003.

37. D. Derbyshire – "Physics too hot for a fire walker's feat", *Daily Telegraph*, p. 17, 23 de março de 2000.

38. R. Wiseman, C. Watt, P. Stevens, E. Greening e C. O'Keeffe – "An investigation into alleged 'hauntings'", *The British Journal of Psychology* #94, pp. 195-211, 2003.

39. R. Lange e J. Houran – "Context-induced paranormal experiences: Support for Houran and Lange's model of haunting phenomena", *Perceptual and Motor Skills* #84, pp. 1455-8, 1997.

40. V. Tandy & T. Lawrence – "The ghost in the machine", *Journal of the Society for Psychical Research* #62, pp. 360-4, 1998.

41. S. Angliss, GéNIA, C. O'Keeffe, R. Wiseman e R. Lord – "Soundless music", em B. Arends e D. Thackara (eds), *Experiments: Conversations in art and science*, pp. 139-71; citação da página 152. The Wellcome Trust: Londres, 2003.

42. A. Watson & D. Keating – "Architecture and sound: An acoustic analysis of megalithic monuments in prehistoric Britain", *Antiquity* #73, pp. 325-36, 1999.
43. P. Devereux – *Stone Age Soundtracks: The Acoustic Archaeology of Ancient Sites*. Vega Books: Londres, 2002.

4. A estranha ciência de tomar decisões

1. T. E. Moore – "Subliminal perception: Facts and fallacies", *Skeptical Inquirer* #16, pp. 273-81, 1992.
   A. Pratkanis – "The cargo cult science of subliminal persuasion", *Skeptical Inquirer* #16, pp. 260-72, 1992.
2. S. A. Lowery e M. L. DeFleur – *Milestones in Mass Communication Research: Media Effects* (3rd ed.). A informação contida nesta seção vem do capítulo 'Project Revere: Leaflets as a Medium of Last Resort'. Longman: White Plains, 1995.
3. M. L. DeFleur e R. M. Petranoff – "A televised test of subliminal persuasion", *Public Opinion Quarterly* #23, pp. 168-80, 1959.
4. B. Beyerstein – "Subliminal self-help tapes: Promises, promises...", *Rational Enquirer* #6(1), 1993.
5. E. Eich e R. Hyman – "Subliminal self-help" em D. Druckman e R. Bjork (eds), *In the Mind's Eye: Enhancing Human Performance*, pp. 107-19. National Academy Press: Washington DC, 1991.
6. P. M. Merikle e H. Skanes – "Subliminal self-help audio tapes: A search for placebo effects", *Journal of Applied Psychology* #77, pp. 772-6, 1992.
7. S. Lenz – "The effect of subliminal auditory stimuli on academic learning and motor skills performance among police

recruits", Dissertação inédita de doutorado, California School of Professional Psychology, Los Angeles, California, 1989.

8. B. Buchanan e J. L. Bruning – "Connotative meanings of first names and nicknames on three dimensions", *Journal of Social Psychology* #85, pp. 143-4, 1971.
9. A. A. Hartman, R. C. Nicolay e J. Hurley – "Unique personal names as a social adjustment factor", *Journal of Social Psychology* #75, pp. 107-10. 1968. Heldref Publications. Reimpressão autorizada.
10. H. Harari e J. W. McDavid – "Name stereotypes and teachers" expectations", *Journal of Educational Psychology* #65, pp. 222-5, 1973.
11. W. F. Murphy – "A note on the significance of names", *Psychoanalytical Quarterly* #26, pp. 91-106, 1957.
12. N. Christenfeld, D. P. Phillips e L. M. Glynn – "What's in a name: Mortality and the power of symbols", *Journal of Psychosomatic Research*, #47(3), pp. 241-54, 1999.
13. G. Smith e S. Morrison – "Monogrammic Determinism?", *Psychosomatic Medicine* #67, pp. 820-4, 2005.
14. R. L. Zweigenhaft – "The other side of unusual names", *Journal of Social Psychology* #103, pp. 291-302, 1997. Heldref Publications. Reimpressão autorizada.
15. B. W. Pelham, M. C. Mirenberg e J. K. Jones – "Why Susie sells seashells by the seashore: Implicit egotism and major life decisions", *Journal of Personality and Social Psychology* #82, pp. 469-87, 2002.
16. J. T. Jones, B. W. Pelham, M. Carvallo e M. C. Mirenberg – "How do I love thee? Let me count the Js: Implicit egotism and interpersonal attraction", *Journal of Personality and Social Psychology* #87(5), pp. 655-83, 2004.

17. L. Casler – "Put the blame on name", *Psychological Reports* #36, pp. 467-72, 1975.

18. 18 J. A. Bargh, M. Chen e L. Burrows – "Automaticity of social behavior: Direct effects of trait construct and stereotype priming on action", *Journal of Personality and Social Psychology* #71, pp. 230-44, 1996.

19. A. Dijksterhuis e A. van Knippenberg – "The relation between perception and behavior, or how to win a game of Trivial Pursuit", *Journal of Personality and Social Psychology* #74(4), pp. 865-77, 1998.

20. N. Gueguen – "The effects of a joke on tipping when it is delivered at the same time as the bill", *Journal of Applied Social Psychology* #32, pp. 1955-63, 2002.

21. N. Gueguen e P. Legoherel – "Effect on tipping of barman drawing a sun on the bottom of customers" checks", *Psychological Reports* #87, pp. 223-6, 2000.
K. L. Tidd e J. S. Lockard – "Monetary significance of the affiliative smile: A case for reciprocal altruism", *Bulletin of the Psychonomic Society* #11, pp. 344-6, 1978.
B. Rind & P. Bordia – "Effect of server's "Thank You" and personalization on restaurant tipping", *Journal of Applied Social Psychology*, #25(9), pp. 745-51, 1995.

22. M. R. Cunningham – "Weather, mood, and helping behavior: Quasi experiments with the sunshine Samaritan", *Journal of Personality and Social Psychology* #37, pp. 1947-56, 1979.
B. Rind e D. Strohmetz – "Effects of beliefs about future weather conditions on tipping", *Journal of Applied Social Psychology* #31(2), pp. 2160-4, 2001.

23. K. Garrity e D. Degelman – "Effect of server introduction on restaurant tipping", *Journal of Applied Social Psychology* #20, pp. 168-72, 1990.

K. M. Rodrigue – "Tipping tips: The effects of personalization on restaurant gratuity", Tese de Mestrado, Division of Psychology and Special Education, Emporia State University, 1999.

24. A. H. Crusco e C. G. Wetzel – "The Midas Touch: The effects of interpersonal touch on restaurant tipping", *Personality and Social Psychology Bulletin* #10, pp. 512-17, 1984.
25. C. S. Areni & D. Kim – "The influence of background music on shopping behavior: Classical versus top-forty music in a wine store", *Advances in Consumer Research* #20, pp. 336-40, 1993.
26. J. N. Rogers – *The Country Music Message*. University of Arkansas Press, 1989.
27. S. Stack e J. Gundlach – "The effect of country music on suicide", *Social Forces* #71(1), pp. 211-18, 1992.
28. Essa descoberta polêmica foi discutida nos seguintes artigos:
E. R. Maguire e J. B. Snipes – "Reassessing the link between country music and suicide", *Social Forces* #72(4), pp. 1239-43, 1994.
S. Stack e J. Gundlach – "Country music and suicide: A reply to Maguire and Snipes", *Social Forces* #72(4), pp. 1245-8, 1994.
G. W. Mauk, M. J. Taylor, K. R. White e T. S. Allen – "Comments on Stack and Gundlach's 'The effect of country music on suicide': An 'achy breaky heart' may not kill you", *Social Forces* #72(4), pp. 1249-55, 1994.
S. Stack e J. Gundlach – "Psychological versus sociological perspectives on suicide: A reply to Mauk, Taylor, White, and Allen", *Social Forces* #72(4), pp. 1257-61, 1994.
___ J. B. Snipes e E. R. Maguire – "Country music, suicide, and spuriousness", *Social Forces* #74, pp. 327-9, 1995.
S. Stack e J. Gundlach – "Country Music and Suicide – Individual, Indirect, and Interaction Effects: A Reply to Snipes and Maguire", *Social Forces* #74(1), pp. 331-5, 1995.

29. D. P. Phillips – "The influence of suggestion on suicide: Substantive and theoretical implications of the Werther Effect", *American Sociological Review* #39, pp. 340-54, 1974.
id. – "Motor vehicle fatalities increase just after a publicised suicide story", *Science* #196, pp. 1464-5, 1977.
id. – "Airplane accident fatalities increase just after newspaper stories about murder and suicide", *Science* #201, pp. 748-50, 1978.
id. – "Suicide, motor vehicle fatalities, and the mass media: Evidence towards a theory of suggestion", *American Journal of Sociology* #84, pp. 1150-74, 1979.
id. – "Airplane accidents, murder, and the mass media: Towards a theory of imitation and suggestion", *Social Forces* #58(4), pp. 1000-24, 1980.
id. – "The impact of fictional television stories on US adult fatalities: New evidence on the effect of the mass media on violence", *American Journal of Sociology* #87(6), p. 1340-59. 1982.
id. – "The impact of mass media violence on US homicides", *American Sociological Review* #48, pp. 560-8, 1983.

30. S. Stack – "Media coverage as a risk factor in suicide", *Journal of Epidemiology and Community Health* #57, pp. 238-40, 2003.

31. L. F. Martel e H. B. Biller – *Stature and Stigma*. Lexington Books: Lexington, 1987

32. B. Pawlowski, R. I. Dunbar e A. Lipowicz – "Tall men have more reproductive success", *Nature* #403(6766), p. 156, 2000.

33. T. Gregor – *The Mehinaku: The Dream of Daily Life in a Brazilian Indian Village*. University of Chicago Press: Chicago, 1977.

34. T. A. Judge e D. M. Cable – "Effect of physical height on workplace success and income: Preliminary test of a theoretical model", *Journal of Applied Psychology* #89(3), pp. 428-41, 2004.

35. P. R. Wilson – "Perceptual distortion of height as a function of ascribed academic status", *Journal of Social Psychology* #74, pp. 97-102, 1968.

36. H. H. Kassarjian – "Voting intentions and political perception", *Journal of Psychology* #56, pp. 85-8, 1963.

37. P. A. Higham & W. D. Carment – "The rise and fall of politicians: The judged heights of Broadbent, Mulroney and Turner before and after the 1988 Canadian federal election", *Canadian Journal of Behavioral Science* #24, pp. 404-9, 1992.

38. R. Highfield – "Politicians: this is how we see them", *Daily Telegraph*, pp. 22-3, 21 de março de 2001.
R. Wiseman – "A short history of stature", *Daily Telegraph*, p. 22. 21 de março de 2001.

39. R. J. Pellegrini – "Impressions of the male personality as a function of beardedness", *Psychology* #10, pp. 29-33, 1973.

40. A. Todorov, A. N. Mandisodza, A. Goren e C. C. Hall – "Inferences of competence from faces predict election outcomes", *Science* #308, pp. 1623-6, 2005.

41. J. E. Stewart II – "Defendants" attractiveness as a factor in the outcome of trials", *Journal of Applied Social Psychology* #10, pp. 348-61, 1980.

42. R. B. Cialdini – Influence: *Science and Practice*. Allyn & Bacon: Needham Heights, Massachussets, 2001.

43. S. M. Smith, W. D. McIntosh e D. G. Bazzini – "Are the beautiful good in Hollywood? An analysis of stereotypes on

film", *Basic and Applied Social Psychology* #21, pp. 69-81, 1999.

44. D. G. Dutton e A. P. Aron – "Some evidence for heightened sexual attraction under conditions of high anxiety", *Journal of Personality and Social Psychology* #30, pp. 510-17, 1974.
45. C. Bale, R. Morrison e P. G. Caryl – "Chat up lines as male sexual displays", *Personality and Individual Differences* #40, pp. 655-64, 2006.
46. B. Fraley e A. Aron – "The effect of a shared humorous experience on closeness in initial encounters", *Personal Relationships* #11, pp. 61-78, 2004.
47. J. E. Smith e V. A. Waldorf – "Single white male looking for thin, very attractive...", *Sex Roles* #23, pp. 675-85, 1990.

5. A busca científica pela piada mais engraçada do mundo

1. H. R. Pollio e J. W. Edgerly – "Comedians and comic style", em A. J. Chapman e H. C. Foot (eds) *Humor and Laughter: Theory, Research, and Applications*. pp. 215-44. Transaction: Nova Jersey, 1996.
2. C. Davies – "Jewish jokes, anti-Semitic jokes and Hebredonian jokes", em A. Ziv (ed.), *Jewish Humour*, pp. 59-80. Papyrus Publishing House: Tel Aviv, 1986.
3. H. A. Wolff, C. E. Smith e H. A. Murray – "The Psychology of humor: 1. A study of responses to race-disparagement jokes", *Journal of Abnormal and Social Psychology* #28, pp. 345-65, 1934.
4. J. Morreall – *Taking Laughter Seriously*. State University of New York Press: Albany, 1983.

5. G. R. Maio, J. M. Olson, e J. Bush – "Telling jokes that disparage social groups: Effects on the joke teller's stereotypes", *Journal of Applied and Social Psychology* #27(22), pp. 1986-2000, 1997.
6. B. Seibt e J. Förster – "Risky and careful processing under stereotype threat: How regulatory focus can enhance and deteriorate performance when self stereotypes are active", *Journal of Personality and Social Psychology* #87, pp. 38-56, 2004.
7. R. Provine – *Laughter: A Scientific Investigation*. Viking: Nova York, 2000.
8. M. Middleton e J. Moland – "Humor in Negro and White subcultures: A study of jokes among university students", *American Sociological Review* #24, pp. 61-9, 1959.
9. P. J. Castell e J. H. Goldstein – "Social occasions of joking: A cross cultural study" em A. J. Chapman e H. C. Foot (eds), *It's a Funny Thing, Humour*, pp. 193-7. Pergamon Press: Oxford, 1976.
10. J. B. Levine – "The feminine routine", *Journal of Communication* #26, pp. 173-5, 1976.
11. L. La Fave, J. Haddad e W. A. Maesen – "Superiority, enhanced self-esteem, and perceived incongruity humour theory" em T. Chapman e H. Foot (eds), *Humor and Laughter: Theory, Research and Applications*, pp. 63-91. Transaction: Nova Jersey. Copyright c. 1996 by Transaction. Reprodução autorizada pelo editor.
12. Sir Harry Kroto nos apresentou originalmente uma versão dessa piada no sotaque de Glasgow. Como sabíamos que o material do LaughLab seria lido por gente de todo o mundo, criamos uma versão que permitiria sua apreciação por um número muito maior de leitores.

13. K. Binsted & G. Ritchie – "Computational rules for punning riddles", *Humor: International Journal of Humor Research* #10(1), pp. 25-76, 1997.
14. M. Le Page – "Women's orgasms are a turn-off for the brain", *New Scientist*, p. 14, 25 de junho de 2005.
15. H. H. Brownell e H. Hardner – "Neuropsychological insights into humour" em J. Durant e J. Miller (eds), *Laughing Matters: A Serious Look at Humour*, pp. 17-35. Longman: Harlow, 1988.
16. T. Friend – "What's so funny?", New Yorker, pp. 78-93, 11 de novembro de 2002.
17. D. Barry – "Send in your weasel jokes", *International Herald Tribune*, 19-20 de janeiro de 2002.
18. id. – *Dave Barry Talks Back*. Ver o capítulo intitulado 'Introducing: Mr Humor Person'. Crown Publishers, Inc.: Nova York, 1991.
19. F. Strack – "Inhibiting and facilitating conditions of the human smile: A nonobtrusive test of the facial feedback hypothesis", *Journal of Personality and Social Psychology* #54(5), pp. 768-77, 1988.
20. V. B. Hinsz e J. A. Tomhave – "Smile and (half) the world smiles with you, frown and you frown alone", *Personality and Social Psychology Bulletin* #17(5), pp. 586-92, 1991.
21. A. M. Rankin e P. J. Philip – "An epidemic of laughing in the Bukoba District of Tanganyika", *Central African Journal of Medicine* #9, pp. 167-70, 1963.
22. S. S. Janus – "The great comedians: Personality and other factors", *The American Journal of Psychoanalysis* #35, pp. 169-74, 1975.

Citação reproduzida com a generosa permissão de Springer Science and Business Media.

23. S. Fisher e R. L. Fisher – *Pretend the World is Funny and Forever: A psychological analysis of comedians, clowns, and actors*. Lawrence Erlbaum Associates: Hillsdale, 1981.

24. J. Rotton – “Trait humor and longevity: Do comics have the last laugh?”, *Health Psychology* #11(4), pp. 262-6, 1992.

25. H. M. Lefcourt – “Humor”, em C. R. Snyder e S. J. Lopez (eds), *Handbook of Positive Psychology*, pp. 619-31. Oxford University Press: Oxford, 2005.

26. H. Lefcourt, K. Davidson-Katz e K. Kueneman – “Humor and immune system functioning”, *International Journal of Humor Research* #3, pp. 305-21, 1990.

27. J. Rotton & M. Shats – “Effects of state humor, expectancies, and choice on postsurgical mood and self-medication: A field experiment”, *Journal of Applied Social Psychology* #26, pp. 1775-94, 1996.

28. H. M. Lefcourt, K. Davidson, R. Shepherd, M. Phillips, K. Prkachin e D. Mills – “Perspective-taking humor: Accounting for stress moderation”, *Journal of Social and Clinical Psychology* #14, pp. 373-91, 1995.

29. D. Keltner e G. A. Bonanno – “A study of laughter and dissociation: Distinct correlates of laughter and smiling during bereavement”, *Journal of Personality and Social Psychology* #73, pp. 687-702, 1997.
G. A. Bonanno e D. Keltner – “Facial expressions of emotion and the course of conjugal bereavement”, *Journal of Abnormal Psychology* #106, pp. 126-37, 1997.

30. V. Saroglou – “Sense of humor and religion: An a priori incompatibility? Theoretical considerations from a psychologi-

cal perspective", *Humor: International Journal of Humor Research* #15, pp. 191-214, 2002.

31. id. – "Religiousness, religious fundamentalism, and quest as predictors of humor creation", *International Journal for the Psychology of Religion* #12, pp. 177-88, 2002.
32. V. Saroglou e J. M. Jaspard – "Does religion affect humour creation? An experimental study". *Mental Health, Religion, and Culture* #4, pp. 33-46, 2001.
33. H. J. Eysenck – "National differences in 'sense of humor': Three experimental and statistical studies", *Journal of Personality* #13(1), pp. 37-54, 1944.
34. T. Radford – "Don't gag on it, but this is what has us all in stitches", *Guardian*, p. 6, 4 de outubro de 2003.

6. Santo ou pecador?

1. R. T. LaPiere – "Attitudes versus actions", *Social Forces* #13(2), pp. 30-7, 1934.
2. J. Trinkaus – "Color preference in sport shoes: An informal look", *Perceptual and Motor Skills* #73, pp.13-14, 1991.
3. id. – "Television station weather-persons" winter storm predictions: An informal look", *Perceptual and Motor Skills* #79, pp.5-6, 1994.
4. id. – "Wearing baseball-type caps: An informal look", *Psychological Reports* #74(2), pp.85-6, 1994.
5. id. – "The demise of "Yes": An informal look", *Perceptual and Motor Skills* #84, p.66, 1997.
6. id. – "Preconditioning an audience for mental magic: An informal look", *Perceptual and Motor Skills* #51, p. 262, 1980.

7. id. – "The attaché case combination lock. An informal look", *Perceptual and Motor Skills* #72, p. 466, 1991.
8. R. P. Feynman – *O senhor está brincando, Sr. Feynman?* Rio de Janeiro: Campus, 2006]
9. J. Trinkaus – "Gloves as vanishing personal 'stuff': An informal look", *Psychological Reports* #84, pp. 1187-8, 1999.
10. M. S. C. Lim, M. E. Hellard e C. K. Aitken – "The case of the disappearing teaspoons: Longitudinal cohort study of the displacement of teaspoons in an Australian research institute", *British Medical Journal* #331, pp. 1498-1500, 2005.
11. B. Herer – "Disappearing teaspoons", *British Medical Journal* #332, p. 121, 2006.
12. J. Trinkaus – "Compliance with the item limit of the food supermarket express checkout lane: An informal look", *Psychological Reports* #73, pp. 105-6, 1993.
13. id. – "Compliance with the item limit of the food supermarket express checkout lane: Another look", *Psychological Reports* #91, pp. 1057-8, 2002.
14. id. – "School zone limit dissenters: An informal look", *Perceptual and Motor Skills* #88, pp. 1057-8, 1999.
15. id. – "Stop sign compliance: An informal look", *Psychological Reports* #89, pp. 1193-4, 1999.
16. id. – "Blocking the box: An informal look", *Psychological Reports* #89, pp. 315-16, 2001.
17. id. – "Shopping center fire zone parking violators: An informal look", *Perceptual and Motor Skills* #95, pp. 1215-16, 2002.
18. US News – "Oprah: A heavenly body? Survey finds talk-show host a celestial shoo-in", p. 18, 31 de março de 1997.

19. S. A. Hellweg, M. Pfau e S. B. Brydon – "Televised presidential debates: Advocacy in contemporary America". Praeger: Nova York, 1992.
20. P. Jaret – "Blinking and thinking", em *Health* #4(4), pp. 36-7, 1990.
21. J. J. Tecce – "Body language in Presidential debates as a predictor of election results: 1960-2004", relatório inédito, Boston College, 2004.
22. P. Suedfeld, S. Bochner & D. Wnek – "Helper-sufferer similarity and a specific request for help: Bystander intervention during a peace demonstration", *Journal of Applied Social Psychology* #2, pp. 17-23, 1972.
23. J. P. Forgas – "An unobtrusive study of reactions to national stereotypes in four European countries", *Journal of Social Psychology* #99, pp. 37-42, 1976.
24. A. N. Doob e A. E. Gross – "Status of frustrator as an inhibitor of horn-honking responses", *Journal of Social Psychology* #76, pp. 213-18, 1968.
25. F. K. Heussenstamm – "Bumper stickers and the cops", *Transaction* #8, pp. 32-3, 1971.
26. J. M. Burger, N. Messian, S. Patel, A. del Prado e C. Anderson – "What a coincidence! The effects of incidental similarity on compliance", *Personality and Social Psychology Bulletin* #30, pp. 35-43, 2004.
27. J. F. Finch e R. B. Cialdini – "Another indirect tactic of (self-) image management", *Personality and Social Psychology Bulletin* #15, pp. 222-32. 1989.
28. S. Milgram e R. L. Shotland – *Television and Antisocial Behaviour: Field Experiments*. Academic Press: Nova York, 1973.

29. As duas pesquisas são mencionadas em Milgram e Shotland, 1973.

30. A. Huston, E. Donnerstein, H. Fairchild, N. D. Feshbach, P. A. Katz, J. P. Murray, E. A. Rubinstein, B. L. Wilcox e D. Zuckerman – *Big World, Small Screen: The Role of Television in American Society*. University of Nebraska Press: Lincoln, 1992.

31. S. Milgram – "The lost-letter technique", *Psychology Today* #3(3), pp. 32-3, 66, 68, 1969.

32. F. S. Bridges e P. C. Thompson – "Impeachment affiliation and levels of response to lost letters", *Psychological Reports* #84, pp. 828-31, 1999.

33. B. J. Bushman e A. M. Bonacci – "You've got mail: Using e-mail to examine the effect of prejudiced attitudes on discrimination against Arabs", *Journal of Experimental Social Psychology* #40, pp. 753-9, 2004.

34. V. Saroglou, I. Pichon, L. Trompette, M. Verschueren e R. Dernelle – "Prosocial behavior and religion: New evidence based on projective measures and peer ratings", *Journal for the Scientific Study of Religion* #44, pp. 323-48, 2005.

35. Citação reproduzida com autorização dos autores e do editor de:
G. B. Forbes, K. T. Vault e H. F. Gromoll – "Willingness to help strangers as a function of liberal, conservative or catholic church membership: A field study with the lost-letter technique", *Psychological Reports* #28, p. 947-9. © Psychological Reports 1971.

36. J. M. Darley e C. D. Batson – "From Jerusalem to Jericho': A study of situational and dispositional variables in helping behavior", *Journal of Personality and Social Psychology* #27, pp. 100-8, 1973.

37. R. Levine, T. Martinez, G. Brase e K. Sorenson – “Helping in 36 US cities”, *Journal of Personality and Social Psychology* #67, pp. 69-81, 1994.

38. R. V. Levine, A. Norenzayan e K. Philbrick – “Cross-cultural differences in helping strangers”, *Journal of Cross-Cultural Psychology* #32, pp. 543-60, 2001.

39. S. Milgram – “The experience of living in cities”, *Science* #167, pp. 1461-8, 1970.

40. R. V. Levine e A. Norenzayan – “The pace of life in 31 countries”, *Journal of Cross-Cultural Psychology* #30, pp. 178-205, 1999.

41. R. V. Levine, K. Lynch, K. Miyake e M. Lucia – “The type A city: Coronary heart disease and the pace of life”, *Journal of Behavioral Medicine* #12, pp. 509-24, 1989.

42. J. A. M. Farver, B. Welles-Nyström, D. L. Frosch, S. Wimbarti e S. Hoppe-Graff – “Toy Stories: Aggression in Children’s Narratives in the United States, Sweden, Germany, and Indonesia”, *Journal of Cross-Cultural Psychology* #28(4), pp. 393-420, 1997.

43. P. G. Zimbardo – “The human choice: Individuation, reason, and order versus deindividuation, impulse, and chaos” em W. J. Arnold e D. Levine (eds), 1969 *Nebraska Symposium on Motivation*, p. 237-307. University of Nebraska Press: Lincoln, Nebraska, 1970.

44. id. – “Foreword”, em S. Milgram, J. Sabini, e M. Silver (eds), *The Individual in the Social World: Essays and Experiments*, 2nd Edition, p. ix–xi. McGraw-Hill: Nova York, 1992.

45. J. L. Freedman e S. C. Fraser – “Compliance without pressure: The foot-in-the-door technique”, *Journal of Personality and Social Psychology* #4, pp. 196-202, 1966.

Epílogo

1. Por questões de logística, as medições em Nova York e na Croácia foram realizadas entre as 11h30 e as 14h dos dias 1 de outubro de 2006 e 5 de setembro de 2006, respectivamente.
2. Os tempos médios de caminhada (em segundos) foram: Cingapura, 10.55; Copenhague, 10.82; Madri, 10.89; Guangzhou, 10.94; Dublin, 11.03; Curitiba, 11.13; Berlim, 11.16; Nova York, 12.00; Utrecht, 12.04; Viena, 12.06; Varsóvia, 12.07; Londres, 12.17; Zagreb, 12.20; Praga, 12.35; Wellington, 12.62; Paris, 12.65; Estocolmo, 12.75; Ljubljana, 12.76; Tóquio, 12.83; Ottawa, 13.72, Harare, 13.92; Sófia, 13.96; Taipei, 14.00; Cairo, 14.18; Sana'a, 14.29; Bucareste, 14.36; Dubai, 14.64; Damasco, 14.94; Amã, 15.95; Berna, 17.37; Manama, 17.69; Blantire, 31.60.

Pela erradicação mundial da "Economite"

1. Essa é uma invenção minha.